烟雨秦淮

晋文　刘鹏　过超　著

南京出版传媒集团
南京出版社

图书在版编目（CIP）数据

烟雨秦淮 / 晋文，刘鹏，过超著. -- 南京：南京出版社，2025. 4. -- ISBN 978-7-5533-5233-6

Ⅰ. K928.42

中国国家版本馆CIP数据核字第2024QN1138号

书　　名	烟雨秦淮
作　　者	晋文　刘鹏　过超
出版发行	南京出版传媒集团 南 京 出 版 社
社　　址	南京市玄武区太平门街53号
邮　　编	210016
联系电话	025-83283873、83283864（营销）　025-83112257（编务）
策划统筹	谢　微
责任编辑	谢　微
装帧设计	赵海玥
责任印制	杨福彬
排　　版	南京新华丰制版有限公司
印　　刷	南京爱德印刷有限公司
开　　本	787毫米×1092毫米　1/16
印　　张	16.75
字　　数	223千
版　　次	2025年4月第1版
印　　次	2025年4月第1次印刷
书　　号	ISBN 978-7-5533-5233-6
定　　价	45.00元

前　言

秦淮河是南京地区最重要的一条河流，所谓“金陵之水，以淮为经”，堪称南京的母亲河，也是南京古老文明的摇篮。

秦淮河全长一百一十千米，有两个源头：东源出自镇江句容市宝华山，南源源自南京溧水区东庐山，二者在江宁区西北村汇合，经方山西侧向西北流动，至通济门后自东向西流贯南京城，最后在三汊河注入长江。五代杨吴时期，统治者建造江宁府城时将秦淮河的一段纳入城中，在城外开凿了杨吴城濠，这就形成了后来的外秦淮河；而原来被截于城内的一段，则称为内秦淮河。通常所说的秦淮河，也是指这条内秦淮河。

秦淮河流域有着独特的自然风貌，自古以来就特别适合人类居住和繁衍。早在旧石器时期，这里已有了人类活动。1993 年，江宁汤山葫芦洞即出土了旧石器时期的古人类化石，被命名为“南京人”，这也是迄今长江流域发现古人类化石地点最东边的一个。考古发掘显示，秦淮河地区的新石器时期遗址也十分密集，充分表明这里当时就是南京先人们生活的集中区域。进入文明社会，秦淮河流域夏商周时期的历史文化遗存更加丰富。被称为南京土著青铜文化的湖熟文化，在这里曾写下灿烂辉煌的一页。要说秦淮河孕育了南京的古老文明，那是一点儿都不过分的。

至春秋中晚期，秦淮河流域开始进入城邑建置时代。春秋末年，越王勾践在秦淮河南岸修筑越城，南京主城区始有城邑。后来孙吴、东晋、宋、齐、梁、陈六个朝代相继在南京定都，秦淮河便与南京紧密相伴，承载了这座古城太多的历史和文化。六朝时期，秦淮河十分宽阔，有“小江”之称。统治者都选择在北岸建城，秦淮河作为南边的天然屏障，成为捍卫建业或建康都城的一道重要防线。六朝统治者又围绕金陵古城开凿了一些秦淮河支流运河，使秦淮河成为集军事、水利、商业、运输等多种重要功能于一体的特殊地域空间。

在“六朝如梦”的历史时期里，秦淮河也迎来了梦境般的繁华。尤其是建康古城正南长约十里的河段（即后来的内秦淮），是整条秦淮河中最为繁华的地段，素有“十里秦淮”“十里珠帘”之誉。当时江南的名门望族多聚居于此，东晋时期的王、谢家族就是其中声名尤著者。此外，在青溪与秦淮河汇合处的淮清桥一带，也有诸葛恪、郗鉴、檀道济、江淹、江总等名士先后定居于此。六朝世家大族的鼎足而居，无疑又促进了秦淮胜地的繁华。其文人之荟萃，商贾之云集，酒家之林立，加之三教并兴，笙歌宴舞，堪称集江南文采风流和烟月繁华之盛。时至今日，秦淮河畔的乌衣巷、朱雀桥、桃叶渡等历史遗迹都已成为不可或缺的六朝文化符号。同样，六朝时期秦淮河的繁华与辉煌，也使她作为中国历史文化名河的典型特质和独特地位更加明晰。

隋唐时期，由于南京政治地位的衰落，秦淮河也陷入了繁华之后的长期落寞与荒凉。曾有无数的文人墨客前往秦淮地区吟咏凭吊，抒发对六朝兴亡的慨叹。李白的“凤凰台上凤凰游，凤去台空江自流。吴宫花草埋幽径，晋代衣冠成古丘”，刘禹锡的“朱雀桥边野草花，乌衣巷口夕阳斜。旧时王谢堂前燕，飞入寻常百姓家”，杜牧的“烟笼寒水月笼沙，夜泊秦淮近酒家。商女不知亡国恨，隔江犹唱后庭花”……无不脍炙人口，并随着这些著名诗篇的广泛流传，也使得秦淮河在历史文化方面的影响与日俱增。从某种意义上说，隋唐时期的秦淮河实际又处在了一个文化传播的高峰期。

唐代以降，南唐、明初三朝、太平天国、中华民国相继在南京定都，秦淮河又呈现了几度兴衰。尤其是明清时期，秦淮河地区最为繁华的地带坐落着由夫子庙、学宫、贡院组成的规模庞大的建筑群，是江南地区极其重要的文教中心。此外，夫子庙一带“庙市合一”的建筑布局，使秦淮河集文教、商业、娱乐等多种功能于一身。每逢大比之年，大批的应考士子云集南京，又使秦淮河呈现了别样的繁华。明朝末年，“秦淮八艳”更将秦淮河自六朝以来形成的“金粉秦淮”艳名推向历史的巅峰，也促使秦淮河文化一度空前繁荣。

在从六朝以来一千七百多年的历史积淀中，秦淮河形成了极其深厚的历史文化底蕴。

“花柳繁华地，富贵温柔乡。”从“六朝金粉”到“秦淮八艳”，不仅体现了秦淮河水的香艳迷离，也折射出了秦淮青楼文化的发达及其影响的广泛。就宗教文化而言，秦淮河南岸的古长干里自六朝以来就是南京地区的佛教圣地，句容宝华山也是佛教盛行的重要区域；道教著名的茅山派（即上清派）更是直接发源于秦淮河流域的茅山。文学艺术也特别辉煌。隋唐时期，秦淮地区的落寞引得无数文人前来抒发对六朝兴亡的幽思，促进了怀旧诗歌的盛行；五代时期，花间词派的繁荣，与秦淮地区的复苏有着莫大关系；明清小说的盛行，某种程度也可以说是秦淮河水孕育出了文学巨匠曹雪芹和吴敬梓。秦淮地区还为曲艺的传承和发展提供了滋养的沃土，在市民生活中秦淮戏曲展示出了独特魅力，辛勤的织锦工人曾创造了南京唯一的古老曲种——南京白局。

在科举文化方面，坐落于秦淮河畔的夫子庙和与之毗邻的江南贡院交相辉映，是江南文教事业的重要组成部分。在织造技艺方面，江宁织造是江南地区重要的丝织中心。秦淮地区曾机户云集，所织造的云锦和元缎不仅产量高，而且极其精美。至于民俗文化，则更为发达。夫子庙一带风味小吃繁多，各具特色；这里还有全国重要的古玩市场，是古玩商品的荟萃之区；秦淮河畔的茶社更是鳞次栉比，成为秦淮民俗文化景观的靓丽组成部分。秦淮地区的灯彩也极负盛名，素有“秦淮灯彩甲天下”的美誉。在秦淮明月的朗照下，碧波荡漾的秦淮河水，独具特色的秦淮画舫，与绚丽多姿的秦淮灯彩交织在一起，形成了桨声灯影的炫目情景，让人不禁感慨这是一种何等美妙的秦淮风采！

与其深厚的底蕴相对应，秦淮河地区的文化古迹犹如一颗颗璀璨的明珠，密集地镶嵌在“十里秦淮”上：周处革新自励的读书台；王、谢家族所居的乌衣巷；王羲之坦腹的东床；王献之迎接爱妾的桃叶渡；李白、崔颢吟咏的古长干里；李白登临的凤凰台、瓦官阁；唯一以夫子庙命名的孔庙建筑群；中古七大奇观之一的大报恩寺琉璃塔；闻名遐迩的中华门城堡；全国最大的江南贡院；朱雀桥、文德桥、淮清桥、长干桥等古桥名津；瞻园、东园、愚园和江宁织造府等古典园林；汤和的信府河、李香君的媚香楼、秦大士的状元府、吴敬梓的秦淮水亭等名人故居……可以说是星罗棋布，不胜枚举。尽管古往今来，秦淮地区历经沧桑，部分文物古迹已经很难寻觅，但这丝毫不影响她作为中国历史文化名河的光辉和璀璨。

更可喜的是，上述大部分历史文化古迹已经或即将得到重修或复建。当前以内秦淮为轴线，以夫子庙为中心的集文化、商业、服务、旅游等多种功能于一体的秦淮风景区，不仅在一定程度上对秦淮河的底蕴内涵进行了较好的传承，而且增添了新时代的魅力风韵。整个外秦淮河也获得了国家级水利风景区称号，两岸形成了中华门旅游商业区段、西水关公园广场区段、石头城人文自然区段、三汊河江河口区段等风貌区段。她们都正以丰厚的文化底蕴和最热烈的姿态，迎接着全世界游客的到来。

无论其历史文化的丰厚，还是对南京人民的滋养，秦淮河都是值得大写的。本书即希望通过短短十几万字的内容，尽量全面、客观、真实地展现秦淮河的发展、变迁及现状，供广大读者参阅。在结构的编排上，本书以时间为纲——从上古至今，大致划分为先秦秦汉、六朝、隋唐五代、宋元、明、清、民国、新中国成立以后；以专题为目——各小节的篇幅详略则根据论述需要，具体加以变化。各章的主要内容如下：

第一章龙蟠淡霭，虎踞斜晖——秦淮河的古史考察。首先，考察秦淮河流域的自然和人文地理，对秦淮河的名称由来、自然风貌及其重要运河支流做了辨析和梳理；其次，对秦淮河流域上自旧石器时期、下到秦汉的重要考古发现做了叙述和总结；最后，考察了春秋中后期到汉代秦淮河流域的城邑与行政建制情况。

第二章建业衣冠，秦淮舟楫——六朝时期。主要考察了孙吴、东晋、南朝时期秦淮河地区的交通和航运情况，并对当时繁荣起来的贸易市场做了分析；同时描述了六朝时期定居秦淮河畔的名门望族所展现出的名士风采，探讨了江南世族的兴衰；还以六朝时期广泛存在的寺院和客栈为着眼点，考察了当时的佛教和朝贡状况。

第三章秣陵怀古，不见长安——隋唐五代时期。首先对秦淮河地区在隋唐时期的繁华消歇、五代时期的逐步复苏情况做了总体考察；其次评述了在唐朝、五代相继兴起的怀旧诗歌和花间词派；最后以茅山道教、冶山道院为论述重心，探析了秦淮河流域的道教发展和传播状况。

第四章几度功名，且送船归——宋元时期。在辨析和描述秦淮河畔建康贡院和夫子庙的基础上，考察了宋元时期江南的科举情形和与之相关的科举文化。对当时兴起的文人绘画，也做了一些力所能及的考述。另外考察了秦淮河地区的勾栏瓦舍，并延伸到当时的生活百态。

第五章花满秦淮，歌舞升平——明朝时期。考察了秦淮河青楼业的盛衰，并通过对明末“秦淮八艳”的考述，探讨了秦淮河的青楼文化。此外，还评述了焦竑的藏书楼，并选取会馆和梨园为考察对象，分别探讨了秦淮地区的会馆文化和戏曲文化，以此突出明代秦淮河的时代特色。

第六章桨声灯影，文翰江南——清朝时期。首先以江南贡院为中心，探讨了清代江南地区的科举盛况，并评述了与之相关的金陵书肆和刻书业；其次通过对曹雪芹、吴敬梓、柳敬亭等人及其作品或技艺的考察，论述了秦淮胜地小说、曲艺的发展成就；再次考察了以云锦、元缎为典型代表的清代金陵丝织业，并就相关问题进行了讨论；最后就秦淮地区的灯彩和画舫景观做了考证和叙述。

第七章建都肇基，始难离愁——民国时期。首先考察了民国首都大建设时期和沦陷时期秦淮地区的兴衰状况；其次通过对夫子庙一带百艺杂陈和秦淮青楼业盛衰的考述，探讨了民国时期秦淮地区三教九流的生活境况；最后评述了秦淮地区以小吃、茶社、古玩等为典型代表的民俗文化。

第八章传承变革，继往开来——新中国成立以后。主要以文化名桥、古典园林、著名古寺、名人故居以及其他类型的古迹为考察对象，对秦淮河畔的历史文化遗迹进行了系统的梳理和描述；对新中国成立后秦淮河的河道建设和旅游开发历程，以及秦淮河夫子庙风光带的现状，也做了评述和总结。

在材料的选择上，本书古代部分以考古资料、各断代正史、南京及邻近地区的地方文献为主，以其他一般史书、笔记小说、诗词歌谣为补充；近现代部分则以档案等资料为重点，并参证一些新闻报道。对于各种材料，本书在力求搜集完备的同时，都重视考证与辨析，以争取做到言之有据、言之成理。

在写作风格上，本书注重学术性与可读性相结合。对于史料的描述、分析，既力求生动活泼，将少数材料以白话文的方式表现出来，使读者产生兴趣；也注重语言精练，做到“事增而文省”。此外，对于有关秦淮河的一些成说，本书也选择引用了一些。尤其对一些值得商榷的说法，也尽可能做了辨析。

需要说明的是，本书所述史实均有来源，但由于学术性和可读性的结合，其中有些史料（包括图片）和专家学者的宏论并未全部注明出处，谨请读者和有关作者原谅！

目　录

第一章　龙蟠淡霭，虎踞斜晖
——秦淮河的古史考察

南京地处长江中下游，宁镇山脉从东边延伸而来，城区南北皆为大小山脉环绕。东郊有钟山，其余脉延绵，向西深入城区中心。城西又有石头山，地形险要，有如虎踞之势，从而形成了南京城“龙蟠淡霭，虎踞斜晖”的壮丽山色。秦淮河就是在这种地形下自东向西流贯南京城，最后注入长江。

秦淮河在历史上极负盛名，是南京古老文明的摇篮。在旧石器时代考古中，1993 年江宁汤山葫芦洞出土了古人类化石，它代表的人类被称为“南京人”。新石器时代遗址数量众多，其中北阴阳营遗址最为著名，展现了南京地区特有的新石器文化面貌。夏商周时期的文化遗址也非常丰富，主要包括古遗址、土墩墓、贵族墓葬三种类型。著名的青铜土著文化——湖熟文化，即属于古遗址类型。秦汉时期的古遗存主要是西汉至东汉时期的古墓葬。从墓葬形制看，西汉流行竖穴土坑墓，东汉则流行砖室墓。

关于秦淮河流域的人文时代，由于缺乏较为详细的史籍记载，而只能通过先秦秦汉时期南京和邻近地区的城邑设置情况来了解其大概。位于江北六合的楚国棠邑最先见于史籍记载，其次是高淳固城一带的吴国濑渚邑。吴王夫差在南京主城区最先建立了冶城，但还不是正式的城邑。

主城区最早的城邑是越王勾践筑造的越城。战国时期南京为楚国所有，当时在石头山上筑造了金陵邑。秦统一后，在今南京市辖区内设置棠邑县、江乘县、秣陵县。及至汉代，南京地区还有若干侯国存在，其中湖熟侯国存在时间最长。

第一节　一派秦淮水，潮生好泛舟
——自然与人文地理

秦淮河古称淮水，是南京地区最重要的一条河流。唐代诗人曾普遍以“秦淮”入诗，“秦淮”一名遂由此广为人知。

秦淮河流域的地貌以丘陵、岗地为主，自然支流众多。自南京主城区有城邑以来，秦淮河首先是作为一道天然屏障在军事上发挥作用的。其后，历代统治者出于水利、运输、商业等方面的需要，围绕金陵古城开凿了一些秦淮河支流运河，这些人工支河在历史上都曾发挥过重要的作用。

一、名称由来

南京位于长江下游，宁镇山脉自镇江一带逶迤而来，在南京市区东侧分成三支：北支主要有龙潭山、栖霞山、幕府山；南支主要有青龙山、方山、牛首山、祖堂山。南北两支分别沿着市区南北边缘西去，直到长江之滨。中间的一支钟山则屹立于市区东郊，其余脉从太平门附近延伸入城，一直深入到市区，自东向西有富贵山、九华山、鸡笼山、鼓楼岗、五台山、清凉山（石头山）。所谓“钟山龙蟠，石头虎踞”，便是市区地形风貌的形象描述，它们共同构成了南京独特的山水林城景观。也正

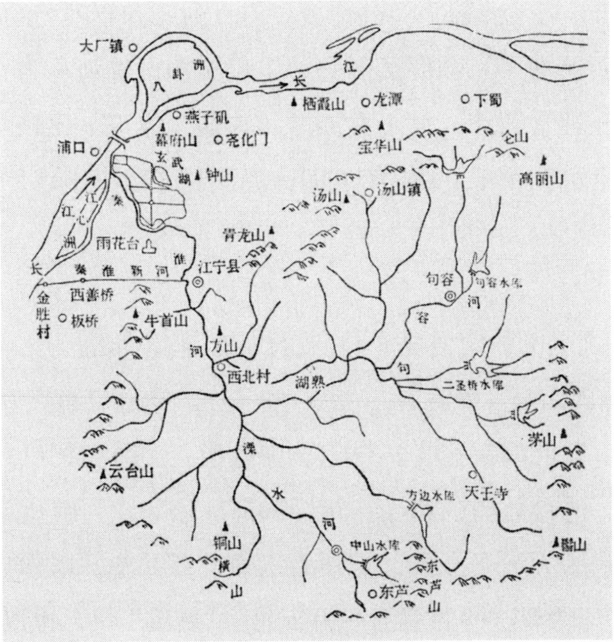

秦淮河流域水系图

是在这种山川环绕的中间地带，流淌着南京地区最重要的一条河流——秦淮河。

“金陵之水，以淮为经。”① 秦淮河堪称南京的母亲河，是南京古老文明的摇篮。远在商周之际，主城区一带人烟稀少，尚显荒凉，秦淮河即已见证了南京土著青铜文化——湖熟文化的灿烂辉煌。后世历代王朝相继在南京建都，许多重大的历史事件都是在秦淮沿岸发生的，有些甚至影响了中国历史的发展进程。可以说，秦淮河浓缩了南京历史的精华，是南京文化的象征。在某种程度上，秦淮河文明就代表了南京文明。

秦淮河古称龙藏浦，又名淮水。“秦淮”一词，最早见于南朝梁人顾野王所撰的《舆地志》，即“秦始皇巡会稽，凿断山阜，此淮即所凿也，亦名秦淮”。唐人许嵩所著《建康实录》中也有“因凿钟阜，断金陵长

① [清]金鳌：《金陵待征录》卷一《志地》，南京：南京出版社2009年版，第62页。

陇以通流，至今呼为秦淮”[①]的记载。但直到元和年间（806—820年），唐人李吉甫所撰的《元和郡县图志》也仍然把秦淮河称为“淮水”。该书系严谨的地理学著作，关于秦淮河的称谓，应该是比较可靠的。另据考证，“（至德）元年（756年）即许嵩撰写《建康实录》之年”[②]。由此亦可证明，至少在许嵩之后的五十年内，“秦淮”一名都还未被正式采用。

“秦淮”之名的约定俗成，是从唐代诗人将秦淮普遍入诗开始的。李白在《留别金陵诸公》中写道：“六代更霸王，遗迹见都城。至今秦淮间，礼乐秀群英。”刘禹锡在《江令宅》中也说：“南朝词臣北朝客，归来唯见秦淮碧。池台竹树三亩余，至今人道江家宅。”晚唐诗人杜牧更写下了千古传唱的《泊秦淮》，与刘禹锡的《乌衣巷》堪称咏叹秦淮河的七绝“双璧”。随着这些名篇的广为传诵，“秦淮”一名也逐渐流传开来，同时也更明确了秦淮河作为中国历史文化名河的典型性质和独特地位。

关于秦淮河的得名，相传与秦始皇开凿淮水有关。然而对于这种传说，许嵩本人即提出了质疑，认为秦淮河“二源分派屈曲，不类人功，疑非秦始皇所开”[③]。现代地质学和考古学也证实，秦淮河实属自然河道，并非人工开凿。当然，秦淮河的部分河段为秦始皇所开，还是很有可能的。

但究竟哪段为人工所凿，历代都说法不一。最主流的一种说法，是在今南京市东南郊的方山、石硊山一带，如东晋孙盛《晋阳秋》载：“又称未至方山，有直渎行三十许里。……则始皇所掘，疑此渎也。”刘宋山谦之《丹阳记》亦云：“秦始皇凿金陵，此山是其断者。”[④]还有《建

---

①③［唐］许嵩撰，张忱石点校：《建康实录》卷一《吴上》，北京：中华书局1986年版，第2页。

②［唐］许嵩撰，张忱石点校：《建康实录》点校说明，北京：中华书局1986年版，第6页。

④［宋］乐史撰，王文楚等点校：《太平寰宇记》卷九〇《江南东道二·昇州》，北京：中华书局2007年版，第1784页。

康实录》注云："古老相传，方山西渎江土山三十里，是秦始皇开，又凿石硊山，西而疏决此浦，后人因名秦淮也。"《景定建康志》说："秦始皇凿金陵山，疏淮水，此山（方山）乃其断者。"[①]

另一种说法是在钟山，如前揭《建康实录》记载："因凿钟阜，断金陵长陇以通流。"近人陈迺勋、杜福堃的《新京备乘》也认为："始皇掘断之冈，其明明在钟山无疑。……其地即今上元城北，所谓北水关者近是。"[②]然而，《景定建康志》中的"秦始皇凿金陵山，疏淮水"是指方山而言，"在钟山无疑"的结论也可能仍然存疑。因此，在尚未发现有力的新证据之前，很难肯定或否定其中的一种看法，姑且存疑较好。

二、自然风貌

秦淮河全长一百一十千米，有两个源头：东源句容河出自句容市宝华山，跨越句容、江宁两市、区，经华阳、三岔、湖熟、龙都等乡镇，总体上向西南方向流动；南源发源于南京市溧水区东庐山，跨越溧水、江宁两区，经永阳、铜山、禄口、秣陵、龙都等乡镇，总体向西北方向流动。两源在龙都镇西北村汇合，经方山西侧蜿蜒向北，过东山镇、上坊门，流至南京市东南隅的通济门，又分为内、外秦淮两支。

东庐山上"秦淮源头"石碑

---

① ［南宋］周应合：《景定建康志》卷一七《山川志一·山阜》，南京：南京出版社 2009 年版，第 408 页。

② 参见［民国］陈迺勋、杜福堃编：《新京备乘》卷上《山水》，南京：南京出版社 2014 年版，第 27 页。

秦淮河两源交汇处的大桥景观

内秦淮过九龙桥直向西，由东水关进入南京城，向西流至淮清桥与青溪汇合后，西南经平江桥、文德桥、武定桥、镇淮桥转向西北，过甘露桥、新桥、上浮桥、下浮桥从西水关出城，大致呈 V 字形。内秦淮全长约十里，是整条秦淮河中最为繁华的地段，素有“十里珠帘”之誉。通常所说的秦淮河，也就是指这条内秦淮而言的。外秦淮则出现较晚，它最初是五代杨吴时期开凿的护城河，沿着南京城的南墙（今已不存），

东水关

东水关遗址

过九龙桥向南转而向西，经长干桥汇合落马涧，至赛虹桥、觅渡桥，呈向南突出的弧形。内、外秦淮在西水关汇合后，向北经草场门、定淮门、石头城，经三汊河汇入长江。

秦淮河流域的地貌以丘陵、岗地为主，所在区域北至宁镇山脉西段的紫金山，南至横山、小茅山和溧水区南门外的大山头，东至茅山山脉。在这一片东西长约五十千米、南北宽约四十千米的区域内，四周各大小山峰的余脉皆延伸其间，呈现出岗峦起伏的形状。冈与冈之间，又形成一个个的小山沟，大小溪流又各自贯穿其中，直接或间接流入秦淮河。在一定意义上，这些溪流都可以称为秦淮河的支流。

先秦秦汉时期，秦淮河远不像今天这样狭窄。当时秦淮河有“小江”之称，其宽阔程度可想而知。当时的南京地区，长江自城西南向东北方向奔腾而去，且东面钟山龙蟠，西边石头虎踞，可谓地形险要，极具军事价值。因此，自南京有城邑以来，秦淮河首先是作为一道天然屏障在军事上发挥作用的。当年勾践灭吴后，为了图谋楚国，称霸江淮之间，就在秦淮河南岸古长干里一带筑越城“强威势”，以形成军事主动之局；战国中期楚威王大败越国后，也在石头山上筑金陵邑“擅江海之利”，以掌控山川形胜之利。

三国时期孙权定都于此，也是鉴于当时战争频仍的军事形势。孙吴都城建业，在秦淮河以北五里，总体上位于今南京主城区中部，大致东起太平门，西到鼓楼岗，北至北极阁，南到淮海路。当时秦淮河河身很宽，朱雀航的长度甚至达到九十步。都城四周，都有险可守：西有长江天堑和古石头的险固，北有玄武湖天险，东有平冈环绕，秦淮河又恰好可以作为南边的一道屏障，成为捍卫建业都城的一道重要防线。

六朝时期，秦淮河仍然非常宽阔。历代都城虽时有改作，但却都位于秦淮河以北。这也主要是考虑到战争因素，当时敌人大都是从今安徽和县方向进犯，六朝统治者也于秦淮河沿岸设重兵以固守，即“大抵六朝都邑，以秦淮为固，有事则沿淮拒守”①。相反，如果没有了秦淮河在南边的屏障作用，建康古城的城南就直接暴露在敌军的攻击之下。因此，六朝统治者为加强淮水防线，曾先后在秦淮河沿岸设置和加固了东府城、丹阳郡城、越城、西州城、石头城等一系列军事堡垒。历史上许多重大的战役都是在这一带发生的，例如东晋王敦叛乱，派遣王含和钱凤等率领水陆大军三万人到淮水南岸，朝廷任用中军司马曹浑等在越城击败了王含。王含率部众强渡淮水，结果又被苏峻等人大败。再如东晋末年卢循起义，刘裕修筑淮水要塞，又命其部将徐赤特坚守淮水南岸。后来徐氏战败，擅自渡过了淮水，丹阳城即被起义军占领。刘裕非常震惊，马上分军还石头，令朱龄石率军强渡淮水以保卫京城。

三、重要运河支流

对于南京古城，秦淮河具备的重要意义又不仅仅限于军事。春秋末年越王勾践在秦淮河南岸修筑越城，南京主城区始有城邑。后来孙吴、

---

① [南宋]周应合：《景定建康志》卷一八《山川志二·江湖》，南京：南京出版社2009年版，第434页。

挹江门

东晋、宋、齐、梁、陈六个朝代相继在此定都，都对秦淮河进行过一定程度的改造，开凿了一些非常重要的支流运河，例如孙吴时期的青溪和运渎、杨吴时期的城濠、南唐的护龙河、宋元时期的新河，以及明代的御河和城壕。有些人工河流贯穿南京城内外，其废兴又和古城的命运交织在一起，以致给后人造成了“诸水交错互流，支脉靡辨”[①]的尴尬局面。

（一）青溪

青溪是孙吴孙权于赤乌四年（241 年）开凿东渠时命名的，位于当时的建康城东。因东为青色，故名青溪。由于河道屈曲逶迤，青溪素来有“九曲青溪”之称。解放后，又将“青”误写作“清”，由此始称清溪河。古青溪发源于钟山，汇合于前湖（今燕雀湖）。南流入城后，北通潮沟，向南流入秦淮河，连绵十余里，六朝时是建康（建业）城东最大的河流，也是显要的隘口。自五代杨吴政权在金陵筑城后，青溪在竺桥附近被分为两支：城外的一支与杨吴城濠交汇；城内的一支则经青龙巷、寿星桥、

① ［明］陈沂：《金陵古今图考·境内诸水图考》，南京：南京出版社 2006 年版，第 97 页。

太平桥，再到护龙河，最后经四象桥、淮清桥注入秦淮河。

五代以后，青溪逐渐湮塞，南宋末年即形成了“青溪九曲，仅存其一”[①]的境况。此时只能识别出古青溪的零星河段：在浮桥东面有青溪里，是青溪向南流经的地方；在大中桥附近有九曲坊，是青溪南流的尽处；在九曲坊的南边有淮清桥，是青溪与秦淮合流的地方。明初朱元璋填前湖筑明故宫，青溪严重淤塞不通，当年原貌更难寻觅。今天的清溪河，从原南京军区大院经佛心桥，向南流至北安门桥，沿后宰门街南侧东流，再南折沿清溪路西侧，至中山东路。

（二）运渎

运渎是孙吴为便于物资由秦淮河运抵皇宫，于赤乌三年（240 年）在城西南开凿的。它引秦淮河水向北抵达仓城，通运于苑仓，属于秦淮河的北流支河。其故道起于禅灵渚（即今升州路与鼎新路口南），经陡门桥、红土桥、草桥、鼎新桥北至建康宫城北。运渎完整时，北接潮沟西支，东北通向宫城，南连秦淮河，是向仓城运输物资的重要通道。

随着历史的沧桑巨变，运渎故道也逐渐湮塞。至清朝嘉庆年间修浚前，已经形成了“堆积瓦砾，高如山阜”的情形。尽管修浚后一度出现了其“旧道尽复，舟楫通焉”[②]的局面，可惜好景不长，由于地上居民稠密，二十年后就淤塞不通了。今天运渎遗脉仅存朝天宫（国际）文化特别社区一段，从内桥向西，经鸽子桥、笪桥、鼎新桥、仓巷桥、文津桥、张公桥，在铁窗棂注入外秦淮河。

（三）潮沟

古潮沟为孙吴时开凿，亦即南朝陈时的珍珠河。陈后主有一次在河

---

① ［南宋］周应合：《景定建康志》卷一八《山川志二・江湖》，南京：南京出版社 2009 年版，第 446 页。

② ［清］甘熙：《白下琐言》卷七，南京：南京出版社 2007 年版，第 120 页。

中泛舟游玩，“忽遇雨，浮沤生，宫人指浮沤曰‘满河珍珠’”[①]，珍珠河即由此得名。潮沟引玄武湖水，东起太平门北水关入城，沿着今北京东路西至进香河。南京解放前淤塞严重，至20世纪70年代遂填平扩为道路。

（四）杨吴城濠

杨吴城濠是五代杨吴和南唐时期开凿的城北护城河，亦称北门桥河。其水源引自玄武湖、青溪和秦淮河。它从北门桥向东南方向流经大中桥，被截于通济城内的一支，汇入秦淮正流；从通济城外流出的一支，则与秦淮分流，绕东南方向经过长干桥，至于三山水门外，与秦淮河又相汇合。今存杨吴城濠西起北门桥，向东经莲花桥、通贤桥、浮桥、太平桥、竺桥折向南，过逸仙桥入秦淮河，故又称秦淮支河。

（五）护龙河

指环绕南唐宫城东、北、西三面的城濠，亦称南唐宫濠水。护龙河水主要引自青溪，其东段应是新凿，青溪水即在东虹桥流入东护龙河，其西段又与运渎相连。另外，护龙河西北段又与潮沟、运渎、珍珠河相接，所谓“一曲在西北者接潮沟、运渎、珍珠河”[②]。护龙河道大都是新凿，属于石砌驳岸河，宋元以后逐渐湮塞，但明清以后仍然有迹可循。明人顾起元称：“东虹，自上元县左北达娃娃桥，有石嵌古河遗迹；西虹，在卢妃巷大西，穿人家屋而北达园地，亦有石嵌河迹。”[③]清修《同治上江两县志》也说：“羊市桥畔，上踞屋舍，下穿沟渠，后为张府园、裕民坊，……两旁石岸犹存，乃西护龙（河）旧址也。”

---

① ［南宋］周应合：《景定建康志》卷一九《山川志三·河港》，南京：南京出版社2009年版，第450页。

② ［元］张铉：《至正金陵新志》卷五《山川志·河港》，元至正四年刊本影印本，台北：成文出版社有限公司1983年版，第1788页。

③ ［明］顾起元：《客座赘语》卷一《南唐宫阙》，南京：南京出版社2009年版，第11页。

秦淮河

如上所述，历代围绕秦淮河开凿了许多重要的人工支河。随着朝代更迭，南京古城几度废兴，这些著名的支流运河也经历了沧桑巨变，大都已经湮塞废绝，甚至难以稽考。秦淮河现有支流十九条，除句容市境内的句容南河、中河、北河外，南京市境内共有十六条，即秦淮区境内的运粮河、响水河，江宁区境内的汤水河、梁台河、索墅东河、索墅西河、解溪河、云台山河、牛首山河、外港河、横溪河，溧水区境内的一干河、二干河、三干河、天生桥河，以及1980年挖成的分洪河道——秦淮新河。它们有些是新近开凿的，其作用甚至比主流河道更为突出。

第二节　草深没孤冢，伊人渺如玉
——考古与重要发现

从现在掌握的考古资料看，秦淮河流域的考古发掘时间跨度很长，从最早的旧石器时期古人类的发现，一直到民国时期地下遗骸的出土，放眼全国各地的区域考古，这种上下几十万年的跨度是不多见的。这也正说明南京历史的悠久和南京地区地下历史资源的丰富。

秦淮河流域的旧石器时期遗存虽然数量不多，但意义重大。1993年江宁汤山葫芦洞出土了古人类化石，被命名为“南京人”，这是我国旧石器考古的重大收获，对研究我国境内直立人和早期智人的分布及其演化模式均具有重要意义。新石器时期遗址数量众多，其中北阴阳营遗址是南京地区最早和最具影响的新石器时期遗址，也是目前主城区内唯一经发掘的新石器遗址，展现了南京地区特有的新石器文化面貌。

南京和邻近地区夏商周时期文化遗址更加丰富，主要包括古遗址、土墩墓、贵族墓葬三种类型。秦淮河流域商周时期辉煌灿烂的青铜土著文化——湖熟文化，即属于古遗址类型。秦汉时期的古遗存主要是西汉至东汉时期的古墓葬。从墓葬形制看，西汉时期流行竖穴土坑墓，东汉则普遍流行砖室墓。

一、旧石器时期

南京地区目前发掘的旧石器时代遗存数量不多，主要有江宁汤山葫芦洞、溧水神仙洞两处。这两处遗址都位于秦淮河流域，意义非常重大。

神仙洞位于溧水区回峰山北坡，距溧水城区东南方二十一千米。1977年，南京博物院对溧水神仙洞化石地点进行了第一次考古发掘，出土遗物中除了棕熊、豪猪、鬣狗、仓鼠等十九种动物化石外，还发现了一块成年女性的右颞骨化石和一块陶片。1978年又进行了第二次发掘，获取了十八种动物化石。前后两次发掘，一共出土了二十五种动物化石。据研究表明：神仙洞动物群似乎代表了南方更新世（亦称冰川世）动物群向现代动物群的过渡，时代属全新世早期或晚更新世后期，在神仙洞上部含化石堆积的形成期间，附近有较密的灌木丛或山地森林，古气候基本上与现在相似[①]。溧水神仙洞遗址在南京考古史上无疑是一次重要发现，但由于这一地点的年代距今有一万年左右，在整个旧石器阶段中

① 神仙洞发掘小组：《江苏溧水神仙洞第二次发掘》，收入南京市博物馆编：《南京考古资料汇编》，南京：凤凰出版社2013年版，第46页。

属于较晚的一段，当时的发掘未能受到应有的重视。但此次发现，对如何认识旧石器时代晚期动物化石的特点和人类早期使用陶器仍具有重要的研究价值。

汤山是南京地区著名的古文化风景区，葫芦洞位于汤山山地西段北侧，是一个自然形成的石灰岩洞。在其形成以后的漫长年代中，洞内逐渐堆积了厚达数米的地层。1993 年古人类头骨化石的出土，是这一地点最重要的发现。古人类化石材料共有 3 件，包括颅骨化石 2 件和牙齿化石 1 件。两具古人类头骨化石的石化程度较高，特别是 1 号头骨，形态基本完整。这两具头骨分别属于两个男女成年个体，代表的人类属于人类进化过程中的“直立人”阶段，学术界称之为“南京直立人”，简称“南京人”，俗称“南京猿人”。汤山葫芦洞的另一项重要发现是大量的脊椎动物化石，共有 4 目、11 科、13 属、15 种，其中绝大部分和北京周口店的动物群种属相似。

葫芦洞化石地点的考古发现，特别是“南京人”化石的出土，是我国古人类学和旧石器时代考古学领域的重要收获。众所周知，中国是世界上发现古人类化石（主要是直立人阶段的化石）最多的国家，如著名

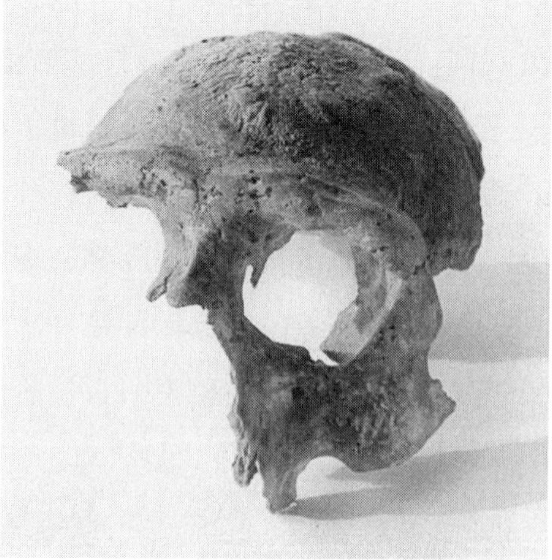

南京人 1 号颅骨正视图

南京直立人复原像

的北京人、云南元谋人、陕西蓝田人、四川巫山人、湖北郧县人、安徽和县人等。南京人的发现，则是迄今长江流域发现古人类化石地点位置最东的一个，“填补了直立人化石地点在江南地区的空白，对于研究我国境内直立人的分布及其演化模式具有重要的学术意义”[①]。另外，此次发现的古脊椎动物化石，为研究古代地理环境、动物迁徙、气候变迁等课题也提供了新的资料。

二、新石器时期

秦淮河流域有着独特的自然风貌，自古以来就特别适合人类居住和繁衍。考古发掘显示，早在新石器时代，这里就是南京先人们生活的集中区域。在这片土地上，通常沿溪近冈的地方，多有一系列新石器时期“台形”遗址存在。此外还有一种相对较少的情形，是在土岗环绕中形成一个个小的盆地，在盆地边沿近土岗处也发现了“台形”遗址。

1957年考古人员对宁镇山脉和秦淮河地区进行了一次新石器时代遗址普查。这次在秦淮河地区新发现的遗址共58处，其中南京中华门外岔路口一带11处遗址，江宁秣陵关一带9处遗址，江宁解溪一带6处遗址，江宁湖熟一带4处遗址，江陵土桥一带2处遗址，句容四郊6处遗址，句容郭庄庙一带9处遗址，句容葛村一带8处遗址，溧水四郊1处遗址，句容天王寺一带2处遗址[②]。这次普查结果表明，新石器时代遗址密集是秦淮河地区的一个突出特点。

就整个南京地区而言，最早和最具影响力的新石器时代遗址当属北阴阳营遗址。该遗址距今6000—5000年，是一个园阜形的土墩，面积

① 南京市博物馆、北京大学考古学系汤山考古队：《南京汤山葫芦洞直立人化石地点考古发掘的主要收获》，《文物》1996年第10期。

② 尹焕章、张正祥：《宁镇山脉及秦淮河地区新石器时代遗址普查报告》，《考古学报》1959年第1期。

约7100平方米。1954年至1958年，南京博物院先后在这里进行了4次发掘，发掘面积达3000平方米。在发掘收获中，以第四层发现的271座古墓葬最具代表性。这些古墓葬群分布密集，层层叠压，在本地区同类遗址中是少见的。出土的红、白、黑三色的彩陶，鼎、豆、罐、碗、盆、壶等器物，以及数量较多的各类石器、玉器，展现了南京新石器时期特有且丰富的文化风貌。

1982年发掘的浦口营盘遗址和1988年发掘的六合羊角山遗址都在长江以北，所反映的文化面貌和上海地区的崧泽文化有较大的相似之处。特别是营盘山遗址发掘的31座墓葬，排列有序，密集分布于营盘山北坡，是一典型的新石器时代墓葬群。遗址中鼎、罐、壶、豆、盆、杯等器物群，以穿孔石斧、石锛、石凿为代表的石器，以璜、镯、环、动物模型等为代表的玉器遗存，既显示了浓厚的崧泽文化特色，也体现了南京地区新石器时代鲜明的玉文化特色。

1997年，考古人员发掘了高淳薛城遗址。尽管这次的发掘面积仅有100平方米，但同样收获重大。薛城遗址的文化内涵较为单纯，均属新石器时代。根据这次发掘的层位关系和遗物特征，薛城遗址可分为下、中、上三层，分别代表了该文化遗存的早、中、晚期。薛城遗址某些文化因素与邻近地区相似，“早期约相当于马家浜文化中、晚期，中期约相当或略早于北阴阳营文化第二期，晚期约相当于崧泽文化中、晚期”①。其下层丰富的建筑基址，也是目前南京地区发掘的最早的新石器时期遗存。

除上述重要遗址外，南京地区的新石器时代遗址还有高淳朝墩头遗址、江宁陶吴昝庙遗址、太岗寺遗址、锁金村遗址、安怀村遗址等。另外，江宁点将台遗址和江浦牛头岗遗址的下部堆积反映了从新石器时代晚期

① 南京市文物局、南京市博物馆、高淳县文管所：《江苏高淳县薛城新石器时代遗址发掘简报》，《考古》2000年第5期。

至夏代的文化因素，体现的则是较强的北方龙山文化和岳石文化色彩。

从目前的考古发现看，南京地区的新石器时代遗址众多，比较重要的主要集中在江北的浦口、六合以及江南的高淳等地。而且本地区新石器文化面貌具有很强的包容性，既有北方文化的因素，又有南方长江下游文化的特征，更有属于南京地区特色的文化面貌。这与南京所处的地理位置是完全吻合的。尽管古代南京至镇江段的江面很宽，不利舟楫，但从长江中上游或者北方来到下游地区，既可从采石矶登岸，也可逆秦淮河而上，取道胥溪、荆溪进入太湖流域。因此，新石器时代以南京为轴心的文化交流是很有可能的。

三、夏商周时期

南京地区的夏商周历史文化遗存数量丰富，其中即包括了位于江宁区秦淮河沿岸著名的“湖熟文化”。这一时期的遗存特色主要包括古遗址、土墩墓、贵族墓地三种类型。

（一）古遗址类型

这种文化遗存类型的外貌通常表现出高出地面几米不等的“台形”遗址，其主要堆积都为商周时期，但底部一般仍有新石器时期的堆积。比较有代表性的遗址，主要有江浦曹王塍子遗址、江浦蒋城子遗址、江宁点将台遗址和江浦牛头岗遗址。

湖熟文化遗址也是古遗址类型的典型代表。这群商周时期的古文化遗存因密集分布于湖熟地区的秦淮河两岸，故而被命名为湖熟文化。“湖熟文化是一种既受商文化一定影响，又有着浓厚地方色彩，与商文化基本平行发展的青铜时代土著文化。湖熟文化的早期相当于中原的商代前期，晚期为商代后期至西周之际。”[①] 此类文化遗存在宁镇地区分布较多，

---

① 林华东：《对湖熟文化正名、分期及其他》，《东南文化》1990 年第 5 期。

江宁陶吴、横溪一带出土的商代晚期三羊铜罍

其中比较著名的遗址有梁台、老鼠墩、小宝塔山、城岗头等。而以长条形石锛、半月形石刀为主要的生产工具，以红陶为主的鬲、甗、盆、鼎、罐为常用的器物组合，则显示了宁镇地区的主要文化面貌，其时代和中原地区的商周相当。

另外，江宁点将台遗址和牛头岗遗址也是很重要的“台形”遗址。点将台遗址位于江宁汤山桦墅村的山间盆地上，是一处典型的“台形”遗址。该遗址高出平地约 4 米，现存范围约 3000 平方米。1973 年，江苏省第二期文博干部训练班发掘了 130 平方米。虽然发掘面积不大，但其上、中、下三层堆积却都反映了很强的文化面貌特殊性，分别对应于西周、商、夏三个历史时期。其中层堆积即属于著名的“湖熟文化”，而下层则受到河南龙山文化和山东岳石文化的因素影响，代表了这一地区从新石器时代晚期至夏代本地文化和北方文化相结合的一种特征，这类文化遗存“给寻找湖熟文化与新石器时代文化之间的缺环提供了新的线索”①。

（二）土墩墓类型

土墩墓在江宁、溧水、高淳有着广泛的分布，是一种颇具地方特色的特殊葬俗。这种墓大都营建在山顶或山脊之上，平地堆土起坟，一般没有圹穴，有的有浅坑或石床、烧坑，亦不见葬具，随葬品以印纹硬陶和原始青瓷为主，一般带有吴文化特征。其外表地貌通常形似馒头状，

① 南京博物院：《江宁汤山点将台遗址》，《东南文化》1987 年第 3 期。

陶吴竹连山春秋时期土墩墓远景

考古界称之为土墩墓。该类型的墓内通常有一座或多座古墓葬，随葬器物多为陶鼎、硬陶罐、钵、瓮、碗等，大都饰有极具地方特色的几何纹图案。土墩墓的年代从西周早期一直到春秋晚期，前后延续了近六百年。遗存数量也相当丰富，目前经过发掘较为重要的有溧水柘塘、乌山、凤凰井土墩墓，高淳顾陇、永宁土墩墓，江宁陶吴土墩墓。

1977年，南京博物院对高淳顾陇、永宁两处土墩墓进行了清理发掘。这里共发掘出了两个土墩墓，计三十一座墓葬。根据同一土墩墓内墓葬的叠压关系及地层的层位状况，三十一座墓葬可分成三期，即高淳一期、二期、三期墓葬。这次发掘中比较突出的是：一期炊具中有形制上在中原地区同期墓葬中不见的陶甑；二期新增加了瓮棺葬的埋葬习俗；三期有一批如敛口垂腹罐、直筒双系罐等的典型器物。另外，此次高淳土墩墓三期的划分，前两期验证了此前句容浮山果园土墩墓分期的准确程度。三期的发现，则“弥补了句容浮山果园土墩墓第二、三期之间的缺环”①，

① 南京博物院：《江苏高淳县顾陇、永宁土墩墓发掘简报》，收入南京市博物馆编：《南京考古资料汇编》，南京：凤凰出版社2013年版，第432页。

陶吴土墩墓出土的原始瓷器

具有重要的历史意义。

2008年，南京市博物馆在江宁区的横溪街道陶吴社区发掘了一座春秋中晚期的大型土墩墓。墩内有2座小型土墩，3座墓葬，还发现有沟槽、柱坑、祭台、封门和类似门槛的遗迹。另外，还出土了6座器物坑，有大量的随葬器物。其中一号墩呈馒头状，底部椭圆形，南北长约62米，东西48米，高9.1米。其规模堪称南京地区土墩墓之冠，出土陶、原始瓷、铜、石等质地的文物近500件。从墓葬规模和陪葬器物数量上看，陶吴土墩墓墓主应该是具有较高地位的贵族①。

（三）贵族墓地类型

贵族墓地在南京地区发现较少，最为重要的当属分别于1964年、1972年、1988年在江北六合程桥镇抢救性发掘的三座春秋晚期墓葬。由于墓葬发现时已遭破坏，其结构已不甚清楚，应该都是竖穴土坑墓。一、二号墓出土了极为丰富的随葬器物，尤其是有铭编钟的出土，是江苏境内的一次重要发现，它给江苏地方史研究提供了宝贵资料。三号墓出土了数量较多的鼎、瑚、盘、匜、甗等青铜容器，编钟、缶等乐器，以及剑、戈、戟、矛等兵器。特别值得注意的是，编钟、盘、匜、瑚等器物上也铸有铭文。根据这三座墓中出土器物的铭文判断，这批器物的主人是“坪之子”兄弟二人，“分别为一号墓和三号墓的墓主人”②。六合程桥三

---

① 南京市博物馆、江宁区博物馆：《南京江宁陶吴春秋时期大型土墩墓发掘简报》，《东南文化》2011年第3期。

② 南京市博物馆、六合县文教局：《江苏六合程桥东周三号墓》，收入南京市博物馆编：《南京考古资料汇编》，南京：凤凰出版社2013年版，第375页。

座春秋晚期墓葬的发现，也是迄今为止南京地区唯一一处经考古发掘的商周时期的土坑墓葬，对研究春秋战国时期吴、楚两国的政治、经济、军事都具有重要意义。

除上述贵族墓葬外，南京地区还发现了一些零星的商周时期的青铜器，浦口区长山子发现的青铜器是其主要部分。此处发现的青铜器数量较为丰富，其形态特征和程桥春秋墓地以及一些土墩墓中出土的器物有较大的相似性，代表了商周时期长江中下游地区青铜文化的特点，是研究本地区青铜文明的珍贵材料。

四、秦汉时期

除六合灵岩乡李岗西汉建筑古遗址外，南京地区发现的秦汉时期古遗存主要是西汉至东汉时期的古墓葬，并且至今尚未发现秦代遗存。从区域分布上看，已发现的汉代墓葬主要集中在六合、栖霞、江宁、高淳、溧水一些地区。从墓葬形制上看，西汉时期普遍流行竖穴土坑墓；东汉时期，砖室墓则成为主流。

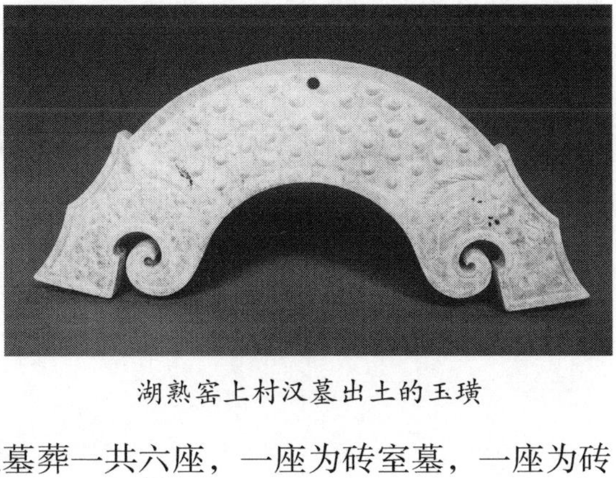
湖熟窑上村汉墓出土的玉璜

汉代的湖熟是南京地区延续时间最长的侯国封邑，不仅有大量的平民墓葬，还有一些高等级的贵族墓葬。20 世纪八九十年代，南京市博物馆在这一地区集中发掘过一批汉代墓葬，其中最为重要的是朱氏家族墓地。这批墓葬一共六座，一座为砖室墓，一座为砖木混合结构墓，其余四座为竖穴土坑墓。这批墓葬在形制方面具有鲜明的特点：一号墓为竖穴土坑墓之一，但与其他三座不同，该墓在木椁西侧辟有对开的木门，相当罕见，似乎留存了土坑木椁墓向砖室墓过渡的最初轨迹；二号墓尤为重要，为砖木合构的木顶砖室墓，反映出了两汉之际墓葬形制转变的显著特征，也是“南方地区东汉时期特有的一种墓葬结构”[①]。此外，该墓还出土了告地策，上面书写了墓主朱建的行状和下葬年代，其年代为东汉早期，对研究汉代南京地方行政制度也有着重要意义。

高淳、溧水及溧阳一带多为东汉砖室墓，其中以固城一带东汉画像砖室墓最具特色。今高淳区固城乡为春秋吴国所筑固城旧址，在汉代则是丹阳郡溧阳县的县治所在地。20世纪七八十年代，考古工作者先后在此地区发掘了两座东汉画像砖墓，出土了青龙、白虎、羽人、羽人戏虎、拜谒、车马出行、舞熊、追逐图、人物文字、二人对语等种类画像砖[②]，这些画像大致可分为神话、墓主人生活、人物故事传说三类题材。汉代画像砖在苏南地区较为少见，而这次固城出土的画像砖不但数量较为丰富，而且技法也较为成熟，为研究汉代南京地区的文化艺术、生活习俗等提供了新的材料。

另外，湖熟在汉代是侯国封邑，固城则是溧阳县的县治所在地，栖霞区一带发现的汉墓虽然规模不大，但一些石室墓也很有特色，考古调查表明这里也有汉代江乘县的存在。六合境内发现的汉墓也较多，主要集中在横梁一带，而六合汉墓也处在棠邑故城一带。分析以上汉代墓葬的分布位置，可以发现其都与地处秦淮河流域的政治中心有紧密关系。

---

① 南京市博物馆、江宁县文化局：《南京湖熟汉代朱氏家族墓地》，收入南京市博物馆编：《南京考古资料汇编》，南京：凤凰出版社2013年版，第495页。

② 镇江博物馆：《江苏省高淳县东汉画像砖墓》，《文物》1983年第4期。

第三节　地拥金陵势，城回江水流
——城邑与行政建制

春秋中期以前，在秦淮河流域还没有城邑。史籍上最早出现的城邑是公元前 559 年楚国的棠邑，在今江北南京六合区一带。其次是公元前 541 年吴国筑造的濑渚邑，在南京高淳区固城镇一带。夫差在位期间，吴国在南京主城区最先建立了冶城，但还不是正式的城邑。主城区最早的城邑是越王勾践在秦淮河南岸筑造的越城。一百多年后，南京地区为楚国所有，便在石头山上建置了金陵邑。

秦始皇统一中国后，在今南京市和邻近地区内设置棠邑县、江乘县和秣陵县。汉初又分江乘置胡孰、句容两县。棠邑在汉初为侯国，至武帝时期复为棠邑县；秣陵、丹阳在武帝时期曾短暂地成为侯国，以后又废除为县；胡孰侯国则从武帝时期一直延续到东汉末年，是秦淮河地区存在时间最长的侯国。

一、先秦时期

在传世文献和考古资料中，直到春秋中期，在今南京市辖区都没有建置城邑的记载。其后，在先前原始居民聚落的基础上，南京地区形成了几座最早的城邑，南京由此也进入了政区建置的初始阶段。

春秋晚期，处于长江下游的吴国迅速崛起，南京地区绝大部分（长江以南）属于吴国。那时，南京又西与楚国相邻，因此有“吴头楚尾”之称。鲁襄公三年（前 570 年），时任楚国令尹的子重（公子婴齐）率军进攻吴国。起初，楚军攻克吴国的鸠兹（在今安徽省芜湖市东南方向），到达了衡山（今横山）。楚军气势很盛，准备乘机向吴国腹地进军，不料途中被吴军大败。吴国后来不仅收复了一些失地，夺取了楚国的一座名叫“驾”

（今安徽无为县境内）的重要城邑，更使楚国令尹由于这次战争失利而焦虑至死，“子重病之，遂遇心疾而卒”[①]。这次交锋，拉开了吴、楚两国争强争霸的序幕。吴楚争霸在很大程度上影响着春秋格局，而南京地区作为吴、楚两国的交界地带，则时常受到战争的波及。

（一）棠邑

棠邑位于今南京市江北的六合区，最初为楚国城邑，其始置年代不详。春秋时期，棠邑是吴楚边界的军事重镇，两国的交战经常在这一带进行。如鲁襄公十四年（前 559 年），楚国要攻打吴国，就是在棠邑屯兵的。“秋，楚子为庸浦之役故，子囊师于棠，以伐吴。”[②]这也是迄今南京地区城邑见于史籍记载的最早年代，亦即上述子重伐吴后十一年。至鲁定公四年（前 506 年），吴楚两国爆发了春秋晚期历史上著名的柏举之役，吴国连战连捷，最后攻克了楚国都城郢，棠邑此时又归属吴国。鲁哀公二十二年（前 473 年），勾践灭吴，越国尽有吴国故地，棠邑又为越国所有。周显王十四年（前 355 年），楚国大败越国，棠邑又成为楚国的城邑。

（二）濑渚邑

濑渚邑位于今南京市高淳区固城湖北岸的固城镇一带。鲁昭公元年（前 541 年），吴王余祭筑造此城，因城垣坚固，又名固城，固城湖亦因此得名。建城后的第二年，楚军进攻吴国，步步紧逼。在此形势下，吴王被迫将濑渚邑东迁至陵平山（在今溧水区濑水南岸），另筑城邑，改名陵平邑。昭公七年（前 535 年），楚军攻陷濑渚故城。楚灵王在此建造行宫，后世又称楚王城。至鲁定公四年（前 506 年），吴将伍子胥率军伐楚，攻克了固城，焚毁楚王行宫，濑渚邑因之一度废毁。其后随着吴、楚、越三国力量的此消彼长，濑渚邑先是归属越国，后来归属楚国。

---

① 杨伯峻：《春秋左传注》襄公三年，北京：中华书局 1990 年版，第 926 页。

② 杨伯峻：《春秋左传注》襄公十四年，北京：中华书局 1990 年版，第 1018 页。

汉代濑渚曾为溧阳的县治，而固城作为迄今南京地区保存较完好和最古老的城址，主要就是汉代所筑城垣的遗存。

（三）冶城

冶城应当是南京主城区最早的一组生产性建筑群，还不属于正式的城邑。清人陈文述曾说“城邑之设，冶城最先”①，认为冶城是南京主城区最早建筑的城邑。此说恐怕不妥。春秋时期，吴国铸剑工艺发达，从某种程度上讲，今苏州地区的相门、干将路、莫邪路等地名仍在记录和诉说着当年吴国铸剑业的辉煌。冶城就是这样一所供铸剑等铸造行业所用的冶炼作坊，它是春秋晚期吴王夫差（前 495—前 473 年在位）在今南京城西的冶城山上建立的。世事沧桑，当年曾为吴国铸造出不少锋利宝剑的冶城，其故迹已经很难寻觅。

（四）越城

鲁哀公二十二年（前 473 年），勾践灭吴，南京地区也为越国所有。越王勾践是春秋晚期历史上一位极其重要的人物，他在尽吞吴国故地后，为达到图谋楚国、称霸江淮的目的，便在南京中华门外长干里一带筑城，以控扼有利的山川地形。勾践所筑之城，后世称为越城。该城周长“二里八十步”，不足今天的一公里。但是它西近长江，南临淮水，拥有“扼淮控江”的地利优势，在军事上极具价值。南京主城区的城邑也是从这里开始的，所谓“金陵有城邑，自此始也”②。因此，越城在南京城市建置史上也具有特殊意义。

（五）金陵邑

周显王三十六年（前333年），楚威王大败越国，吴国故地又尽为楚有，南京也归属楚国。楚国坐拥当年吴越的山河形胜之利，便于这一年在今

① ［清］陈文述：《秣陵集·金陵图考》，南京：南京出版社 2009 年版，第 21 页。

② ［明］陈沂：《金陵古今图考·吴越楚地图考》，南京：南京出版社 2006 年版，第 68 页。

东吴第一军事要塞

南京主城区的石头山上筑城，因金陵山（钟山）之名，建置金陵邑。石头山位于南京城西，西临长江天堑，南抵秦淮河入江口，地形险要，气势不凡，有“岭嶂千里，相重若一”之谓，游历者将它比作楚地的九嶷山。自楚国建置金陵邑后，南京便得名金陵，这也是南京主城区设置行政区划的开始。

二、秦汉时期

秦始皇二十六年（前 221 年），秦统一全国，建立了历史上第一个统一的中央集权国家，在全国范围内实行郡县制。然而秦祚不永，十余年间就二世而亡。在秦末反秦斗争中，项羽脱颖而出，自称西楚霸王，一度分封诸侯，宰割天下。汉高祖五年（前 202 年），刘邦最终击败项羽，赢得了楚汉战争的胜利，建立西汉王朝，实行郡国并行制。汉武帝在位期间，为进一步削弱王国势力，实行推恩令，对诸侯王国步步蚕食。建武元年（25 年），皇族远支刘秀在新莽末年的战乱局面中力克群雄，建立了东汉王朝。在这种朝代更迭、社会巨变的历史背景下，秦汉时期的秦淮河地区也发生了剧烈的政治变革。

（一）棠邑县

战国末期，在秦对楚发起的吞并战争中，由于棠邑位于长江以北，它先于南京的长江以南地区被秦国占领。秦始皇统一中国后，在棠邑地区设置了棠邑县，隶属于九江郡（一说隶属于东海郡）。秦代棠邑县“范围甚广，难以详考”，大致除江浦西境外，今南京市江北地区均属棠邑县范围。

秦朝覆灭后，项羽作为诸侯盟主，于汉元年（前206年）二月分封了十八个诸侯王。他也自立为西楚霸王，定都彭城（今江苏徐州），统领西楚九郡。棠邑县此时隶属于会稽郡，为西楚领地。汉三年，九江王英布背楚归汉，其地亦归属于汉。至汉六年，汉高祖刘邦封陈婴为棠邑侯，棠邑县由此改为棠邑侯国。汉武帝元狩六年（前117年），改名堂邑。元鼎元年（前116年），继承棠邑侯的陈季须在为母亲服丧期间做出乱伦之事，且又兄弟争财，由此获罪自杀，棠邑侯国也因之废除，恢复为县。西汉时棠邑县隶属临淮郡，东汉则隶属广陵郡。最新公布的《堂邑元寿二年要具簿》表明，在西汉元寿二年（前1年），堂邑“城一舟（周）二里百廿五步。县东西百卅五里五十步，南北九十一里八十步。户二万五千七，多前二百卌七。口十三万二千一百四”[①]，是一个经济发达有132104人口的大县。

（二）秣陵县

一般认为，秦代秣陵县治位于今江宁区秦淮河中游的秣陵街道，隶属于会稽郡，西汉前期沿而不革。但近年也有学者基于文献记载及考古发现认为：“秦代秣陵县治继续沿用战国楚金陵邑城，仍在南京城西的石头城。汉高帝六年（前201年），在全国县邑筑城的形势下，秣陵县治东迁至南京城西冶城与西州桥之间，至东汉未改。”[②]自汉武帝采纳主父偃“推恩分封”的建议后，大量分封诸侯王之子为侯。在此背景下，元朔元年（前128年），江都易王刘非之子刘缠被封为秣陵侯。元鼎四年（前113年）刘缠死后，由于没有后代嗣爵，秣陵侯国被废。其后恢复秣陵县，隶属丹阳郡。新莽天凤元年（14年），秣陵县改称宣亭县，至刘玄更始元年（23年），仍复名秣陵县。

---

① 青岛市文物保护考古研究所、黄岛区博物馆：《山东青岛土山屯墓群四号封土与墓葬的发掘》，《考古学报》2019年第3期。

② 王志高：《秦汉秣陵县治新考》，《学海》2014年第5期。

《金陵古今图考》之秦秣陵县图

（三）江乘县

江乘县为秦所置，县治在今栖霞区摄山镇西湖村。秦始皇三十七年（前 210 年），始皇东巡，“还过吴，从江乘渡”[①]，就是从江乘县渡过长江的。《史记正义》注云：“江乘故县在润州句容县北六十里，本秦旧县也。”江乘县西起石头城，东与丹徒毗邻，北濒长江，南与秣陵相接，县域十分辽阔。汉初，又分江乘县的东部地区置句容和湖熟县。

（四）湖熟县

湖熟县为西汉初期分江乘县所置，县治在今江宁区湖熟镇一带，西汉称为“胡孰”，东汉以后称作湖熟。这里土地平旷，交通便利，早在汉初设县的一千多年前就已经是南京地区最古老的文明中心之一。汉武帝元朔元年（前 128 年），封江都王刘非之子刘胥行于湖熟，死后谥为胡孰顷侯。东汉以降，湖熟仍为侯国，直到三国时期孙权定都建业之际，

① ［西汉］司马迁：《史记》卷六《秦始皇本纪》，北京：中华书局 2013 年版，第 331 页。

以湖熟位居京郊，始省县作典农都尉。湖熟境内发掘了一些高等级的贵族墓葬，这与它作为两汉时期南京地区延续时间最长的侯国封邑是有直接联系的。

湖熟汉墓出土的“黄帝神印”木印

（五）句容县

句容县亦为西汉初期分江乘县所置，当时属鄣郡。汉武帝元光六年（前129年），封长沙王刘发之子刘党为句容侯，句容始为侯国。元朔二年（前127年）刘党死去，谥为句容哀侯。由于他没有后代嗣爵，句容侯国仅仅存在了两年即被废除为县。元封二年（前109年），汉武帝改鄣郡为丹阳郡，句容县始属丹阳郡，至东汉仍沿而未革。

《金陵古今图考》之汉丹阳郡图

（六）丹阳县

丹阳县亦为秦所置。秦始皇三十七年（前210年）东巡，经过丹阳到达钱塘（今浙江杭州市），在江南名邑丹阳（今安徽当涂小丹阳镇）

设县，先属会稽郡，不久属鄣郡。故丹阳邑比较富庶，亦为吴、楚间的咽喉要地。汉初沿袭秦代建置，亦设丹阳县。汉武帝元朔元年（前128年），封江都王刘非之子刘敢为丹阳侯，丹阳始为侯国。元狩元年（前122年）刘敢死去，也没有后代嗣爵，侯国由此废绝。丹阳侯国只存在了短短的六年，便恢复为丹阳县，隶属丹阳郡。

第二章　建业衣冠，秦淮舟楫
——六朝时期

六朝，指的是位于江南，全部建都在建康的孙吴（孙吴时期建康称建业）、东晋、南朝的宋、齐、梁、陈六个朝代。六朝属于魏晋南北朝时期，从公元220年曹丕建立魏朝（曹魏）开始，到589年隋朝灭南朝陈而重新统一为止，历时三百余年。

曹丕称帝后，东汉灭亡。章武元年（221年），刘备称帝，国号汉，史称蜀汉；黄龙元年（229年），孙权称帝，国号吴，史称孙吴或东吴。孙吴时期，建业在大部分时间里都担任着都城的重要角色，秦淮河流域也因此受到了重视和开发，包括疏通河道、开发人工运河、建立新的航运等。可以说，后来东晋以及南朝的许多建设工程，都是在孙吴政权对秦淮河流域开发的基础上进行的。

公元317年，司马睿在建康（今南京市）称晋王，翌年称帝，是为晋元帝。司马睿所建立的王朝，史称东晋。随着西晋的灭亡和北方的战乱，大量的中原士族避难南迁，建康城再次作为首都，成了东晋的政治、经济和文化中心。由于人口的增长和重心的迁移，秦淮河地区得到了进一步的开发，而南迁的北方士族与江东本土士族，又在建康地区演绎了一出出名士风采。建康城也吸引了许多东南亚、印度的佛教僧侣及商人前来，开启了一个文化、艺术极其繁盛的时代。

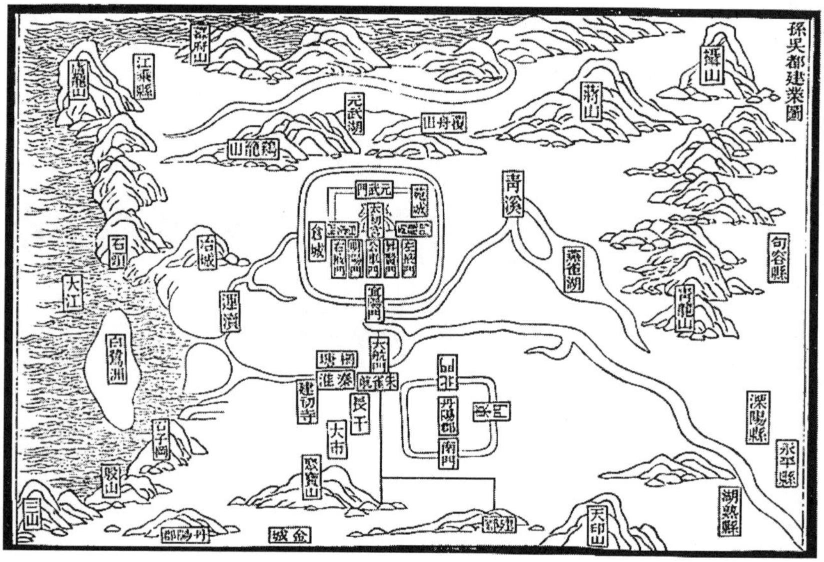

《金陵古今图考》之孙吴都建业图

继东晋之后，南朝的宋、齐、梁、陈四个朝代相继定都建康，秦淮河得到了进一步的开发和利用。名士们在建康城里创造着属于这个时代的特色文化，僧侣们在秦淮河畔建立起了一座座寺庙，商人们穿梭于秦淮河和各大港口，运输着各种商品，给秦淮河带来了活力。公元588年，隋文帝任命杨广为主将，发动了灭陈之战。翌年，隋军攻入建康城，陈后主叔宝被俘，南朝最后一个王朝灭亡，六朝也自此终结。而见证了六朝兴衰的秦淮河，也走向了另外一段历史。

第一节　何处当时廿四航
——交通与市场

“桃叶复桃叶，渡江不用楫。但渡无所苦，我自迎接汝。”[①]这是《玉台新咏》收录的《情人桃叶歌二首》之一，作者为东晋著名书法家王献之。这首送别爱妾的诗歌在后世传唱甚广，其中所提及的桃叶渡，就是秦淮河上的一处著名渡口。那时人们在桃叶渡送别友人，沿着秦淮河北上或南下。秦淮河作为沟通建康城与外界的枢纽，发挥了无与伦比的作用。

随着孙吴、东晋的相继定都，建康地区迎来了持续开发的黄金时期。秦淮河与青溪、运渎、潮沟等支流运河，承担着建康城的水路交通运输。由于舟船水运的便利，秦淮河地区交通航运发达，商贾旅人、僧侣使节

桃叶桥

① [南朝陈]徐陵编，[清]吴兆宜注：《玉台新咏笺注》卷一〇《情人桃叶歌二首》，北京：中华书局1985年版，第472页。

往来频繁，给建康古城增添了很大的生机与活力。

永嘉南渡后，南方人口急剧增长。作为进入建康城的要道，秦淮河地区在第一时间内接收了大量的人口。随着人口密度的增大，秦淮河沿岸许多的市场也兴盛起来，建康城逐渐成为南方地区的经济中心。

孙权像

一、交通与航运

主要可分为孙吴和东晋南朝两个时期。

（一）孙吴时期

孙权定都建业，根据当时南京城的地理形势，把新城的选址定在了鸡笼山、覆舟山和后湖（即玄武湖）之间，南面靠近秦淮河，西隔五台山与石头城相望。黄龙二年（230 年），孙吴政权在秦淮河畔乌衣巷附近，建造了丹阳郡城作为建业屏障。为了漕运的便利和交通，孙吴统治者开凿了大量的运河与沟渠沟通各水系。

1. 运渎

孙权从武昌迁都建业，在原有“太初宫”的基础上，利用武昌宫殿的材料，建造了台城（又名苑城）作为宫省居住。又建仓城，作为储蓄之所。赤乌三年（240 年），孙权“使左台侍御史郗俭监凿城西南，自秦淮北抵仓城，通运于苑仓”[①]，是为运渎。运渎在上元县西北一里半，是为方便宫城与仓城之间的运输而开凿的，故名运渎。

① [南宋]周应合：《景定建康志》卷一九《山川志三 · 沟渎》，南京：南京出版社 2009 年版，第 454 页。

运渎大致为南北向巷道，在今进香河路北口承潮沟之水，南流经莲花桥、上乘庵、破布营后，又西南经张府园，在鸽子桥附近流入秦淮河，又西折至笪桥，经甘雨巷注入秦淮河。1994 年在鸽子桥北的张府园附近发现了古河道，推断即可能为运渎古道。运渎之上建有六桥，由北到南分别为：孝义桥、杨烈桥、西州桥、高晔桥、禅灵寺桥和万岁桥。这六座桥梁的建造年份已不可考，但关于杨烈桥，根据《建康实录》中“宋王僧虔观斗鸡鸭处”的记载，可知它至少在刘宋时期即已存在。六座桥的建设时间可能有先后，在六朝时期都担负着沟通运渎两岸陆地交通的任务。

2. 潮沟

潮沟是孙吴时期开凿的另外一条重要人工河渠。《建康实录》卷二《吴中》“潮沟”下注云：“潮沟亦帝（孙权）所开，以引江潮，其旧迹在天宝寺后，长寿寺前。东发青溪，西行经都古承明、广莫、大夏等三门外，西极都城墙，对今归善寺西南角，南出经阊阖、西明等二门，接运渎，在西州之东南流入秦淮。……自归善寺门前东出至青溪者，名曰潮沟。”《景定建康志》中对潮沟的描述则比较简略：“潮沟，吴大帝所开，以引江潮，接青溪，抵秦淮，西通运渎，北连后湖。”它位于鸡笼山和覆舟山之间的地势低洼处，即今天珍珠河北京东路以北河段，南行至北京东路附近分为两段：一段沿鸡笼山南麓西行至今天的进香河附近，与运渎连通，另一段则沿覆舟山南麓东行至青溪。宝鼎二年（267 年），后主孙皓建昭明宫，又将潮沟沿今天的太平北路向南延伸，

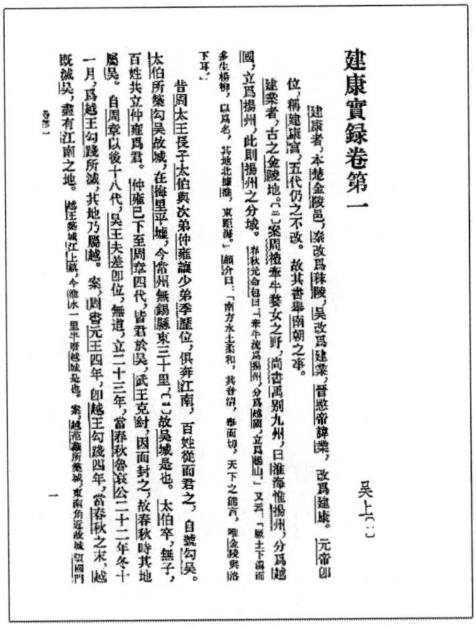
建康實録卷第一

吳上〔一〕

建康者，本楚金陵邑，秦改爲秣陵，吳改爲建業，晋愍帝諱業，改爲建康。元帝即位，稱建康宫，五代仍之不改。故其書舉南朝之事。

建業者，古之金陵地。〔二〕案周禮牽牛婺女之野，尚書禹别九州，曰淮海惟揚州，分爲越國，立爲揚州，此則揚州之分域。春秋元命包曰：「牽牛流爲揚州，分爲越國，立爲揚山。」又云：「厥土下濕而多生楊柳，以爲名，其地北據淮，東距海。」顔介曰：「南方水土柔和，其音清，舉而切，天下之能言，唯金陵與洛下耳。」

昔周太王長子太伯與次弟仲雍讓少弟季歷位，俱奔江南，百姓從而君之，自號勾吳。太伯所築勾吳故城，在梅里平墟，今常州無錫縣東三十里，〔三〕故吳城是也。太伯卒，無子，百姓共立仲雍爲君。仲雍已下至周章四代，皆君於吳，武王克紂，因而封之，故春秋時其地屬吳。自周章以後十八代，吳王夫差即位，無道，立二十三年，當春秋魯哀公二十二年冬十一月，爲越王勾踐所滅，其地乃屬越。案，周書元王四年，即越王勾踐四年，當春秋之末，越既滅吳，盡有江南之地。越王築城江上鎮，今淮水一里半舊越城是也。案，越范蠡所築城，東南角近故城望國門

一

《建康实录》书影

以便“引后湖水激流入宫，巡绕殿堂”。孙权开凿潮沟，其目的不仅仅是作为都城的北面护城河使用，更重要的是把玄武湖水引入，补给运渎，将青溪、运渎和潮沟三河相连，以保证漕运的畅通。

3. 青溪

青溪原来是一条发源于紫金山的自然河流，在汇合紫金山西段南侧的溪水后，在今天的明故宫遗址附近形成了燕雀湖，其后沿着建康城东侧一直蜿蜒向南，曲折南伸流入秦淮河。由于这一段河流蜿蜒曲折，故又被称为“九曲青溪”。孙吴时期，统治者在原有的自然河流基础上进行了拓宽和疏浚，向北接通了潮沟，名为“东渠”。依照古人四象之说，东方属青龙，所以“东渠”又名“青溪”。东晋之时，在孙吴开凿的基础上，又向北接通后湖，大大增加了青溪水量，至此青溪绵延十余里，“阔五丈，深八尺”①。

青溪作为六朝时期建康城周边重要的河道之一，其上横跨七桥，由北及南分别为乐游苑东门桥、尹桥、鸡鸣桥、募士桥、菇首桥、青溪中桥和青溪大桥。而“青溪九曲”的名号，也与河道蜿蜒、七桥横跨有关——“旧称‘青溪九曲’，盖自元武湖（玄武湖）引水，从东北萦回，达于秦淮，其曲折有九，故于其间跨桥有七。”②

4. 破岗渎

作为建康城沟通外围地区的重要河道，破岗渎也是在孙吴时期开凿的。赤乌八年（245 年），孙权“遣校尉陈勋将屯田及作士三万人凿句容中道，自小其至云阳西城，通会市，作邸阁”③，以此沟通秦淮河与

---

①［南宋］周应合：《景定建康志》卷一八《山川志二·溪涧》，南京：南京出版社 2009 年版，第 445 页。

②［南宋］周应合：《景定建康志》卷一六《疆域志二·桥梁》，南京：南京出版社 2009 年版，第 378 页。

③［西晋］陈寿：《三国志》卷四七《吴书·吴主传》，北京：中华书局 1982 年版，第 1146 页。

江南运河，加强了建康城与外围东部地区的交通联系。

孙吴时期是六朝开发江南的初期，统治者围绕秦淮河修建的大量人工河渠和桥梁，为后来东晋建都南京奠定了交通和地利基础。

（二）东晋南朝时期

孙吴灭亡仅三十余年，建邺再次成为东晋帝国的都城。由于避晋愍帝司马邺讳，改建邺为建康。此后二百余年间，东晋及南朝统治者在孙吴建设的基础上，对建康城进行了全方位的建设和开发。

《王濬伐吴》（明版画）

六朝时期，在今通济门到清凉山的河段上共有二十四座浮航，其中最重要的是朱雀航。朱雀航位于朱雀门下，北对御街，是六朝时期建康最大的一座浮桥。它最早可以追溯到孙吴时期的南津大桥。西晋永嘉元年（307 年），陈敏割据建业，甘卓、顾荣进击陈敏，拆断朱雀桥。东晋太宁二年（324 年），王敦叛乱，派遣王含进犯建康。叛军进逼秦淮南岸，温峤烧毁了朱雀桥。至咸康二年（336 年），“更作朱雀门，新立朱雀浮航”[①]。新的朱雀浮航采用浮桥法，冬夏可以随着河水涨落而上下浮动。自此，朱雀浮航历经东晋、宋、齐、梁、陈五朝，在两百多年的时间里，一直扮演着建康城交通命脉的角色。

除水路交通以外，六朝时期陆续修建了许多陆地官道，形成了建康城繁密的水陆交通网。京口（今镇江）地区是拱卫建康的东大门，在京口与建康之间，陆续开通了黄城大路、竹里路、江乘路等官道，统称为京口路。从建康到京口的道路大致可以分为南北二线：北线由竹里路和江乘路组成，取道摄山北麓，沿着玄武湖东岸至幕府山，然后沿江东行，在龙潭附近沿宁镇公路前行；南线自钟山出尧化门，经栖霞、龙潭等地至宁镇公路，是为黄城大路。

建康往西南方向，也有两条主要的道路。一条出都城后南渡淮水，经越城、石子岗后至新林，为白杨路。“白杨路，在城南十里，石岗之横道。”[②]萧齐永元三年（501 年），萧衍废东昏侯，自襄阳顺流而下，由新亭、新林进据越城，最后走的就是白杨路。另外一条则是江边大路。据《建康实录》记载：“自石头南上十里至查浦，查浦南上十里至新亭，新亭南上二十里至孙林，孙林南上二十里至板桥，板桥上三十里至烈洲。洲有小河，可止商旅以避烈风。”[③]孙吴时期，在新亭南面建造了劳劳亭，李白有诗云：“天下伤心处，劳劳送客亭。”即为劳劳亭。当时建康的官民离开建康，常于新亭折柳送别。

建康城南从板桥经江宁或谷里、陶吴至小丹阳（今安徽当涂县丹阳镇）的这条路称为小丹阳路。东晋咸和三年（328 年），苏峻叛乱，从

---

① ［唐］许嵩撰，张忱石点校：《建康实录》卷七《晋中·显宗成皇帝》，北京：中华书局 1986 年版，第 189 页。

② ［南宋］周应合：《景定建康志》卷一六《疆域志二·道路》，南京：南京出版社 2009 年版，第 372 页。

③ ［唐］许嵩撰，张忱石点校：《建康实录》卷四《吴下·后主》，北京：中华书局 1986 年版，第 98—99 页。

横江渡江后即由小丹阳路北上，直趋都城覆舟山（今九华山）。刘宋元嘉三十年（453 年），柳元景奉命讨伐刘劭，从上游东下至芜湖后，取道小丹阳路，从江宁至板桥立栅自固，又于新亭依山筑垒，击退敌军。

建康城往北的主要道路则是北上至幕府山侧的五马渡，渡江抵瓜步再北上。西晋末年，大量的北方流民都经由此路抵达建康。五马渡的名称，即来源于包括司马睿在内的五位晋室藩王渡江的传说。

二、市场的兴盛

六朝时期，传统的儒家观念受到冲击，上至皇室公卿，下至州郡吏民，竞相从事商业贸易，经商成了一种时尚。

商业的繁荣以市场的兴盛体现出来。建康的市场，按照《隋书·地理志》的记载，“市廛列肆，埒于二京”。“二京”指的是汉代的长安和洛阳。左思在《吴都赋》里就曾经描述过六朝初期的建康城，形容建康城内市场店铺林立，百货齐全，从国内到南海诸国的特产，这里都琳琅满目。到了东晋南朝时期，建康商旅云集，市场愈加繁荣。

六朝时期的商市，按照性质和种类，可以分为大市、小市、草市、苑市和专业集市五种。历代政府均设置了相关的官员和管理机构来管理这些市场。根据《通典》记载，梁代就设置过太市、南市、北市令，陈朝时期秦淮河北岸大市林立，都设置了相关的管理机构来管理和征收赋税。

大市始于孙吴时代。在建康城内四方交通要道处，大市多交易发达，且绵延历代不衰。《太平御览》卷八二七引《丹阳记》说：京师建康共有四市，其中建康大市是孙权时期设立的；建康东市，也是同一时期设立的；建康北市，是孙吴永安年间（258—264 年）设立的；秣陵斗场市，则是东晋隆安年间（397—401 年）因征发乐营人（官妓）交易而形成的。秦淮河北面则立有许多小市，常处于人烟稠密处。廷尉张闿就曾经住在小市。草市是指城外的交易场所。六朝建康的草市位于都城和外郭之间，在秦淮河北的湘宫寺附近。苑市则为少数统治者所立，实际是一种娱乐荒淫的场所。如刘宋少帝刘义符，就曾经“于华林园为列肆，亲自酤卖”①。南齐东昏侯甚至亲自在苑市中做起了生意，“又于苑中立市，太官每旦进酒肉杂肴，使宫人屠酤，潘氏为市令，帝为市魁，执罚，争者就潘氏决判”②。专业集市则是指贩卖专门物资的集市。“（建康）又有小市、牛马市、谷市、蚬市、纱市等一十所，皆边淮列肆裨贩焉。……今银行、花行、鸡行、镇淮桥、新桥、笪桥、清化市，皆市也。”③从这些名称上就可以看出建康城内外集市的繁华。

第二节 旧时王谢堂前燕

——名士与风采

在孙吴时代，孙吴禁军驻扎于秦淮河的南岸，由于当时都身穿黑色军服，民间就称此地为乌衣巷。这是乌衣巷得名由来的一个传说。随着永嘉之乱，晋室南渡，大批北方士族跟随南迁，琅琊王氏和陈郡谢氏先后定居于乌衣巷，使它的名号愈发响亮。这里也成为六朝名士子弟的代名词。

---

①［南朝梁］沈约：《宋书》卷四《少帝纪》，北京：中华书局1974年版，第66页。

②［南朝梁］萧子显：《南齐书》卷七《东昏侯纪》，北京：中华书局1972年版，第104页。

③［南宋］周应合：《景定建康志》卷一六《疆域志二·镇市》，南京：南京出版社2009年版，第359页。

一、南北名士

由于六朝时期的开发，秦淮河及其支流水路交通便利，许多世家大族多在这一地区置办宅邸，所谓“京师鼎族，多在青溪左及潮沟北”[①]。孙吴著名大臣诸葛恪（即诸葛亮之侄）的宅邸就在青溪岸边。特别是他的宅邸东边，有南朝陈尚书江总的住宅，“后主尝幸其宅，呼为狎客”[②]。连陈后主都经常光顾，可见青溪岸边江总宅邸的豪华。刘禹锡在《江令宅》中就曾这样描述：“池台竹树三亩余，至今人道江家宅。”此外，梁代朱异和他的儿子们“自潮沟列宅至青溪，其中有台池玩好，每暇日与宾客游焉”[③]。足见六朝时期潮沟和青溪两岸世家大族比邻而居的盛况。

王谢纪念馆（黄健摄）

（一）北来士族

所谓北来士族，即“侨姓士族”，主要是指两晋之际因北方陷入战乱而南徙的世家大族。对于江南而言，这一次人口的大迁徙，始终伴随着江南地区的经济开发和文化提升。根据《晋书》等记载，当时南迁的

① [唐]许嵩撰，张忱石点校：《建康实录》卷二《吴中·太祖下》，北京：中华书局1986年版，第50页。

② [南宋]张敦颐：《六朝事迹编类》卷七《屯舍门·江令宅》，南京：南京出版社2007年版，第89页。

③ [唐]李延寿：《南史》卷六二《朱异传》，北京：中华书局1975年版，第1518页。

君諱興之字稚陋琅耶臨
沂都鄉南仁里征西大將
軍行參軍贛令春秋卅一
咸康六年十月十八日卒
以七年七月廿六日葬于
丹楊建康之白石於先考
散騎常侍尚書左僕射特
進衛將軍都亭肅侯墓之
左故刻石為識藏之於墓
長子閩之 女字稚容
次子嗣之 出養第二伯
次子咸之
次子預之

东晋王兴之墓志

北方士族甚多，如以王导、王敦为代表的琅琊王氏，以王承为代表的太原王氏，以周顗、周谟、周嵩兄弟为代表的汝南周氏，以郗鉴为代表的高平郗氏，以庾亮、庾冰为代表的颍川庾氏，以桓彝为代表的谯国桓氏，等等。直到东晋后期和南朝，仍有一些北方士族南迁，如河东柳氏等，但他们南渡较晚，社会地位不高。而两晋之际南渡的如彭城刘氏、兰陵萧氏等低级士族，却因缘际会在南朝时期一跃而成为高门。

司马睿为了在长江以南重建政权，极力笼络北来士族，“收其贤人君子”[1]。北来士族不仅自身得到重用，他们的家人子弟也受到很多优待。随着以北来士族为代表的中原先进文化的南迁，建康取代了西晋时期的首都洛阳，成为世家大族和高级官僚子弟的聚集地，同时也是新的文化学术中心。正是在这种背景下，秦淮河两岸居住了以王、谢为代表的世家大族。

① [唐]房玄龄等：《晋书》卷六五《王导传》，北京：中华书局1974年版，第1746页。

（二）江东士族

所谓江东士族，是指相对于北来士族而言的江南本土士族。若再细分，则可以分为吴地士族和会稽士族两个地域群体。江东士族的历史可以追溯到汉代，其中吴郡顾氏自春秋战国以来便定居江南，陆氏、张氏、朱氏则是西汉时期南迁至吴地。会稽的虞、贺、孔、魏以及吴兴的沈、姚等家族则多是两汉之际南迁而来。至东汉中后期，南方的这些大家族逐渐演化为儒学世家，在江东占据着社会的主导力量。人们熟知的吴地四姓——顾、陆、朱、张，会稽四姓——虞、贺、孔、魏，大多属于这种情况。

孙吴时期，江东士族获得了长足的发展。西晋灭吴后，他们又部分地进入了北方士族的视野。但在与北方士族的交往中，江东士族却遭到了不断的排挤。如吴郡陆机，为孙吴丞相陆逊之孙，名将陆抗之子。“少有异才，文章冠世。”陆机后来受到了成都王司马颖的赏识和重用，但此事却遭到了王彰的公然谏阻，其缘由就是：“陆机吴人，殿下用之太过，北土旧将皆疾之。”可见南方士族不被北方看重。陆机本人最终也被排挤所杀。顾荣、张翰等人鉴于这种情况，毅然返回吴地，致力于维护江东本土的安定。

江东士族主要可以分为两种类型，陈寅恪先生早有论述：“东晋初年孙吴旧统治阶级略可分为二类，一为文化士族，如吴郡顾氏等是；一为武力强宗，如义兴周氏等是。”[①] 司马睿初至江南时，江东的世家大族一般都抱着冷眼旁观的态度，所谓“吴人不附，居月余，士庶莫有至者”。过了一个多月，司马睿也没有和江东士族取得联系。王导意识到了问题的严重性，于是策划了一次盛大的出行仪仗，王导、王敦等北方士族骑马扈从司马睿，威严的队伍震慑到了江东士族。纪瞻、顾荣等江南大家

---

① 万绳楠整理：《陈寅恪——魏晋南北朝史讲演录》，贵阳：贵州人民出版社 2007 年版，第 154 页。

司马睿像

士族纷纷前来拜会，出任司马睿府中官职。通过王导在江南的四处运作，东晋王朝才得以在北来士族和江东士族的共同拥戴下，在江南建立起来。

（三）南北之争

对于司马睿和王导来说，争取江东士族的支持，是巩固其统治的必然措施。在东晋的立国过程中，江东士族也确实发挥了重要作用。

然而矛盾却依然存在。因为他们并不是完全对等的“友好合作”，而是北来士族一直占据着优势地位。这是“时中国亡官失守之士避乱来者，多居显位，驾御吴人，吴人颇怨”[①]的主要原因。随着北来士族在江南地位的逐渐稳固，江东士族的地位每况愈下。

周一良先生曾经对南北士族在东晋一朝做官人数做过统计，结果显示北方士族在政府中占据了绝对的优势。可见虽然东晋统治者对南方士族采取了笼络的措施，但是与北方士族相比，他们还是处于明显的劣势地位。这种情形不仅造成了东晋早期义兴周氏的叛乱，还有后期南方士族在政治上一直处于劣势的情况。哪怕到了南朝时期，王朝的更迭也没有改变南方士族的地位，刘宋一朝的尚书令、仆射、中书监令等高官，竟然没有一个南人。

北方士族不仅在政治上排挤南人，在门第上也同样占据着优越地位。在时人眼里，江南的顾、陆、朱、张、孔、虞、周、沈等世家大族，是

① ［唐］房玄龄等：《晋书》卷五八《周勰传》，北京：中华书局 1974 年版，第 1574 页。

不能和北方的王、谢高门相提并论的。梁武帝时期，侯景曾希望求娶王、谢家的女儿来提高自己的门第，梁武帝就劝他说：“王、谢门高非偶，可于朱、张以下访之。”[①]南北士族的门第高下，被梁武帝一语道破。

政治上的压抑和排斥，导致隐逸的风气在江南士族群体中逐渐兴起。这里的隐逸，不仅仅是指隐于山野，大部分的江南士族选择在朝做官，但是其政治态度却是安于现状、恪守本分，此即所谓“大隐隐于朝”。例如，会稽士族虞荔，担任要职中书舍人。当时在梁武帝身边任职的官员，大多参与权力中枢，朝廷内外的军政大事，互相间交错兼管。唯有虞荔和顾协二人宁静淡泊，恭谨地退避。虞荔居住在宫中西边的官署里，只以通晓文史为人所知，当时号称“清白”。还有吏部尚书吴郡陆琼，“性谦俭，不自封植，虽位望日隆，而执志愈下”[②]。

这种“大隐隐于朝”的风气在南朝非常盛行，使得士族们集体呈现出一种恬淡隐逸的性格，从而使整体的价值取向逐渐趋向于文化创作。例如吴郡陆氏，孙吴时期属于著名的将相家族，陆逊、陆抗都是名将出身，西晋时期陆机、陆云相继被杀，虽然遭到北方士族的打压，但从东晋太尉陆玩到其孙陆万载，依然“世为侍中，皆有名行”[③]。作为官宦世家，吴郡陆氏却在南朝以后多出文学之辈。如梁代陆倕，曾断绝交往，日夜读书，这样持续了好几年。每读过一遍，必定能口中背诵。有一次借阅别人的《汉书》，遗失了四卷《五行志》，于是默写后还给别人，竟然毫无遗漏。陆倕幼年即为外祖父张岱所另眼相看——“岱常谓诸子曰：‘此儿汝家之阳元也。’”[④]十七岁时，陆倕即被推举为本州秀才。范成大《吴郡志·人物》中吴郡陆氏所列人物，南朝时期多以文学见长，可谓

---

① [唐]李延寿：《南史》卷八〇《侯景传》，北京：中华书局1975年版，第1996页。

② [唐]姚思廉：《陈书》卷三〇《陆琼传》，北京：中华书局1972年版，第397页。

③ [南宋]范成大：《吴郡志》卷二一《人物·陆子真》，南京：江苏古籍出版社1999年版，第309页。

④ [唐]姚思廉：《梁书》卷二七《陆倕传》，北京：中华书局1973年版，第401页。

世代文风盛行。

对漂泊隐逸的追求，又催生出了南朝士族们对山水园林的热爱。“居易而以求其志，处污而不愧其色”[①]，已经成为南朝士族的新追求。这种“身处朱门，而情游江海”[②]的生活情趣，使南朝的士风显得格外飘然出外。

二、门第阀阅

东晋时期是贵族门阀政治鼎盛的时期，先后活跃于朝堂的门阀贵族主要有四大家族，即琅琊王氏、颍川庾氏、谯国桓氏和陈郡谢氏。以这些家族为首，一大批士族活跃于建康，造就了独具特色的士族政治。而名士们的日常生活，也成为后世交口相传的六朝风流。

乌衣巷中的王、谢二家，是东晋门阀的代表。当北来士族还心怀故国的时候，王导已经大声疾呼“当共戮力王室，克复神州，何至作楚囚对泣邪”[③]。虽然此后王敦之乱，对于琅琊王氏是一个打击，但由于王导的功勋，琅琊王氏在东晋初期依然是不可比拟的第一流士族。所以当时的人们才会有“王与马，共天下”的感慨。

琅琊王氏最为人所熟知的是王羲之和王献之父子。郗鉴在建康听说王导家的子弟都非常英俊，就派人送信给王导，希望王导能给他挑选女婿，王导让人到东厢房随意挑选。送信的人回去后对郗鉴说：“王家的子弟个个都神采非凡，他们听说您来挑女婿，都精心打扮了一番，只有一个青年在东边的床上袒露着肚子，一副漠不关心的样子。”郗鉴称赞此人，立刻派人打听，要选他为女婿。这个人就是王羲之，而这也就

① [唐]姚思廉：《梁书》卷五一《处士传》，北京：中华书局1973年版，第731页。

② [唐]李延寿：《南史》卷四一《齐宗室·萧钧传》，北京：中华书局1975年版，第1038页。

③ [南朝宋]刘义庆著，[南朝梁]刘孝标注，余嘉锡笺疏：《世说新语笺疏》卷上之上《言语第二》，北京：中华书局2007年版，第109页。

是“东床快婿”的由来。

王羲之的儿子王献之也是非常有名的书法家。《红楼梦》第五十一回有一首《桃叶渡怀古》：“衰草闲花映浅池，桃枝桃叶总分离。六朝梁栋多如许，小照空悬壁上题。”这里咏怀的桃枝桃叶，即来源于六朝时期《桃叶歌》的典故和秦淮河上桃叶渡的地名。

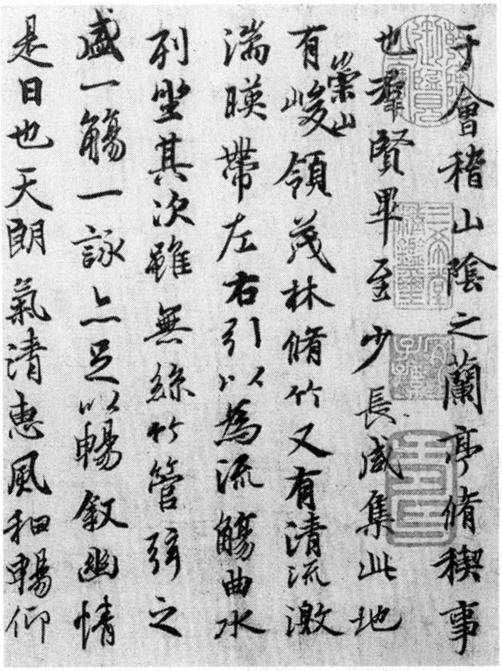

王羲之《兰亭序》局部

古桃叶渡

谢家的崛起，比王氏较晚。谢氏的祖先谢衡，在西晋还不是非常有名，而其子谢鲲已经是赫赫有名的中朝名士了。谢鲲外表放荡不羁，政治上却敏锐谨慎，为谢家开启了名士的家风，奠定了谢家崛起的基础。谢鲲在西晋“八王之乱”中出仕，先后进入长沙王司马乂、东海王司马越幕府，但地位还不高。他对西晋的乱局有着清醒的认识，于是推掉司马越的征辟，决定南渡：“鲲以时方多故，乃谢病去职，避地于豫章。”[①] 谢鲲在江南进入王敦幕府，凭借平定流民变乱的功劳

① [唐]房玄龄等：《晋书》卷四九《谢鲲传》，北京：中华书局1974年版，第1377页。

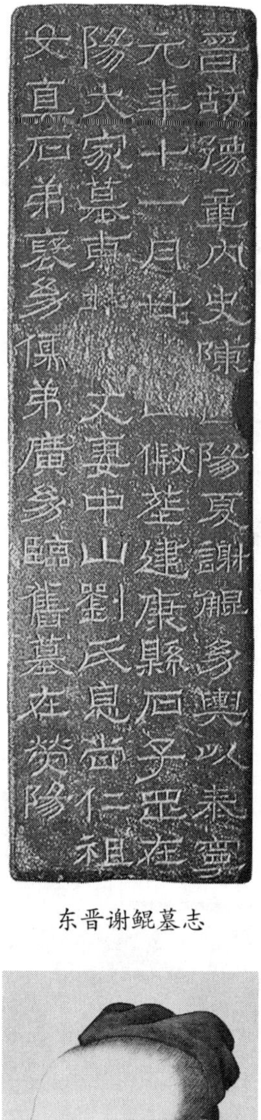

东晋谢鲲墓志

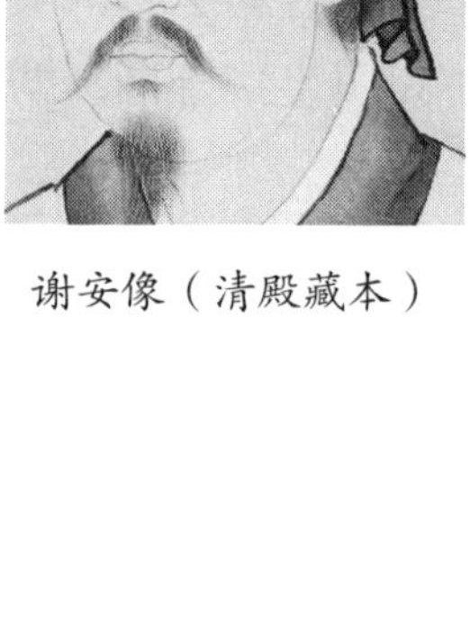

谢安像（清殿藏本）

得封咸亭侯。此后，他更是与诸多名士结交，获得了很高的名声。

南渡以后，谢氏在谢尚、谢奕、谢据、谢安、谢万、谢石等人的努力下，一跃而成为新出门户的佼佼者。谢鲲之子谢尚，自少年时代就得到了王导的称赞和器重，“司徒王导深器之，比之王戎，常呼为‘小安丰’，辟为掾”。晋成帝时期，谢尚在当时执政的琅琊王氏和颍川庾氏的政治缝隙中不断发展自身实力。谢尚一度出镇地方，在豫州经营十多年，后来谢奕、谢万等继续控制豫州，得以发展壮大。谢安隐居东山，养育声望，后应征出仕，在内政上与王坦之等人合作，阻止桓温继续壮大的野心，维持了东晋门阀政治格局的稳定；在外事上则精心策划，组织“北府兵”。淝水一战，谢安居中指挥，谢玄、谢石在外迎敌，获得淝水大捷，终于一举奠定了谢氏的地位。淝水之战后，谢氏进入了全盛期，随后谢混、谢灵运、谢朓等谢氏一族人才繁盛，引领了整个南朝的风气。

三、南朝衰微

南朝时期虽然名士依然占据着重要的地位，但由于寒人崛起，不断冲击着士族的地位，宋、齐之际出现了“寒人掌机要”的局面。唐长孺先生评价当时的这种现象导致“士庶之间趋于混淆”[1]。越来越多的士族生活潦倒，甚至出现了与寒人权贵通婚的情况。侯景之乱后，南方士族遭到了沉重打击，大量的士族流离失所，无论是在政治还是经济上的地位都每况愈下，最后终于随着陈朝的覆亡而烟消云散。

南京象山王氏家族墓出土的青瓷羊形插器

南朝初期的世家大族依然拥有着巨大的政治能量和超然的社会地位。刘宋孝武帝母亲路太后兄路庆之的孙子路琼之，因为和王僧达是邻居，于是穿着豪华的衣服去拜会王氏，王氏却不太和他说话。最后当路琼之要走的时候，却说：“之前在我家服侍的下人路庆之，是你的什么人？”随后还把路琼之坐过的床烧掉，让路琼之很下不了台。萧齐时代的中书舍人纪僧真位居机要，曾经请求齐武帝把他列入士族行列。齐武帝告诉他应该去找江斆，自己没有资格将他定为士族。纪僧真果然去拜会了江斆，后者等纪氏登榻坐定后，就命人把自己的床移开，远离纪氏，纪氏见此只好作罢。可见宋齐之世，南朝世家大族的政治能量和社会地位仍然是不可小觑的。

然而，随着寒人的崛起和士族素养的退化，南朝的皇帝们经常任用寒人担任朝廷要职。世家大族在政治上遭到打压，逐渐不再把持朝政。此外，士族荒淫的生活更导致大量财富流失，一些世家大族开始追求与寒门暴发户结合。例如谢玄的玄孙谢超宗，就为儿子娶了寒门张敬儿的

① 唐长孺：《南朝寒人的兴起》，收入《魏晋南北朝史论丛续编》，北京：中华书局 2011 年版，第 118 页。

女儿；谢朓甚至娶了王敬则的女儿。这种跨越门阀界限的行为，正预示着贵族门阀的逐渐衰落。

侯景之乱后，士族们更加流离失所，甚至失去了政治和经济上的特权。当时著名的宫体诗人徐陵的弟弟徐孝克，由于实在没有粮食吃，只好把自己的妻子嫁给侯景的部将，自己也出家做了僧人，靠乞讨度日。到陈朝时期，位于梅岭的谢安墓被始兴王陈叔陵强行发掘，谢安的棺椁竟被抛弃。而当时谢安的子孙谢贞尚在，谢俨官至侍中太常卿，谢伷后来甚至担任了吏部尚书，但当自己深以为荣的祖先坟墓遭到破坏时，却都无可奈何。这也让世人见证了绵延数百年的家族从鼎盛到衰亡的标志性时刻。

第三节　南朝四百八十寺
——寺院与客栈

"南朝四百八十寺，多少楼台烟雨中。"孙吴时期，由于北方战乱频仍，关中、洛阳等地区的人到江南避难，其中就有许多僧人，这促进了佛教在南京地区的发展和传播。东晋南朝时期，历朝皇帝、权贵和僧人在秦淮河沿岸建造了无数的寺院，更将南京地区的佛教推向了鼎盛。随着南方政权秩序的稳定，越来越多的藩国前往建康朝贡，秦淮河也成为沟通外界的重要渠道。

一、名刹与佛寺

东汉末年，北方的骚乱为南方佛教的发展提供了机遇。当时高僧南游蔚然成风，如安世高"游化中国，宣经事毕。值灵帝之末，关洛扰乱，乃振锡江南”[①]。安世高等著名高僧游历至建业，并得到吴主礼遇。支谦等人还在建业翻译了大量佛经，为佛教事业的发展做出了巨大贡献。

孙吴赤乌十年（247 年），著名僧人康僧会来到建业，从事译经传教事业。他对东南地区佛教事业的发展影响很大。相传康僧会的祖先是康居人，后来移居印度，因为父亲经商的缘故来到交趾，最后从交趾来到建业。康僧会成功说服了孙权，在南京建立了建初寺。建初寺大约位于当时的小长干一带（今南京门西地区花露岗以南），因临近大市，所以又叫“大市寺”。可见建初寺也位于秦淮河附近，其位置对当时往来译经传教的僧侣和求佛受教的信众来说，都是较为便利的。

建初寺的诞生，是“南朝四百八十寺”开始出现的标志。自此之后，建业古城开始了建寺立庙的风潮。根据《三国志·吴书》记载，孙綝在太平三年（258 年）大权独揽后，“坏浮图祠，斩道人”。可见仅仅过去了十一年，建业的寺院就已经有了不小的规模。相传康僧会建立建初寺后，又继续向东弘扬佛法，苏州的报恩寺（后称瑞光寺）、无锡的圆通寺等，都有可能与康僧会有关。

西晋末年永嘉之乱，许多北方僧人避乱江南。当时涌现出了诸如竺法汰、康僧渊、支遁、竺法义、慧远等名僧，他们大多和东晋信奉佛教的王公士大夫交往密切。由于许多官僚贵族的支持和大量资金的投入，东晋时期建康古城的寺院如雨后春笋般建立了起来。根据有关记载，东晋一百零四年，共建立寺院一千七百六十八所。而目前实际可考者，在三十七所左右，其中白马寺、瓦官寺、长干寺等尤为著名。

东晋政权建立不久，晋元帝就于大兴二年（319 年）兴建了白马寺。这座寺院应是仿照洛阳的白马寺而建的。支遁就曾在此居住，与当时的太常冯怀、刘系之等朝廷官员谈论《庄子·逍遥游》。瓦官寺位于秦

① [南朝梁]释慧皎撰，汤用彤校注：《高僧传》卷一《译经上·汉洛阳安清传》，北京：中华书局 1992 年版，第 5 页。

瓦官寺（黄健摄）

淮河南岸，此处原是王导烧陶所在。兴宁二年（364年），“诏移陶官于淮水北，遂以南岸窑处之地施僧慧力，造瓦官寺”[①]。简文帝时，竺法汰在瓦官寺居住，皇帝和大小官僚都来听他讲授佛法。由于人数的日渐增多，瓦官寺也进行了扩建，当时的著名画家顾恺之还在寺壁上画了维摩诘像。义熙年间（405—418年），师子国（今斯里兰卡）遣使进贡的玉制佛像也被安置在了瓦官寺中，可见当时瓦官寺的佛法兴盛。

此外，位于内秦淮南岸的长干寺也非常有名。西晋时期，该地即已修建为寺院。东晋重修后，简文帝在此修建了寺塔。这里曾因发现埋有佛骨舍利而闻名，梁武帝时期因再次发现舍利而更加名噪一时。

东晋时期，建康地区的大部分寺院均建于秦淮河两岸。除以上寺院外，还有诸如安乐寺、临淮寺、冶城寺、高座寺等。王坦之在太和年间（366—371年）所造的安乐寺和临淮寺，位于秦淮河北岸。临淮寺的名称由来，也当与“南门临秦淮水”[②]有关。冶城寺位于今天的朝天宫，寺名则来源于当时的冶山。高座寺则是为了怀念名僧帛尸梨密而建立的，

① ［唐］许嵩撰，张忱石点校：《建康实录》卷八《晋中·哀皇帝》，北京：中华书局1986年版，第233页。

② ［唐］许嵩撰，张忱石点校：《建康实录》卷八《晋中·废皇帝》，北京：中华书局1986年版，第240页。

后来谢鲲进行了扩建。该寺亦名甘露寺，位于梅岗，即今天的雨花台一带。

南朝时期，历代帝王不少均笃信佛教，大量的寺院在建康城内外兴建起来。如青园寺为王景深于元嘉二年（425 年）所建，其故址在今朝天宫南仓巷一带。其后十三年，潘淑妃又对其进行了扩建。宋明帝泰始三年（467 年），又分出东青园寺。建元寺相传为宋明帝陈贵妃于元徽二年（474 年）所造，位于青溪西岸。庄严寺为宋孝武帝之母路太后所建，又名大庄严寺，其故址大约在今评事街一带。宋孝武帝在寺内建造了七层的佛塔，齐明帝原本打算建造十层的佛塔超过他，但后来作罢，改为两座五层的佛塔。白塔寺也是南朝名寺之一，位于今秦淮河北岸花露岗一带。该寺的前身是刘宋初年名僧求那跋陀罗所建的寺院。升明二年（478 年），齐太祖萧道成建造了白塔寺，梁朝时期该寺依然存在。

萧衍像

南朝最著名的笃信佛法的皇帝当属梁武帝萧衍了。他规定祭祀寺庙不准用猪羊肉只能用蔬菜，并规定了僧人吃素的戒律。梁武帝在皇宫北侧建造了同泰寺，还曾经在该寺舍身出家，做了几天和尚。同泰寺大约位于今天的南京市人民政府西侧一带，即今天的鸡鸣寺所在地。梁武帝晚年几次舍身出家，群臣都捐钱给寺院，把皇帝赎出来。正是因为梁武帝晚年笃信佛法，使得当时的建康地区寺院林立，佛法鼎盛，但同时也导致了许多的不公正现象。如时人形容：“都下佛寺五百余所，穷极宏丽。僧尼十余万，资产丰沃。所在郡县，不可胜言。”①

① [唐]李延寿：《南史》卷七〇《循吏传·郭祖深》，北京：中华书局 1975 年版，第 1721 页。

可见南朝后期出现了较为严重的僧人聚富现象。此外，梁武帝在位期间还修建了大量的寺院，例如今天五台山周边永庆巷的地名，就来源于天监年间被永庆公主香火供奉的寺院。这座寺院一直存在到了清末，毁于太平天国时期。

除帝王之外，许多世家大族也纷纷加入了侍奉佛法的行列中。他们资助僧侣翻译经典，有的甚至把自己的宅院捐出来做寺院。如东晋著名大臣何充就曾舍宅立寺，建造了建康的第一座比丘尼寺院——建福寺。比丘尼是对满二十岁出家、受过具足戒女子的称呼。东晋永和四年（348年），士族谢尚也舍宅造庄严寺。该寺大约位于今内秦淮河北岸，评事街、彩霞街以西一带，刘宋大明年间改名为谢镇西寺（谢尚曾做过镇西将军的官职）。陈太建元年（569年），该寺毁于火灾。其后五年，豫州刺史程文季主持重修，陈宣帝改名为兴严寺。

不难想见，在六朝时期，大量的僧侣从长江沿着秦淮河口进入建康，两岸寺院林立，建康城内的百姓则鱼贯而出，前往这些寺院顶礼膜拜，祈求来世的安稳。

二、客栈与朝贡

随着建康城的建设和秦淮河流域的整治，人工河道的开发，佛教寺院的兴盛，六朝时期的南京地区逐渐成为南方的政治、经济和文化中心。南北双方经常互派使节，建康古城成为展示南朝政权面貌的重要窗口。此外，尽管南方王朝偏安一隅，但在许多周边国家眼里却依然是正统所在，百济等就曾频繁地遣使来建康朝贡。

在六朝时期的对外交流中，僧侣也起着重要的作用。东晋义熙元年（405年），师子国僧侣昙摩抑奉国王之命，经过十年的长途跋涉终于来到了建康，向当时的东晋皇帝进贡了一尊佛像。西印度高僧真谛从海上来到中国，在南方开展了大量译经活动。

刘宋升明二年（478年），日本曾经派遣使团来到建康，他们的航行路线就是经由扬子江口到达建康的。萧梁时期扶南（今柬埔寨等地）与南朝往来密切，根据《太平广记》记载，梁武帝天监年间，有从扶南航海而来的商船，直接开到了建康城下停泊，把商品搬运入宫让梁武帝亲自过目。可见当时秦淮河和青溪、潮沟等河流对于建康城的作用。

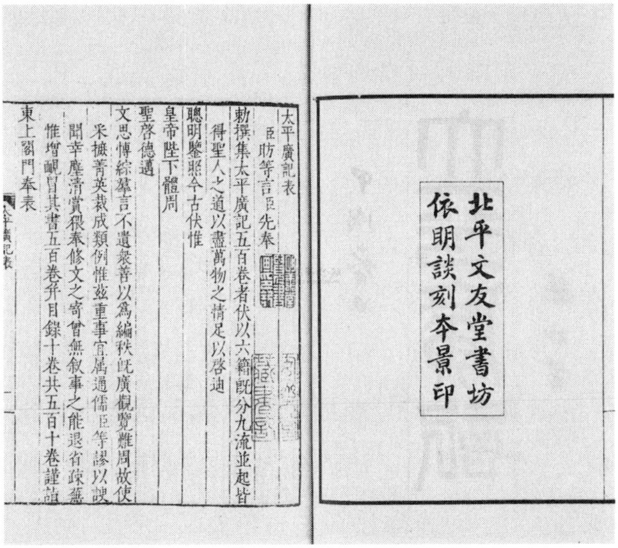

《太平广记》书影

当时建康经济发达，秦淮河上商旅往来，六朝统治者就在沿岸地区建造了许多客馆给这些使节居住。例如招待高丽使节的“显仁馆”，根据相关记载，该馆位于当时青溪中桥东的湘宫巷，大约位于今天的四象桥一带。除显仁馆外，招待外国使节的客馆还有五所，分别名为行人、集雅、显信、来远和职方。当时在建康城周边，秦淮河两岸都设置了篱门来管理人员出入，而专门接待北朝的“行人馆”则位于篱门之外。该馆大约在当时的娄湖附近，朱雀航的东南方向。其余五馆被集中安置在青溪以东。此外，梁元帝时期的江陵政权，由于辖地偏小，江陵城的建造原本也没有以首都为标准，故没有官方客馆提供给外国使节居住，于是多以佛寺来接待北朝使节，可见佛教寺院的地位。

除提供给使节居住的官方客馆外，六朝统治者还建立了发达的驿站系统。孙吴时期主要开发了水路驿站，由于建康地区水网纵横，秦淮河、运渎等水系的便利，当时主要以船作为驿站交通工具。东晋时期，北方士人大量南迁，带来了北方的交通工具，陆地交通遂逐渐发展和普及，形成了水陆并进的新格局。而水路交通，则成为一种风尚，名士王徽之“雪夜访戴”，殷羡“石头沉书”的故事，都与水路驿站有关系。水路相对于陆路速度更快，有时甚至一天一夜可以走三百多里。此外，南朝统治者在郡以上设置了“台传”或“郡部传”，郡以下设置“邮亭”。这些机构在当时只接待官吏和使臣，由于经常出现强行阻截商旅的事件，扰民严重，一些民间私人的逆旅、邸店等逐渐兴起。

逆旅是南朝时期最为普遍的私营客栈，常常开设在道路附近，方便旅人投宿。这些逆旅设施齐全，价格低廉，吸引了大量的平民和商人、旅客入住，时人潘岳在《上客舍议》中形容说：“近畿辐辏，客舍亦稠。”可见逆旅的兴旺发达。邸店则既提供住宿服务，又具备货物转运功能，商人可以在此进行中转买卖。

秦淮河沿岸除了官方的客舍驿站以及私人的逆旅邸店外，还有大量的寺院也提供住宿服务。这些寺院大量集中在秦淮河沿岸交通便利处。由于其环境清静幽深，这里遂成为世家大族贵客首选的外出住宿地点，也是官方客馆以外接待外国使节的另一个绝佳选择。六朝时期的隐逸士人周续之，学问高超，被请入宫中授课之前，就被安置在了安乐寺。“高祖之北讨，世子居守，迎续之馆于安乐寺，延入讲《礼》。”[①]甚至还有一位文人李翥常寄居于佛寺中，“尝著巾帔，终日对酒，招致宾客，风调详雅”[②]。可见寺院不仅仅可以提供住宿，客人甚至可以常居于此，与朋友相会。北朝李概作为副使出使南朝，就曾经居住在建康的寺院中。

对于使节居住在寺院中的情况，吕思勉先生认为，其原因大概是“国

① [南朝梁]沈约：《宋书》卷九三《隐逸传·周续之》，北京：中华书局1974年版，第2280页。

② [唐]李延寿：《北史》卷三三《李义深传附李翥传》，北京：中华书局1974年版，第1243页。

家宾馆既不修，士大夫家又无复馆客之事”[①]。也就是说，在某些动乱和国力衰落时期，由于国家没有财力来维持客馆的运营，故朝贡使节只能居住在寺院之中。寺院的规格比逆旅、邸店高得多，环境也相对清静幽雅，秦淮河沿岸分布的大量寺院又多位于水路交通便利之处，对于使节往来拜访官员也多有便利。

① 吕思勉：《两晋南北朝史》，上海：上海古籍出版社 1983 年版，第 1213 页。

第三章　秣陵怀古，不见长安
——隋唐五代时期

“烟雨湖山六朝梦，英雄儿女一枰棋。”南朝陈祯明二年（588年），杨坚命其子杨广等统军攻陈，次年攻陷建康。随着陈朝的灭亡，绵延数百年的六朝繁华灰飞烟灭。南京的地位在隋唐初期经历了数次变动后，最终让位于扬州。安史之乱后，唐朝由盛转衰，各地藩镇逐渐兴起，秦淮河又再次迎来了她的兴盛。五代十国中，南唐定都金陵，称江宁府。在南唐统治期间，金陵作为都城，江南文人汇聚于此，再次成为东南重镇，秦淮河两岸，又一次有了六朝烟雨的旧梦。南京政治地位在隋唐五代时期的一落一起，伴随着的是隋唐盛世的兴盛与衰落。与此同时，无数的文人墨客纷纷南下金陵，缅怀六朝古都的繁华。

不同于北方长安、洛阳迎来的繁盛，南京城和秦淮河在隋唐时期逐渐退居于幕后，默默诉说着幽思与怀古。唐诗有边塞、田园、怀古等风格之分，南京所对应的自然是怀古，这是六朝给南京留下的丰厚文化遗产。随着南唐定都金陵迎来的数十年安定，在五代十国的乱世中，秦淮河又呈现出了另一种诗词风情。

第一节　一江春水向东流
——古都废兴

南朝时期建康作为都城，置丹阳郡，以帝都所在，皆称“尹”。陈太建十年（578 年）以丹阳原辖地大半入新置建兴郡，隋平陈后废置，“更于石头城置蒋州”[①]，建康都城的繁华所剩无几。隋炀帝大业三年（607 年），恢复秦汉郡县旧制，复蒋州为丹阳郡，郡治依然设在石头城，大业六年又营建了郡城。

隋朝时期，南京在经历宫城被废后一直处于被压抑的状态。唐初又经历了地方叛乱，政治地位更是降到了最低点。南京和秦淮河，经历了一个萧瑟与怀旧的过渡期。至安史之乱后，地方割据势力兴起，南京又作为东南重镇受到了重视，浙江西道节度使的治所即在南京。五代时期，金陵更是作为南唐都城，重新登上了历史舞台。在五代十国边地烽烟的背景下，金陵与秦淮河成了另一种风情的代名词。

一、隋唐的压抑

唐武德三年（620 年），废丹阳郡，改置扬州，领江宁、溧水两县。唐初曾划天下为十道，杜伏威为东南道行台尚书令。武德三年，杜伏威迁治所于江宁。武德六年，扬州刺史辅公祏据丹阳郡反唐。唐王朝在平定叛乱后，改扬州为蒋州，仍置东南道行台，治蒋州，以平定辅公祏的宗室李孝恭为行台尚书仆射。武德八年，复称扬州，废东南道大行台，置扬州大都督府，而大都督府与扬州治所迁往了江都，从此扬州之名就专属于江都，而与南京无缘了。武德九年，改金陵为白下县，属润州。乾元元年（758 年），改江宁郡为昇州，上元二年（761 年）废，光启三

---

① [唐]魏徵等：《隋书》卷三一《地理志下》，北京：中华书局 1973 年版，第 876 页。

年（887年）又复立，以上元、句容、溧水、溧阳四县属之。从武德年间南京建制的不断更换可以看出，唐王朝一直致力于削弱南京作为东南形胜所在的政治地位，而随着大运河的开凿与水运的便利，扬州则成为大运河畔的一颗璀璨明珠。

隋唐时期的江南，扬州可以说占尽了风光。“扬一益二”“天下三分明月夜，二分无赖是扬州”，文人们极尽所能歌颂着扬州的风华。而相处为邻的南京，则显得黯淡与低调。这既是由于大运河的开凿使扬州趋于繁华兴盛，又是由于唐王朝在政治上的刻意打压，即使曾一度提升南京的地位，也都是权宜之计。《景定建康志》所附《寰宇记》载：“天宝末，明皇以金陵自古雄据之地，禄山方乱，不可以县统之，乃置昇州，加节制。”[①] 可见乾元元年改江宁郡为昇州，实为便宜之举。上元二年三月，安史叛军内讧，史思明为其子所杀，内部离心，屡为唐军所败，昇州就因此又再次被废。

在陈亡隋兴和唐初之际，南京的许多建筑都遭到了不同程度的破坏。这使南京不仅在政治地位上让位于扬州，在城市建设上也远远落后。如潮沟，六朝时期为宫城交通运脉，随着陈朝灭亡，宫城被夷为平地，这条人工开凿的河流也遭到了废弃。《建康实录》便记载潮沟说：“其沟东头，今已堙塞，才有处所。”[②] 又如御沟，“在古御道两旁，岁久堙塞”。《景定建康志》亦转引《实录》曰：“朱雀门北对宣阳门，相去六里，名为御道，夹开御沟，岁久堙塞。今宫城以南御街两边俱有沟，有居民屋下者，乃南唐所开，非六朝之旧迹。”[③]

① ［南宋］周应合：《景定建康志》卷一五《疆域志一·地为治所》，南京：南京出版社2009年版，第346页。

② ［唐］许嵩撰，张忱石点校：《建康实录》卷二《吴中·太祖下》，北京：中华书局1986年版，第49页。

③ ［南宋］周应合：《景定建康志》卷一九《山川志三·沟渎》，南京：南京出版社2009年版，第452—453页。

然而，也正是从政治上的压抑到城市建设上的荒废，才造就了隋唐时期南京怀古诗歌的流行；而南京特殊的地理位置，也因为晚唐五代的动荡迎来了新的契机。

二、五代的复苏

唐末黄巢起义后，各地方势力逐渐壮大，形成了“唐祚横流，异方割据”[①]的局面。作为江淮地区重镇之一的金陵，终于迎来了它复苏兴盛的黄金时期。

唐末的淮南节度使驻地是扬州，杨行密在扫平淮南地方势力后，初步形成了以扬州为中心的地方割据势力。天复二年（902年），唐王朝拜杨行密为吴王，吴国正式建立，是为十国之一。同年，杨行密对昇州展开攻势，昇州随之进入杨吴版图，李神福被任命为昇州第一任刺史。次年八月，宁国军节度使田頵与润州团练使安仁义举兵反杨。九月，田頵袭取昇州。至十二月田頵兵败，昇州再次归入杨吴版图。

自光启三年（887年）淮南地区兵乱后，淮南、江南等地被秦彦、毕师铎、杨行密等多方势力交相争夺，宣、苏、常、润、扬、庐、楚、泗、濠、寿、光等州都成为他们反复争夺之地，战乱破坏非常严重。“江、淮之间，东西千里扫地尽矣。”[②]尤其被称誉“扬一益二”的江南经济中心扬州，所受破坏尤为严重。而昇州则与这些地区不同，自归入杨吴以来，没有遭受过较大的战乱破坏，故地位也由唐代的普通州郡逐渐升格为杨吴政权的政治中心。

（一）杨吴时期的城市建设

杨吴时期，为满足镇守金陵的军事政治需求，统治者对金陵进行了

---

① ［北宋］薛居正等：《旧五代史》卷一三四《僭伪列传》，北京：中华书局1976年版，第1795页。

② ［北宋］司马光：《资治通鉴》卷二五九，唐景福元年七月条，北京：中华书局1956年版，第8431页。

两次大规模的重新整修。天祐六年（后梁开平三年，909 年）三月，徐温以金陵形胜，自领昇州刺史。他本人留守杨吴首都扬州，派遣养子徐知诰前往治理金陵。天祐十一年，杨吴统治者第一次大规模修建金陵，先后由徐知诰和陈彦谦主持，重点修复对象是金陵城的城隍楼宇和府社建筑。至天祐十四年（917 年），经过三年大规模修整，金陵城市规模一变，"城隍浚整，楼堞完固，府署中外肃肃，咸有条理"[①]。是年，升昇州为大都督府，徐温将治所由润州迁往金陵。吴武义二年（后梁贞明六年，920 年），陈彦谦主持了第二次大规模整修工作。是年七月，徐温改昇州为金陵府，自任金陵尹。此次修整主要将城中建筑往南迁移，使秦淮河纳入城中，并在城外修建了城濠，"夹淮带江，以尽地利"[②]。这次整修基本奠定了杨吴时期金陵城池的格局。今天的秦淮河分为内、外两支，即是因当年修城发展而来。

徐知诰继徐温之后，继续出镇金陵以遥控杨吴政权。杨吴太和四年（后唐长兴三年，932 年）二月，徐知诰在金陵府内设"礼贤院"，广泛招揽士大夫。同年八月开始拓宽城墙，"广金陵城周围二十里"[③]，为今后将金陵作为国都做准备。太和五年（后唐长兴四年，933 年），宋齐丘建议徐知诰将吴主迁往金陵，以便控制朝政。五月，以蔡宏业为宫城营奉使，开始以宫城标准修缮金陵府治。虽然后来因种种原因没有迁都成功，但第二次的金陵府修整工程，适应了日渐增长的人口规模。在这一时期，还大规模地建造了寺观，提升了金陵府的政治地位，从而为政权的顺利交接奠定了基础。

---

① [北宋]史温：《钓矶立谈》，《五代史书汇编》第 9 辑，杭州：杭州出版社 2004 年版，第 5003 页。

② [南宋]周应合：《景定建康志》卷二〇《城阙志一·今城郭》，南京：南京出版社 2009 年版，第 493 页。

③ [北宋]司马光：《资治通鉴》卷二七八，后唐长兴三年八月条，北京：中华书局 1956 年版，第 9076 页。

杨吴天祚元年（后唐清泰二年，935 年）十月，徐知诰接受吴主所封大元帅、齐王之号，割昇州等十州为齐国。翌年正月，于金陵府正式建大元帅府。十一月，以金陵府为西都，扬州为东都，此时的金陵府已经成为杨吴的实际政治中心。天祚三年（后晋天福二年，937 年）正月，徐知诰建立齐国，于金陵立宗庙、社稷，以金陵府为江宁府，牙城为宫城。十月正式受禅，即皇帝位，改元“昇元”，国号“大齐”，定都金陵。

（二）南唐时期都城的发展

昇元三年（后晋天福四年，939 年），徐知诰自称是唐朝皇族后裔，恢复李姓，改名为昪。又改国号为“大唐”，这就是历史上的“南唐”。李昪就是南唐的开国皇帝，是为南唐先主，庙号烈祖。李昪之后，分别是中主李璟、后主李煜。北宋开宝八年（975 年），北宋攻灭南唐。从昇元元年（937 年）徐知诰受禅称帝算起，南唐共享国 39 年。在当时各国中，南唐属于比较强盛的国家，其疆域曾“东暨衢、婺，南及五岭，西至湖湘，北据长淮，凡三十余州，广袤数千里”，号称“最为强盛”①。南唐时期，除建隆二年（961 年）李璟曾一度迁都至洪州（南都）外，其余时间均以江宁府为国都（西都），扬州为陪都（东都）。

南唐二陵及祖堂山全景

① [北宋]薛居正等：《旧五代史》卷一三四《僭伪列传・李璟》，北京：中华书局 1976 年版，第 1787 页。

江宁府在南唐时期作为首都，其辖区有了进一步的扩大。从杨吴时期仅领上元、江宁、句容、溧水、溧阳五县，扩充到了包括广德、芜湖、铜陵、繁昌、青阳等十县，江北六合县甚至也一度归江宁府所属[①]。南唐时期，除了行政上将江宁府扩充至首都规模外，在具体城市建设方面，也在杨吴修建基础上做了进一步的增设修整。

南唐时期的城市建设，主要出于三个方面的考虑。一是加固外围城墙，以此抵御来自后周和北宋的军事威胁。如显德六年（959 年），李璟“乃城金陵，凡诸州城之不完者葺之”[②]。二是继续修缮宫城和府衙，并在杨吴的基础上修筑了大量作为帝都而应具备的建筑。如李璟在位期间就曾“大建宫室府寺，其制皆仿帝京”[③]。三是建造了大量的寺观，以尊崇佛教和道教。如南齐时期明僧绍舍宅为寺，唐高祖时增设楼阁殿宇。南唐时期，高越、林仁肇修建了寺塔，徐铉手书“妙因寺”匾额。该寺后改名栖霞禅寺，南唐周繇有诗《栖霞寺赠月公》（亦名《题金陵栖霞寺赠月公》）云：

明家不要买山钱，施作清池种白莲。
松桧老依云外地，楼台深锁洞中天。
风经绝顶回疏雨，石倚危屏挂落泉。
欲结茅庵伴师住，肯饶多少薜萝烟。[④]

---

① 李昌宪：《中国行政区划通史·宋西夏卷》，上海：复旦大学出版社 2007 年版，第 130 页。

② ［北宋］司马光：《资治通鉴》卷二九四，后周显德六年六月条，北京：中华书局 1956 年版，第 9599 页。

③ ［南宋］李焘：《续资治通鉴长编》卷一六二，庆历八年正月条，北京：中华书局 1995 年版，第 3904 页。

④ ［明］葛寅亮：《金陵梵刹志》卷四《摄山栖霞寺·栖霞寺赠月公》，南京：南京出版社 2011 年版，第 253 页。

今天的栖霞寺就在其旧址上。又史籍记载：“后主笃信佛法，于宫中建永慕宫，又于苑中建静德僧寺。钟山亦建精舍，御笔题为报慈道场，日供千僧。”① “江南国主建报慈院，命师（僧行言）大阐宗猷。海会二千余众，别署导师之号。”② 皇帝的笃信佛法和大量寺庙道观的建造，促进了南唐一朝江南地区佛法的兴盛。

南唐的宫城是在杨吴时期金陵府衙的基础上改造而成的。经过徐温和徐知诰两代人的大力修建，金陵府衙在杨吴末年便已达到了一个新的高度。史载：“烈祖居建业，大筑其居，穷极土木之工。既成，用浮屠说，作无遮大斋七会，为工匠役夫死者荐福。”③ 由此可知这次建造大兴土木的规模。至南宋时期，南唐宫城遂成为当时的行宫，一切都沿用旧制，无所损益。宋人曾记载了当时行宫的大致地理方位：

皇城南门：正对天津桥，御街一直。

皇城东门：对后军校场，城上有看教楼，前有日华桥。

皇城西门：对江宁县前大街，前有月华桥。④

元朝时南宋行宫被毁，但仍有遗迹留存。经后人考证，南唐宫城的北界应当在卢妃巷与户部街交界处，即今天的洪武路一带；往南至天津桥，即今天的内桥一带。

由于南唐宫城的特殊地理位置，宫城往南至秦淮河两岸地区形成了

---

① [北宋]佚名：《江南余载》卷下，《五代史书汇编》第9辑，杭州：杭州出版社2004年版，第5119页。

② [南宋]普济：《五灯会元》卷一〇《法眼宗·报慈行言导师》，北京：中华书局1984年版，第584页。

③ [南宋]陆游：《南唐书》卷一五《浮屠传》，南京：南京出版社2010年版，第351页。

④ [南宋]周应合：《景定建康志》卷一《留都录一·行宫规制》，南京：南京出版社2009年版，第14页。

人口居住的密集区域。这一带河流密布，水陆交通便利，六朝以来就一直是工商业集中地带。根据《景定建康志》记载，宋代建康城区的城坊总计三十六坊，以宫城南界为线的话，城南有三十二坊，城南以御街（今中华路）为轴两侧分布，御街西侧有二十一坊。由宋代城坊的分布向上可以推测，杨吴南唐时期，居民大部分居住在内秦淮河两岸。

位于中华门附近的镇淮桥

内秦淮两岸地区靠近宫城，集市林立，又有秦淮河沟通内外，遂成为当时京城官员的聚居区。南唐国子监也在御街东侧，其设置更加促使这一区域成为政治文教中心。《至正金陵新志》卷四《疆域志》记载："国子监巷，今镇淮桥北御街东，旧比较务即其地。南唐跨有江淮，鸠集典坟，特置学官，滨秦淮开国子监，里俗呼为国子监巷。"南唐宰相宋齐丘的宅邸就在国子监巷。此外，著名将军皇甫晖的住宅在今天朝天宫附近的大王府巷，故其地亦得名皇甫巷。后因中主李璟藩邸也在此处，故又名王府巷。宰相孙晟的住宅"在凤台山西冈垄之间"①，即今天的凤凰台附近。乔匡舜和陈德成都住在位于滨江里的官舍，贾潭住在位于永安里的官舍，而滨江里和永安里都在今天的中华路以西。

大量的官员和民众在内秦淮河两岸聚居，也曾酿成了一次巨大的历史惨剧。开宝八年（975 年）北宋军队攻破金陵城，大量的士大夫及民众避难于昇元寺，吴越军队举火焚之，顿时哭声动天，惨烈之景莫可名状。

① ［北宋］郑文宝：《南唐近事》卷二，《五代史书汇编》第 9 辑，杭州：杭州出版社 2004 年版，第 5054 页。

昇元寺位于镇淮桥以西、内秦淮河南岸。除昇元寺外，秦淮河两岸地区还有奉先禅院，位于凤凰台东侧。南唐保大八年（后汉乾祐三年，950年），南唐齐王李景达改唐长庆寺为奉先禅院，以纪念与供奉烈祖李昪。再如兴慈寺，刘宋文帝时期初建，名为报恩寺。杨吴太和六年（后唐清泰元年，934年），徐温之孙徐景运等在故地重建寺院，名报先院。南唐昇元年间改名兴慈，据传其地“在西门双庙之东”[①]。

清凉寺（黄健摄）

自杨吴至南唐时期，是金陵自六朝以来的再次复苏阶段。这一历史时期的城市重建工程，给此后千百年的金陵城市发展都带来了深刻的影响。

首先，从城市整体的地理方位来看，南唐的都城整体向南迁移了一些，从而突破了原来的地理格局，造就了后世金陵城“夹淮带江”的基本格局。明人陈沂《金陵古今图考》说：

> 考诸汉以后郡城，皆在淮水之南；六朝宫城皆在淮水之北，而近于覆舟；楚秦隋唐之城，皆在淮水西北，而据于石头；杨吴以后之城，皆跨淮水之南北，而近于聚宝。国朝因山距淮，尽乎四极，以是据方辨位，庶几可得矣。[②]

① [南宋]周应合：《景定建康志》卷四六《祠祀志三·寺院》，南京：南京出版社2009年版，第1116页。

② [明]陈沂：《金陵古今图考·历代互见图考》，南京：南京出版社2006年版，第99页。

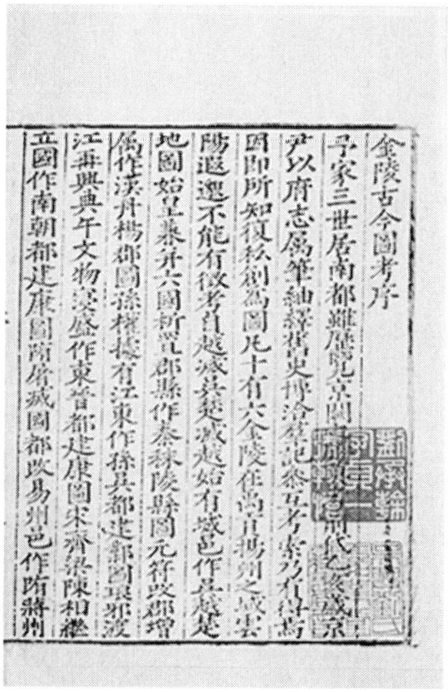
金陵古今圖考序
予家三世居南都雖屢覽京闕……代……京
尹以府志屬筆紬繹舊史搜括蒼包絡考索方位往為
圖即所知復紐紉為圖凡十有六金陵在尚書揚州之域當
陽遐邈不能有徵考自越滅吳楚滅越始有城邑作吳楚
地圖始皇兼并六國析置郡縣作秦秣陵縣圖元狩改鄣增
屬作漢丹楊郡圖孫權據有江東作孫吳都建鄴圖琅琊渡
江再興典午文物遂盛作東晉都建康圖宋齊梁陳相繼
立國作南朝都建康圖隋滅國都改易州邑作隋蔣州

陈沂《金陵古今图考》（明正德十一年刊本）

从陈沂的论述可以看出，杨吴以后的金陵城，基本沿袭了杨吴、南唐时代跨淮而城的格局。明代修建的应天府城，主要扩展方向是向东和向北，在城市的南部基本沿用了南唐时代的布局，保持了“夹淮带江”的城市特点。

其次，杨吴南唐时期在修建城市的同时，又疏通了先前被荒废湮塞的青溪等故道。并将秦淮故道纳入城市南部，后人称之为内秦淮。又开挖了外秦淮作为南部护城河，内、外秦淮在下水门（今水西门）汇合后，向西北流入长江。

在南唐宫城的东、北、西面的护城河称为护龙河。《景定建康志》载：

护龙河：分青溪之水，自东虹桥下流入河，绕皇城东、北、西之三隅至西虹桥下，与青溪水复合为一。[①]

《至正金陵新志》亦载：

护龙河，即旧子城外三面壕也，阔十二丈。其水自东城壕入绕东面者即古清溪，一曲在西北者接潮沟、运渎、珍珠河。[②]

① ［南宋］周应合：《景定建康志》卷一《留都录一·行宫规制》，南京：南京出版社 2009 年版，第 14 页。

② ［元］张铉：《至正金陵新志》卷五《山川志·河港》，元至正四年刊本影印本，台北：成文出版社有限公司 1983 年版，第 1788 页。

由此可见，杨吴南唐时期宫城四周的护城河，主要是在原来固有河道的基础上，根据实际需要进行了一定的疏浚和新凿，使护龙河和青溪、运渎等故道成为宫城周边河流。杨吴南唐全面开凿的护城河，也成为宋以后金陵城的主要河道交通。明代城市的修建，在河道方面基本沿袭了杨吴南唐时期的格局。

最后，在城市区域布局方面，南唐首次将六朝以来繁华的秦淮河沿岸地区都纳入到都城的保护范围内。明代扩建城区时，城南的这一地区依然被完整地保留下来。自南唐以来以国子监为中心形成的文教区，宋元之后继续发展，在明清时期遂成为江南地区的文教中心。

第二节　悠悠车马秦淮道
——怀旧诗歌

在中国古代文学史上，怀古一直是一个永恒的话题。怀古诗词表达的，往往是一种独特的理性反思，以及对苍凉历史美感的怀念。悲叹兴亡的怀古诗词一直杰作迭出、绵延不绝，而唐代诗人对有关金陵的诗歌创作可以说达到了一种新的高度，以至于“金陵怀古”成了一种固定的诗歌模式。据相关统计，唐代涉及金陵的诗歌达到了一百六十五首，其中明确有“怀古”两字的有十九首，涉及怀古寓意与情怀的则有一百零二首[①]。

---

① 郑琛：《现实与追忆——长安、金陵与唐诗人的都市文化心态》，广西师范大学硕士学位论文，2013年。

一、怀旧诗歌的风行

唐人缅怀金陵的主要原因，就是这座古城政治地位的下降和曾经繁华的不再。作为曾经的六朝故都，金陵在隋唐时期常常只是一个县级的行政设置，都督府、节度使的驻扎地也通常是在扬州。而曾经的帝王之州，随着隋军铁蹄的远去，留下的更是一片荒芜与萧瑟。当后人途经荒凉的六朝都城遗址时，抚今追昔，古今强烈的反差对比，即造就了唐代金陵怀古诗歌的风行。

怀古诗歌，是人们通过历史上留下来的某些遗迹，咏吟与之有关的古人与古事。咏史诗则是诗人们因古人古事，在某地有所感触，从而发挥情感创作而来。秦淮河是六朝时期重要的交通与生活河道，在六朝故城被毁灭后，这里也成了唐人常往缅怀的地方。秦淮河畔遗存了大量的六朝遗迹，如凤凰台、陆机宅、石头城等，这些人文古迹配合秦淮河的自然风光，极其有利于诗人们的诗歌创作，从而使这里诞生了众多优秀的怀古诗歌。其中，李白、刘禹锡等人的金陵怀古系列，更成为南京和秦淮河的一张名片。

（一）李白与秦淮

开元十三年（725 年），李白第一次来到金陵。天宝十二年（753 年），他最后一次游历金陵。从风华正茂到两鬓斑白，李白的一生历尽坎坷，而金陵也在李白的诗歌中留下了浓墨重彩的一笔。

李白像

在明清四十八景中，有“楼怀孙楚”一景，指的是六朝胜迹孙楚酒楼。西晋时期，孙楚因怀才不遇而流落金陵，常与宾客宴饮于此，后人为纪念他，遂以孙楚名酒楼。该酒楼原建于江东门外的古白鹭洲上，后迁至水西门外西水关附近的秦淮河畔。酒楼临近秦淮河与长江交汇处，视野开阔，在酒楼上朝西可极目远望白鹭洲风景。李白流寓金陵，曾在此吟诗作对，畅饮赏月。他在《玩月金陵城西孙楚酒楼》中这样写道：

昨玩西城月，青天垂玉钩。
朝沽金陵酒，歌吹孙楚楼。
忽忆绣衣人，乘船往石头。
草裹乌纱巾，倒披紫绮裘。
两岸拍手笑，疑是王子猷。
酒客十数公，崩腾醉中流。

从中似乎可以想象，江水拍岸，新月倒钩，李白乘着月色，倒披紫绮裘，头戴乌纱巾，与酒客乘船夜游秦淮的趣事。

对于李白这种“玩月棹歌”的潇洒，后世文人应当是极其仰慕的。明人易震吉就有感于此，填写了一首《清平乐》：

金陵美酒，孙楚楼中有。
座上狂歌人拍手，笑问莫愁安否？
中分二水悠悠，碧蘅杜芳洲。
我所思兮白鹭，石头烟柳西头。

明清时期的文人墨客宴聚于酒楼，诗词雅集中也常出现吟咏六朝胜迹的题材。洪武年间在孙楚酒楼旧址复建的醉仙楼，明人依旧称之为“孙楚楼”。清代又重新对孙楚楼进行过整修，使之成为环境幽雅之所，文人雅客常来此相聚。如清人《金陵四十八景》就描述说：“楼之侧，缭以短垣，涧路盘纡，花木参错，浓阴夹道，苍翠入裙。王摩诘诗中有画，画中有诗，不是过也。”在清代文人中，周宝英与陈文述都曾以《孙楚酒楼》

为题赋诗："白鹭洲边月镜浮，持杯赏到五更头。若非曾饮青莲客，只算寻常卖酒楼。""秋色三山雨，江流六代烟。偶谈孙楚事，因过酒楼前。花月唐天宝，风流李谪仙。凭栏同一醉，高咏二千年。"从诗中可以看出，直到清代前中期，孙楚酒楼依然是文人墨客常去之所。李白与孙楚酒楼的故事，也同那秦淮河一样流传千古了。

孙楚酒楼并非李白在金陵的唯一游玩之地。可以说，秦淮河畔处处都留下了这位谪仙的足迹与诗歌。在《月夜金陵怀古》中他这样写道：

苍苍金陵月，空悬帝王州。天文列宿在，霸业大江流。
绿水绝驰道，青松摧古丘。台倾鳷鹊观，宫没凤凰楼。
别殿悲清暑，芳园罢乐游。一闻歌玉树，萧瑟后庭秋。

曾经的六朝烟水，霸业风流，皆已远去。而今苍苍明月，依旧朗照金陵，其苍翠青松，摧折六朝古丘；荒台圮宫，掩没昔日楼观。面对此种景象，一派悲凉、萧瑟的情感涌上心头，让人感慨不已。而泛舟观景，登高饮酒，李白的《东山吟》名篇则抒发了潇洒而又怆然的登高情怀：

携妓东土山，怅然悲谢安。
我妓今朝如花月，他妓古坟荒草寒。
白鸡梦后三百岁，洒酒浇君同悲欢。
酣来自作青海舞，秋风吹落紫绮冠。
彼亦一时，此亦一时，浩浩洪流之咏何必奇。

《全唐诗》中对《东山吟》的注解说："土山去江宁城二十五里，晋谢安携妓之所。"《六朝事迹编类》载："上元县有两东山：一在崇礼乡，今土山是也。《晋书》：谢安寓居会稽，栖迟东山，此安之旧隐也。

后于土山营筑，以拟东山。今去县二十里。一在钟山乡蒋庙东北，宋刘勔隐居之地。《南史》：勔尝经始钟岭，以为栖息，及造园宅，名为东山。今去县十五里。陈轩《金陵集》载李白、李建勋《东山》诗，皆指土山而作。”[①] 李白在东山一边表达了对谢安的追思，一边也流露了对六朝金陵繁华一去不复返的感慨。

李白的金陵怀古诗，最有名应当是《登金陵凤凰台》了：

凤凰台上凤凰游，凤去台空江自流。
吴宫花草埋幽径，晋代衣冠成古丘。
三山半落青天外，二水中分白鹭洲。
总为浮云能蔽日，长安不见使人愁。

李白之后，凤凰台盛名不衰，来此抒情的诗人和词人络绎不绝。例如：

凤凰台上望长安，五色宫袍照水寒。彩笔十年留翰墨，银河一夜卧阑干。三山飞鸟将天暮，六代离宫草树残。始信人生如一梦，壮怀莫使酒杯干。（殷尧藩《登凤凰台》）

再上高台，访谪仙兮，仙所何之？但石城西据，潮平白鹭；浮图南峙，云淡乌衣。凤鸟不来，何处长安？惟有碧梧三数枝。兴亡事，对江山休说，谁是谁非。（吴景伯《沁园春·登凤凰台》）

两首唐宋人《登凤凰台》的诗词，内容几乎都是承袭李白之诗，尤其是“凤凰台”“三山”“白鹭洲”等意蕴，构建起了“金陵怀古，不

① [南宋]张敦颐：《六朝事迹编类》卷六《山冈门·东山》，南京：南京出版社 2007 年版，第 79—80 页。

见长安”的情感内涵。

根据《宋书》卷二八《符瑞志中》记载：“文帝元嘉十四年三月丙中，大鸟二集秣陵民工颛园中李树上，大如孔雀，头足小高，毛羽鲜明，文采五色，声音谐从，众鸟如山鸡者随之，如行三十步顷，东南飞去。扬州刺史彭城王义康以闻。改鸟所集永昌里曰凤凰里。”然而《宋书》中仅有凤凰里的记载，还没有出现凤凰台一名。此前南朝人亦未说过曾建有凤凰台，仅记载建有凤凰楼，《景定建康志》引《宫苑记》载：“凤凰楼在凤台山上，宋元嘉中筑。”根据刘宗意的考证，凤凰台原来并不是真正的建筑，古人以高丘为台，于是后世就把凤凰栖息过的山岗称呼为凤凰台[①]。在名为凤凰台的山岗上历代建有寺院，根据《至正金陵新志》的记载，孙吴有建初寺，刘宋时改名为祇园寺。南齐有白塔寺，唐代改名为长庆寺。南唐在此造奉先寺，北宋改名为保宁寺，南宋时曾为高宗行宫。至南宋淳熙年间，留守范成大重新修建了凤凰楼，题为凤凰台。

今日的凤凰台（黄健摄）

① 刘宗意：《金陵凤凰台新考》，《江苏地方志》2002 年第 5 期。

凤凰楼旧址在明清凤游寺一带，今南京市文枢初级中学凤凰台校区附近，而凤凰台应当就是指此处的小山岗。

（二）刘禹锡与《金陵五题》

刘禹锡（772—842年），字梦得，中唐著名诗人，有“诗豪”之誉。他虽祖籍洛阳，但出生于江南，并在那里度过了十八个春秋。在江南的那段时光，应该是他后来创作的渊源之一。

和唐代许多诗人一样，刘禹锡也在金陵留下了浓墨重彩的一笔。可以说金陵给了刘禹锡创作的灵感，而刘禹锡也让金陵留下了足以自傲的文化地标。

宝历年间，刘禹锡任和州刺史（825—826年），遂借金陵古迹创作了《金陵五题》。《金陵五题》包括《石头城》《乌衣巷》《台城》《生公讲堂》和《江令宅》五篇。在刘禹锡心目中，这五个地方无疑是可以代表金陵的。而这些地方又都与六朝有关，并绵延散落在秦淮河畔。这些地名便与秦淮河一起，共同构造出了唐代以刘禹锡为代表的怀古题材诗歌。

这五首诗歌中最有名的当属之二的《乌衣巷》：

朱雀桥边野草花，乌衣巷口夕阳斜。
旧时王谢堂前燕，飞入寻常百姓家。

乌衣巷位于文德桥西的秦淮河南岸。东晋南朝时期，琅琊王氏、陈郡谢氏等一大批世家大族聚居于此。朱雀桥是一座著名浮桥，离乌衣巷很近，是六朝时期的交通要道。及至刘禹锡生活的年代，六朝风流，早已不再。取而代之的，仅仅只是野花盛开，夕阳残照。

《金陵五题》尽管涉及城阙、坊巷、寺庙、宅邸等不同的建筑类别，却都是六朝时期的产物。可以说这五种吟诵题材，都是经过刘氏精心挑

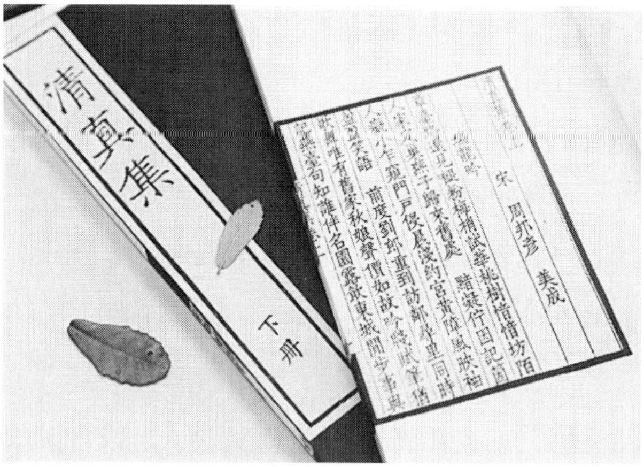

周邦彦《清真集》书影

选的。而其中秦淮河、朱雀桥等地名，又共同构建了刘禹锡心中的六朝繁华与金陵胜景。后世许多金陵怀古题材，都深深打下刘禹锡这些传世名作的烙印。

特别是北宋名家周邦彦的《西河·金陵怀古》，全篇化用《石头城》和《乌衣巷》，词文浑然天成：

佳丽地，南朝盛世谁记。山围故国绕清江，髻鬟对起。怒涛寂寞打孤城，风樯遥度天际。

断崖树、犹倒倚，莫愁艇子曾系。空余旧迹郁苍苍，雾沉半垒。夜深月过女墙来，伤心东望淮水。

酒旗戏鼓甚处市？想依稀、王谢邻里，燕子不知何世，入寻常、巷陌人家，相对如说兴亡，斜阳里。

词中谈到的“莫愁”来源于民间传说，《旧唐书》卷二九《音乐志二》云：“石城有女子名莫愁，善歌谣，《石城乐》和中复有‘莫愁’声，故歌云：‘莫愁在何处？莫愁石城西。艇子打两桨，催送莫愁来。’”宣和二年（1120 年），南方爆发了方腊起义，仓促之间，周邦彦从杭州一路北上，经扬州至南京（今河南商丘）。也许是切身体会到了战乱离愁，使得词人写下了这首苍凉悲壮的名作。从词中的秦淮意象来看，自隋唐到两宋乃至明清，它都已经成为南京的一种文化代表，包含了对六朝兴亡的感慨和对人世沧桑的体悟。

（三）文人的情怀

李白和刘禹锡的影响无疑是巨大的，他们的诗词中有关六朝的意象，如秦淮、凤凰台、台城、石头城等，成为后世流传不断的创作来源。而单咏秦淮的，则以杜牧的《泊秦淮》为最：“烟笼寒水月笼沙，夜泊秦淮近酒家。商女不知亡国恨，隔江犹唱后庭花。”此诗受到后世的极大推崇，清人宋宗元《网师园唐诗笺》竟如此评价：“后之咏秦淮者，更从何处措词？”秦淮河畔的景致被定义成六朝繁华消逝的代名词，应当滥觞于刘禹锡，但真正歌咏秦淮而声名在外者，当属杜牧的这首《泊秦淮》了。

杜牧之后，文人们对金陵与秦淮古迹也颇有题咏佳作。南宋文人曾极就曾写下了颇有名气的《金陵百咏》，其中有《秦淮》七绝一首：

凿断山根役万人，祖龙痴绝更东巡。
石城几度更新主，赢得淮流尚系秦。

该诗系典型的怀古之作，借秦淮河抒发了对朝代兴亡的感慨。在诗的小注上，曾极写道：“（秦淮）在县南三里。始皇时，望气者言金陵有天子气，使朱衣凿山为渎，以断地脉，改金陵为秣陵。《晋阳秋》：秦开，故曰‘秦淮’。或云淮水发源屈曲，不类人工。”[①] 在《金陵百咏》的其他诗篇中，也都配以了地名注解。曾极的友人罗椅在读到《金陵百咏》后大加赞赏：“黍苗离离，麦秀芃芃。吊古宫于荒畦，抚颓城于野草。仆悲马怀之叹，至《百咏》极矣。”[②]

宋人苏泂与曾极算是同时代人，他的《金陵杂兴》中的怀古诗，也

① [南宋]曾极：《金陵百咏》，南京：南京出版社2012年版，第12页。

② [南宋]罗椅：《涧谷遗集》卷二《谢曾景建惠〈金陵百咏〉》，《续修四库全书》集部别集类，第499页。

是一时之秀。吴继曾《〈金陵杂兴〉跋》称："其中访怀古迹暨感时书事之作，多与曾景建同其悲愤。"例如：

赏心亭前白鹭洲，淮水东畔水东流。
只知览古生许恨，不知身世自悠悠。①

关于赏心亭的位置，《秦淮志》云："县志：云台闸，淮水径此出城。上有太白酒楼，即孙楚楼也。旁有赏心亭，西为白鹭亭，又西为二水亭，下为折柳亭。与风亭相连，有佳丽亭，风帆云树，目不暇给，并舣舟胜处。"②

赏心亭（黄健摄）

二、江南文学

晚唐五代时期的相互征伐，导致中原地区长期陷入战乱。南方相对于北方而言，虽然也存在多个政权，但江南地区的杨吴（892—937年）

① [南宋]苏泂：《金陵杂兴》八三，南京：南京出版社2012年版，第64页。
② [民国]夏仁虎：《秦淮志》卷四《名迹志》，南京：南京出版社2006年版，第26—27页。

和南唐（937—975年）前后衔接，统治了南京八十多年，社会较为安定。杨行密在建立吴国后即停止战争，召回流民，使“八州之内，鞠为荒榛，圜幅数百里，人烟断绝”[①]的情况得到了很大的改观。南唐烈祖李昪代吴自立，又采取了一系列发展经济的措施。和平的局面使北方大量流亡人口流入，南唐出现了相对稳定的繁荣局面——“江淮间旷土尽辟，桑柘满野，国以富强。”[②]杨吴和南唐政治上的稳定，为江南文学的传承与兴盛打下了良好基础。

南唐書卷一

宋　馬令撰

先主書第一

士運中圮諸侯跋扈其橫自吳紹于唐祚作先主書

先主姓李唐宗室裔也小字彭奴其父榮榮之父志志之父超超早卒志爲徐州判司因家焉榮性謹厚適丁世亂晦迹民間號李道者彭奴以光啓四年生於彭城（宋名故書小字）流寓濠泗吳武王楊行密克濠州得之奇其狀貌養以爲子而楊氏諸子不能容行密以乞徐溫乃姓徐名知誥溫嘗夢水中黃龍十數溫獲一龍而寤翌日得知誥知誥奉溫以孝聞從溫出不如意杖而逐之及歸拜迎門溫驚曰爾在此也知誥泣曰爲人子捨父母何適父怒而歸母子之常也溫由是愛之逮壯身長七尺廣顙隆準精彩鑠人語聲清暢常微行從者闊步不能及相工云此龍行虎步也從溫攻伐身先士卒爲樓船軍使以舟兵屯金陵柴再用攻宣州用其兵殺李遇以功拜昇州刺史時江淮初定州縣吏多武夫務賦斂爲戰守知誥獨好學接禮儒者能自勵爲勤儉以寬仁爲政遠近嚮風郡政大治徐溫鎮潤州以昇宣常池黃爲屬溫聞知

南唐書　卷一　一

马令《南唐书》（丛书集成本）

当然，江南文学的发展也有着自身的文化背景。仅就南唐而言，其三代统治者均非常重视文化的建设和发展，如马令《南唐书·孙鲂传》称：

南唐累世好儒，而儒者之盛，见于载籍，灿然可观。如韩熙载之不羁，江文蔚之高才，徐锴之典赡，高越之华藻，潘佑之清逸，皆能擅价于一时。而徐铉、汤悦、张洎之徒，又足以争名于天下。其余落落，不可胜数。故曰：江左三十年间，文物有元和之风，岂虚言乎？[③]

---

① [北宋]薛居正等：《旧五代史》卷一三四《僭伪列传·杨行密传》，北京：中华书局1976年版，第1781页。

② [北宋]司马光：《资治通鉴》卷二七〇，后梁贞明四年七月条，北京：中华书局1956年版，第8832页。

③ [北宋]马令：《南唐书》卷一三《儒者传上》，南京：南京出版社2010年版，第100页。

与江南文风相对应的，是各类学校的开办和科举的复兴。史载昇元四年（940 年）十二月，“建学馆于白鹿洞，置田供给诸生，以李善道为洞主，掌其教，号曰‘庐山国学’”[①]。庐山国学虽在地方，却直属于中央国子监。在金陵则开设贡举，延用文士。《十国春秋》卷二五《江文蔚传》记载：“昇元建国以来，言事遇合，即随材进用，不复设礼部贡举，至是（保大十年，952 年）始命文蔚以翰林学士知举，略用唐故事，放进士庐陵王克贞等三人及第。”自此南唐科举一直持续至亡国。值得一提的是，在开宝八年（975 年）强敌压境的境况下，李煜仍然任命伍乔为知举官于围城中发榜取士。尽管《续资治通鉴长编》注解中评论此事说：“王师已至城下，而贡举犹不废，李煜诚不知务者，故特书之。”[②]但南唐统治者对科举的重视和江南科举的兴盛，于此更可见一斑。

杨吴南唐时期，尚文好士的风气已经蔚然成风。李昪任昇州刺史时，“诸郡皆以兵甲为务，而先主专尚文儒，延纳多士”。在掌管杨吴的军政大权后，李昪“乃治府署之内，立亭号之曰‘延宾’，命宋齐丘为记，以待多士，于是四方豪杰翕然归之。……时中原多故，名贤夙德皆亡身归顺”[③]。故无论是杨吴还是南唐，金陵文学的兴盛，皆一扫隋唐之弱势。

（一）杨吴诗坛对唐代的传承

五代十国时期，最有成就的文学形式应该是词。同时，这一时期诗歌的发展与所取得的成就也是不容忽视的，它完成了诗歌从唐音到宋调的过渡。五代十国各自政权建立后，唐王朝后期躲避战难的诗人们开始以地域分野重新集结起来，从而逐步形成了呈散播状态分布的地域诗坛。由于各自地域文化的差别，以及统治者对待文化态度的差异，因而造就

---

① [清]吴任臣：《十国春秋》卷一五《南唐一·烈祖本纪》，北京：中华书局1983年版，第197页。

② [南宋]李焘：《续资治通鉴长编》卷一六，开宝八年二月条，第336页。

③ [北宋]龙衮：《江南野史》卷一，《五代史书汇编》第9辑，杭州：杭州出版社2004年版，第5155页。

了五代诗坛风貌的迥异。杨吴时期诗坛的百花齐放，无疑是那个时代的一朵奇葩。

杨吴政权的建立在十国中属于较早的，杨吴诗坛也成为在唐末以来经济、文化中心南移基础上率先形成的地域诗坛之一。就在杨行密称吴王（902年）之际，晚唐著名诗人如郑谷、王贞白等人纷纷辞归故里。郑谷与王贞白都是江西人，属于杨吴统治范围。随后如杜荀鹤、张乔、李咸用等安徽、江西诗人纷纷进入杨吴诗坛。至中原地区韩熙载、史虚白、孙晟等人南归，杨吴地区更形成了“文雅之士骈集”[①]的局面。

杜荀鹤、郑谷一派在杨吴时期有着重要影响力。郑谷的诗清婉明白，不俚而切，《全唐诗》收录三百二十七首。郑谷与杜荀鹤、王贞白等人唱和，在吴地十年，俨然成为吴地诗坛的“湖海宗匠”，齐己、孙鲂等人都曾前往求学。孙鲂又与沈彬、李建勋等人在金陵缔结诗社，推动了吴地诗歌的发展。

杨吴时期的诗人大多属于避难返乡或南归之人，其政治态度大部分都是积极入世的。正因如此，这些人“破艳冶”“擒雕巧”“主师古”，在创作上不仅汲取了陈子昂、白居易等人的现实主义风格，也效法陶渊明、李白的古风诗歌，改变了唐末的颓废风格。“就总体而言，吴诗坛仿古作诗的复古倾向更显突出。”[②]在此基础上，诗人们因在吴地也难免学习吴声歌曲，效仿白居易习取江南俗体，以至于郑谷等人的诗读起来还颇有民歌风情。这种仿古与民歌兼重的风格，恰恰成为江南唐代怀古诗歌与南唐诗歌的过渡。

（二）花间词与南唐词派

词，亦称曲子词，是一种始形成于隋、发展于唐五代、盛于两宋的

---

① [北宋]马令：《南唐书》卷一三《儒者传·孙鲂传》，南京：南京出版社2010年版，第104页。

② 贺中复：《五代十国诗坛概说》，《北京社会科学》1996年第4期。

新诗体。晚唐五代时期，诸多的文人将创作精力集中在了词曲上，使得这种新兴的体裁得到了重大发展。

西蜀是唐末五代较为安定之地。唐末西川节度使王建结束了十余年的战乱局面，形成了“河北河南处处灾，唯闻全蜀勿尘埃”的局面。此时，韦庄、毛文锡、卢延让等词人先后入蜀，使西蜀的填词风气十分盛行。至前蜀开国之际，王建“崇尚文学，礼遇文士”，贯休、杜光庭等云集蜀中，西蜀成为唐末五代时期文学兴盛的一个中心。前蜀诗坛以韦庄、贯休为代表，后蜀则以欧阳炯、欧阳彬为核心，根据清代李调元所编《全五代诗》的统计，前蜀后蜀能诗者不下百人，有诗文集者不下二十三家，堪称唐末五代初期的全国文坛中心。

《花间集校注》书影

花间词派是以西蜀为中心形成的一个文人词派，以描述男欢女爱、闺怨离愁为主要内容。花间词的得名来源于五代赵崇祚编辑的《花间集》。其中，温庭筠与韦庄是花间词派的主要代表人物。欧阳炯在《花间集叙》中谈到花间词派的语言风格时称：“镂玉雕琼，拟化工而迥巧；裁花剪叶，夺春艳以争鲜。”大致来说，花间词极具艳丽与精美，带有一定的宫体诗特色。

与花间词题材接近的，是南唐君臣所领衔的文学风格。围绕着南唐李璟、李煜与宰相冯延巳等人，南唐形成了一个同样以花间樽前、离愁别绪为主题的词派。南唐首都金陵，在地理上虽有长江天险，但整体形势不如西蜀。加之君臣暗弱，面对后周与北宋的强大攻势，南唐词坛的风格虽然接近花间词派，却又形成了相似而不同的格调。

冯延巳（903—960年），又名延嗣，字正中，广陵人。少随父在南唐烈祖李昪军中。中主李璟即位后，冯氏拜谏议大夫、翰林学士，曾几次出任宰相。他的词多写闲情逸致，词集名《阳春集》。

冯延巳的词主要是在宴会上娱乐消遣时所作，受花间词派的影响较深。尽管在题材上，冯氏也写男女之情、相思离别等，没有超出花间词的范围，但在西蜀花间词的基础上又有所突破。这与冯氏当时所处的内外环境有很大关系。冯氏在南唐虽身处高位，但朝廷内部政敌林立，且外部又有后周与北宋虎视眈眈，南唐整体形势在中主李璟之后已经开始转衰。因此，冯词中常常透露出浓重的哀婉感伤的情绪。在词的创作上，冯氏不像温庭筠以秾丽之笔客观地描绘精致景象，而是侧重于渲染情绪，从而引发出一种人生无常、时序惊心的感悟。他也不像韦庄仅限于一时一事，而是倾向于心中所感，以人生之感悟为抒发重点。

冯延巳的词清俊自然，画面明丽。如代表作《谒金门》：

风乍起，吹绉一池春水。闲引鸳鸯香径里，手挼红杏蕊。
斗鸭阑干独倚，碧玉搔头斜坠。终日望君君不至，举头闻鹊喜。

冯词多有寄托，能在委婉曲折中写透幽思。至凄凉哀楚之处，更有甚于南唐二主者，如《鹊踏枝》："秋入蛮蕉风半裂。狼藉池塘，雨打疏荷折。绕砌蛩声芳草歇，愁肠学尽丁香结。"这段描述极具画面感和冲击性，读来使人不胜其愁。王国维《人间词话》认为："冯正中词虽不失五代风格，而堂庑特大，开北宋一代风气。""堂庑特大"之语，指的就是其词境的开阔。冯词的这种"既不失五代风格"又"开北宋一代风气"的特质，正体现了南唐文学继承性与开拓性兼具的风格特色。

陆游《南唐书·冯延巳传》记录了李璟与冯延巳的一段对话：

元宗尝因曲晏内殿，从容谓曰："'吹绉一池春水'何干卿事？"延巳对曰："安得如陛下'小楼吹彻玉笙寒'之句。"[1]

对话所引两句，分别出自上揭冯延巳的《谒金门》与李璟的《浣溪沙》。两句都是以刻画女子内心情思生动传神而有名于世，君臣二人的对话，体现了当时文坛对这类词的认可与推崇。

李璟流传于世的词作不多，仅存五首，以《浣溪沙》最为有名：

菡萏香销翠叶残，西风愁起绿波间。还与韶光共憔悴，不堪看。

细雨梦回鸡塞远，小楼吹彻玉笙寒。多少泪珠何限恨，倚阑干。

词中以含苞未放的荷花凋零残败的景象起兴，刻画了女子青春年少而遭遇情感消磨的痛楚，情感沉郁，引人深思。对此，王国维在《人间词话》中写道："大有众芳污秽，美人迟暮之感。"这种特点不仅仅体现在李璟的词上，也是南唐文坛共有的特质之一。

谈及五代文学，当然不能不提南唐后主李煜。李煜的一生，可以以降宋为界，划分为前后两个时期。他前半生的词作多写宫中生活、男女情愁等。这种词风，也是与他作为帝王的特殊生活环境和当时安定的政治环境分不开的。他继承了温庭筠、韦庄等花间派词人的传统，又受李璟、冯延巳等人的影响，语言明快，形象生动，风格鲜明。

李词前期的代表作，当属描写宴乐歌舞的《浣溪沙》：

红日已高三丈透，金炉次第添香兽。红锦地衣随步皱。

佳人舞点金钗溜，酒恶时拈花蕊嗅。别殿遥闻箫鼓奏。

---

① [南宋]陆游：《南唐书》卷八《冯延巳传》，南京：南京出版社2010年版，第296—297页。

透过该词，南唐宫廷通宵达旦的宴乐场景可谓跃然纸上。此外，李煜在描写男女感情上也颇有花间词派风格，如《菩萨蛮》：

花明月暗笼轻雾，今宵好向郎边去。刬袜步香阶，手提金缕鞋。
画堂南畔见，一向偎人颤。奴为出来难，教君恣意怜。

不同于后期的含意沉重，李煜前期的词风属于典型的南唐词派。南唐的这些词风接近于花间词派，却又比之更有深度和广度。在描绘男女之情或悲愁离绪时，南唐词派也更加直抒胸臆，融入深沉的人生感悟，从而使作品的表现力得到了很大提升。

李煜像（清人绘）

南唐词派的诞生与发展，得益于杨吴与南唐较为安定的政治环境。南唐宫城靠近秦淮河，而金陵作为都城进行的几次大规模修建，又使秦淮河两岸成为人口聚居之地。安定的社会政治环境与北方文人的大批南下，使金陵与秦淮成为五代十国时期的文化中心之一。

第三节　修身养性惜精神
——茅山仙境

隋唐五代是道教迅速发展的历史时期。隋文帝出于政治需要，对道教秉承重视与扶持的原则。开皇元年（581 年）三月，隋文帝下诏：“朕服膺道化，念存清净，慕释氏不二之门，贵老生得一之义，总齐区有，思至无为。”① 开皇二年，隋文帝迁都至龙元首（在今西安市），在京畿地区建造了三十六所道观，将其命名为玄坛，并让两千人出家为道士。这是历史上一次规模盛大的道教活动。隋炀帝在位期间，对道教也青眼有加。他迁都洛阳后，在城内及附近地区建造了二十四所寺观，还让一千一百人出家为道士。

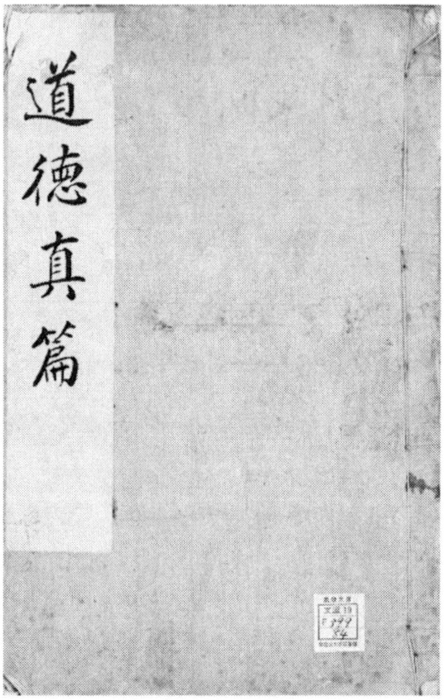

《道德真篇》（光绪三十二年刻本，现藏日本早稻田大学风陵文库）

唐武德八年（625年），唐高祖李渊下诏规定道教地位在儒学和佛教之上，正式确立了道教在唐代的崇高地位。天宝四年（745年），还规定“宜以《道德经》在诸经之首”②，确立了《道德经》的独特地位。天宝六年，张道陵被册封为太师，陶弘景被册封为太保，以示对道教的尊崇。有唐一代，除了武周、中宗时期相对处于弱势，道教的地位一直都特别崇高。金陵地区的茅山宗，在唐代为历代帝王所重视，誉满朝野。经过唐代近三百年的迅速发展，茅山宗已然成为道教的主流教派。

晚唐五代时期，地方割据势力对佛道也大多持支持态度。如光化二年（899年），吴越钱镠修复天柱观，以示对道教的重视。他甚至还亲临现场，指导对道观的修葺工作。而在金陵地区，道教在李昪的倡导下

① ［清］严可均辑：《全隋文》卷一《五岳各置僧寺诏》，北京：商务印书馆1999年版，第4页。

② ［北宋］王溥：《唐会要》卷五〇《尊崇道教》，北京：中华书局1955年版，第880页。

也得到了巨大发展。李昪在金陵就曾经招揽王栖霞“馆于元真观”[①]。李昪尊崇道教，与其自视为李唐后裔有关：“崇清净之教，则务在化人，饰元元之祠，则义存于尊祖。”[②]至太和五年（933年），又封东岳三郎为雄武将军，建庙金陵。李昪一生痴迷道教，晚年更是因服食道家金石而亡，临终叮嘱中宗李璟：“吾饵金石，始欲益寿，乃更伤生，汝宜戒之！”[③]

李璟即位之初，也常常“道服见诸学士”[④]，可见道家已进入李璟的日常起居。随着南唐国力的上升，李璟更是下诏在金陵大肆修建道观——“于是乎名山福地、胜境灵踪、坏室颓垣、荒坛废址，咸期完葺，式表兴隆。”[⑤]正是在李昪和李璟时期，金陵地区的道教得到了迅速发展，为宋元时期金陵道教的发展奠定了基础。

一、茅山宗

茅山宗是以茅山为祖庭而逐渐发展起来的道教宗派之一，亦名上清派，开创者是南朝的陶弘景。“茅山宗的诞生标志着南北朝道教的成熟和完善，陶弘景亦被梁武帝誉为‘力扶宗教’的‘百代’之名师。”[⑥]发展到唐代，经过王远知、潘师正、司马承祯、李含光等人的努力，茅山宗遂成为道教的主流宗派，势力遍及大江南北。至宋元时期，茅山的上清箓、阁皂山的灵宝箓和龙虎山的正一箓更是合称“符箓三宗”。

隋唐时期，茅山道形成了宗师相继的局面。除上述王远知、潘师正、

---

① ［清］吴任臣：《十国春秋》卷三四《南唐二十·王栖霞传》，北京：中华书局1983年版，第473页。

② ［清］董诰等：《全唐文》卷八七七《真风观碑并序》，北京：中华书局1883年版，第9175页。

③ ［北宋］司马光：《资治通鉴》卷二八三，后晋天福八年二月条，北京：中华书局1956年版，第9245页。

④ ［北宋］郑文宝：《南唐近事》卷一，杭州：杭州出版社2004年版，第5050页。

⑤ ［清］董诰等：《全唐文》卷八七七《真风观碑并序》，北京：中华书局1983年版，第9175页。

⑥ 汤其领：《陶弘景与茅山道的诞生》，《苏州大学学报》2003年第2期。

茅山图（清人绘）

司马承祯等人外，其宗师还有与皇室过从甚密的王轨、徐昂、魏绛、薛季昌、刘玄靖等人。

王远知（530—635 年），字广德，琅琊临沂人。其祖父王景贤，曾官至梁江州刺史。父亲王昙选，也官至南朝陈扬州刺史。王远知少时就聪颖好学，博览群书。他入茅山之初，即师事陶弘景，学其道法，后来又随宗道先生臧兢学道，可谓师出名门。晋王杨广镇守扬州之际，曾先后派王子相、柳顾言召见王氏，“远知乃来谒见，斯须而须发变白，晋王惧而遣之，少顷又复其旧”。杨广登基后，又多次召见王氏，还“亲执弟子之礼，敕都城起玉清玄坛以处之”，对其可谓尊崇优礼有加。

唐武德年间，李世民曾携房玄龄微服访问王远知——“远知迎谓曰：‘此中有圣人，得非秦王乎？’太宗因以实告。远知曰：‘方作太平天子，愿自惜也。’”[①] 此后，王氏被李世民所看重。后者登基时，还极力邀

① [后晋]刘昫等：《旧唐书》卷一九二《隐逸传·王远知》，北京：中华书局 1975 年版，第 5125 页。

请王氏出山。至贞观九年（635年），唐太宗还敕令在润州茅山（今句容境内）建造太受观，以供王氏居中传道。调露二年（680年），唐高宗又追赠王远知为太中大夫，谥“升真先生”。唐初茅山道的地位，于此可见一斑。

司马承祯（647—735年），字子微，法号道隐，自号白云子，河内温县人。他少年时期就很好学，不屑于为吏，于是当了道士。“事潘师正，传其符箓及辟谷导引服饵之术。师正特赏异之。”潘师正从学于王远知，而司马承祯又承学于潘师正。司马氏曾遍游群山以访道，最后止于天台山。武则天听闻后，将其召至京师，并“降手敕以赞美之”。景云二年（711年），唐睿宗甚至遣使邀其兄司马承祎前往天台山，入宫问其阴阳之事。开元九年（721年），唐玄宗又遣使迎入京师，“亲受法箓，前后赏赐甚厚”[①]。后来唐玄宗又从其请，在五岳各置真君祠一所，推动了道教的发展。

李含光（682—769年），广陵江都人，茅山第十三代宗师。开元十七年（729年）从学于司马承祯。天宝七年（748年），唐玄宗以李含光为度师，号玄静先生。在他生活的年代，茅山道教曾出现了明显的衰落迹象。当时道观的主体建筑已经开始衰败残破，所藏的真经和秘箓也多有散落。鉴于这种严峻形势，李氏请求回茅山修葺道观。唐王朝答应了他的请求，还特地下诏让他在紫阳观居住。此后，李唐皇室又多次对他进行褒奖，甚至蠲免周边居民徭役，以供香火。可以说，李含光为茅山道观的重新光大做出了重要贡献。

正是在多代茅山宗师的努力和李唐皇室的支持下，茅山道教才走出茅山而誉满天下。

① [后晋]刘昫等：《旧唐书》卷一九二《隐逸传·司马承祯》，北京：中华书局1975年版，第5127—5128页。

朝天宫（黄健摄）

二、冶山道院

春秋时期，南京绝大部分地区属于吴地，相传吴王夫差在朝天宫一带的山丘上建造了冶炼兵器的作坊，于是这里就被称作“冶山”，又叫“冶城”。东晋太元十五年（390年），这里曾建造了冶城寺。刘宋泰始六年（470年），统治者在冶山上创设了“总明观”，讲授玄、儒、文、史、阴阳五部之学，堪称南方最早的国家科研机构。

自唐代起，冶山就是太清宫所在地，为道家宣讲之所。后唐龙德元年，“杨氏之吴，改建为紫极宫”[①]。杨吴时期李昪信道，于金陵大崇道教，冶山也在五代时期成为道教中心之一。自唐五代以后，冶山道院一直是金陵的道教中心。宋代改为天庆观，后又改为祥福宫，旁设太乙殿为道观所在，建炎年间毁于兵火。南宋嘉熙、淳祐之交，因祈雨活动而重建。元代称为玄妙观，一直为道教活动场所。明代改名为朝天宫，作为皇家大典时朝廷大员与官宦子弟演练朝贺的地方。此外，还建有习仪亭和西山道院。后者是明初朱元璋下令修建的，里面设有道录司。可以说，明代的朝天宫已上升为国家级的道教活动场所，殿堂、道院等建筑绵延不绝，并有自己的田产作为资金来源。成化年间，其建筑进行过重新修缮，“叠拱层檐，琉璃闪映，备极雄观”[②]。

① ［南宋］周应合：《景定建康志》卷四五《祠祀志二·宫观》，南京：南京出版社2009年版，第1103页。

② ［明］葛寅亮：《金陵玄观志》卷一《冶城山朝天宫》，南京：南京出版社2011年版，第1页。

朝天宫大成殿

清代乾隆皇帝曾亲临朝天宫，因而又进行了重修，“乃为金陵道观之最”[1]。直到同治年间，才改建为孔庙，附江宁府学。在由唐至清的一千多年中，冶山道院以不同名称一直延续存在，成为南京道教的主要符号之一。

---

① [民国]胡祥翰：《金陵胜迹志》卷七《寺观·朝天宫》，南京：南京出版社2012年版，第65页。

第四章　几度功名，且送船归
——宋元时期

两宋时期的建康，地位显著提高。北宋开宝八年（975年），江宁府改为昇州。天禧二年（1018年）又改为江宁府，属建康军，以当时的寿春郡王赵祯为建康军节度使。后赵祯即位，是为仁宗。作为宋仁宗的始封之地，江宁府的地位也由此日渐重要。天禧四年（1020年），分江南路为江南东路和江南西路，江宁府遂成为江南东路首府，辖上元、江宁、溧水、句容和溧阳五县。庆历八年（1048年）江宁府发生火灾，有谏官就上书称："江宁上始封之地，守臣视火不谨，府寺悉焚，宜择才臣缮治之。"于是宋廷任命了龙图阁直学士、吏部郎中张奎出知江宁府，主持府城的修缮工作，"奎既至，简材料工，一循旧制，不逾时复完"[①]。

宋高宗南渡后，建炎三年（1129年）"复为建康府"[②]，曾先后为江南东路和江南路治所。南宋初年，曾以南唐皇城作为宋高宗赵构的行宫所在，其位置"在天津桥之北，御前诸军都统制司之南"[③]。马光祖

---

①［南宋］李焘：《续资治通鉴长编》卷一六二，庆历八年闰正月条，北京：中华书局1995年版，第3912页。

②［元］脱脱等：《宋史》卷八八《地理志四》，北京：中华书局1985年版，第2186页。

③［南宋］周应合：《景定建康志》卷一《留都录一·行宫规制》，南京：南京出版社2009年版，第12—13页。

知建康府时期，对建康城进行了大规模的修葺。当时“以开濠之土培厚城身”[1]，并疏通青溪，重新修葺秦淮河诸桥，使建康城更适宜居住。建康城以行宫为中心，行宫周边主要集中了十三营、校场等军事拱卫设施，官署、府衙、府学等政治文化设施主要集中在行宫东南方向，而居住区则主要集中于行宫以南和西南面的秦淮河两岸。自六朝以来，这一带就一直是居民聚集区域。商业区随居住区，在南门（今中华门）内的镇淮桥至新桥（饮虹桥）一带的秦淮河两岸，城内在中部笪桥、北门清华市一带，也是较为集中的商业区。

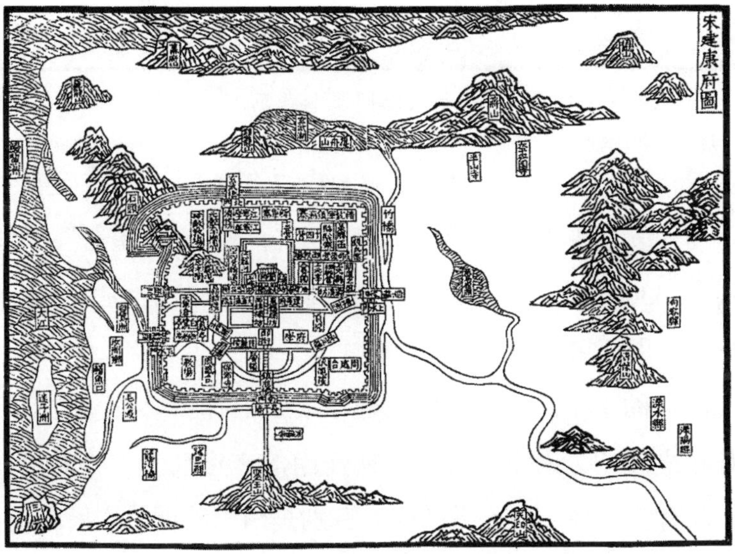

宋建康府图

至元十二年（1275 年），元军攻占建康府，于建康置江东路宣抚司。至元十四年，设建康路总管府，属江淮行省江东道，辖江宁、上元、溧水、句容和溧阳五县，总辖区与宋代并无太大区别。至元二十三年，建康路

① [南宋]周应合：《景定建康志》卷二〇《城阙志一·今城郭》，南京：南京出版社 2009 年版，第 493 页。

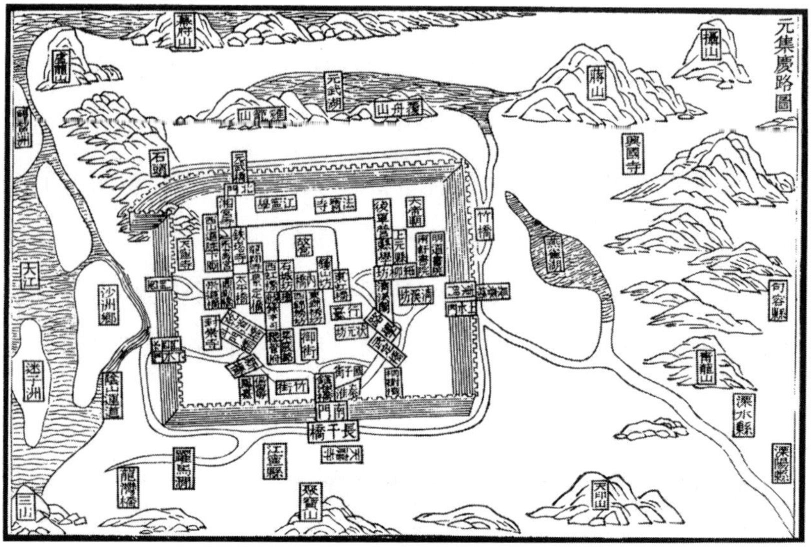

元代集庆路图（明版画）

移属江浙行省江东道管辖。大德元年（1297 年），“江南诸道行御史台”治建康，与西安所在的“陕西诸道行御史台”并称“南台”“北台”。至顺元年（1330 年），“改集庆路所管除录事司治府城中，溧水、溧阳由县升州，余因旧名，无所更易”①。

宋元时期的南京，从江宁府至建康府，名称虽时有变化，但在江南之地位却较少波动。南京在五代时期江南的文化政治中心地位，因为南北之统一而有所下降。随着平江府，特别是南宋时期临安府地位的上升，建康府的地位也甚为尴尬。北宋时期的江宁府，常为朝廷士大夫出外迁转之地，也多为士大夫仕途失意而暂居之地，如王安石变法失败后就长居江宁。南宋时期，因高宗曾短暂驻扎此地，建康府又为重要的北方前进基地，建康府的地位逐渐重要起来。大规模的府学、县学以及书院也逐渐在建康建立起来，南方的文人聚集于此，开堂讲学，成为南宋重要

① ［元］张铉：《至正金陵新志》卷四《疆域志·历代沿革》，元至正四年刊本影印本，台北：成文出版社有限公司 1983 年版，第 1726 页。

的文化中心之一。宋代建康府学又成为明清江南贡院的源头。

自宋代打破市坊制度后，城市市民阶层随之兴起，城市娱乐文化也更加丰富，出现了如勾栏瓦舍一类的娱乐场所。这些娱乐活动极大地丰富了宋元时期的社会生活。明清时期在江南地区流行的各类戏剧、娱乐风俗，大多即来源于宋元时代。

第一节　学校兴崇，人材乐育
——科举与文化

自隋唐开科举以来，科举取士便成为人们进入仕途的主要途径之一。宋代大力提倡科举，增加了科举取士名额，各地州学、县学逐渐建立，遍布天下，形成了一套完整的教育养士体制。与此同时，私人书院的兴盛也逐渐成为与官学交相呼应的现象。

随着南方经济的开发，特别是南宋以来大量北方人口的流入，使南方经济文化在南宋时期全面超越了北方。建康府作为两浙路的重要城市之一，以科举、书院所形成的文化圈在南宋占据着重要地位，而元代经过短暂的战乱破坏，随之而来的是更为繁盛的文化复兴。

一、江南文化的兴盛

建康府教育历来发达。东晋孝武帝太元十一年（386 年），曾在秦淮河南岸建宣尼庙，后移北岸。南朝刘宋时期，这里更是设置了儒学、玄学、文学和史学四馆。南唐时期，在秦淮河北岸、宫城以南建国子监。北宋以前，这里就是文人荟萃的地方。

建康地区的文化兴盛主要来源于以府学、县学为主的官方机构的次第建立，以及以明道书院等书院模式为主的民间学术机构的创建。官学与私学的兼容并包和互相促进，共同推动了江南文化走向繁盛。

文化水平的大幅度提高，使得当地士人“以文章取功名者甚众”[①]。在科举上的屡屡斩获，又反过来繁荣了建康地区的人文环境。建康能成为江南地区的文化中心，与当地良好的文化风俗、人文环境是分不开的。

（一）建康府学与县学

北宋雍熙年间（984—987年），在冶城故址建有文宣王庙。天圣七年（1029年），张士逊上奏将庙迁于浮桥东北，建立府学，给田十顷，赐书一监。景祐年间（1034—1038年），陈执中又将府学迁至建康府治东南。南宋建炎年间（1127—1130年），府学毁于兵火。绍兴九年（1139年），叶梦得对府学进行了建置上的增置。大抵因为当时财政困难，建康府学一直没有得到修缮，直到孝宗淳熙四年（1177年），刘珙知建康府，才得以重新修缮府学。其后，随着别之杰、赵以夫等人的多代修葺与扩建，府学的规模不断扩大，形成了“士气兴焉”的盛况。

在南宋时期，建康府学大致有大成殿、御书阁、讲堂、议道堂、正录位、直学位、主职事位、斋舍、直舍等功能齐全的大小两百多间房舍，规模宏大。建立之初，设置教授一员，南宋绍兴年间，增设东西两厅教授两员。百年间，先后有八十多位教授到任，其中不乏如周必大、胡纮、程珌等饱学之士。

元代统治者推行汉化，对南方地方儒学也较为重视。元世祖即位后，天下趋于安定，遂下诏兴学，建康地区的府学县学，重新得到发展。至元二十八年（1291年），世祖忽必烈下诏：“令江南诸路学及各县学内，设立小学，选老成之士教之，或自愿招师，或自受家学于父兄者，亦从

① [南宋]周应合：《景定建康志》卷四二《风土志一·风俗》，南京：南京出版社2009年版，第1028页。

其便。其他先儒过化之地，名贤经行之地，与好事之家出钱粟赡学者，并立为书院。”① 元代南京的教育文化也逐渐得到发展。

上元县学设立于景定二年（1261年）。其后两年，江宁县学亦告成立。句容县学则始建于唐开元十一年（723年），北宋开宝年间（968—976年）重修。皇祐二年（1050年）太常博士方君峻再次修建后，句容县学又经历了几度兴衰。溧水县学临近秦淮河南源，其前身可以追溯到唐武德元年（618年）修建于县东三十步的孔庙。至北宋熙宁二年（1069年），“知县关杞迁于通济桥之东南，建为学”。随后，由于历任溧水知县大都以兴学为务，不但溧水县学的规模不断扩大，整个溧水地区也呈现了“文风最盛，贡举为多”② 的繁荣景象。这些县学在元代都得到了不同程度的发展。溧水县学初为县学，元贞元年（1295年）溧水升为州，遂建州学。句容县学入元时毁于兵火，于至元三十年（1293年）又重新修建。

两宋文人大多认为：“先王必谨庠序之教，养才育德，俟其秀实，然后论而官之。”③ 自隋唐科举创建以来，至宋代科举已经成为文人进入仕途的主要途径，而学校教育则大体围绕科举考试而进行，以预备科举，故学校所教之科目与国家所考之科目接轨。宋代州学学生可以通过解试而与省试的举人一起参加太学的入学考试，太学生享有“免解”的资格；地方官学的学生可以通过推荐入太学，从而获得更为便捷的做官途径。

科举取士是两宋取士的国策，故府学、县学所教课程自然也多受科

① [明]宋濂：《元史》卷八一《选举志一·学校》，北京：中华书局1976年版，第2032页。

② [南宋]周应合：《景定建康志》卷三〇《儒学志三·置县学》，南京：南京出版社2009年版，第795页。

③ [北宋]黄裳：《演山先生文集》卷一五《顺兴学记》，《宋集珍本丛刊》第24册，北京：线装书局2004年版，第759页。

南宋进士张同之墓出土的梅花形银盂

举制度影响。在建康府学的具体教学内容中，就多有需要参加科举考试的“时文”教学。神宗熙宁年间（1066—1077 年）所颁布的《三经新义》成为当时统一的科举考试内容。因为科举多以经义和诗赋取士，所以府学与县学的教材也多以此为主。南宋以后，理学兴盛，朱熹的《四书章句集注》又成为科举考试的重要内容。在度宗时代，朱熹编的《四书》和周敦颐《太极图说》、张载《西铭》等理学著作，就都是士子在府学中必学的科目。到元代延祐年间（1314—1320 年），更是把科举考试的出题范围限定在《四书》之内。

（二）建康书院

书院是一种以私人创办和主持为主的，相对独立于官学的民间教育组织形式。书院模式肇始于唐，兴于宋而盛于元。北宋初期，社会趋于安定，因各地无力设置大量府学和县学，故私人书院逐渐兴起。

宋初，全国有八大书院，即石鼓书院、岳麓书院、睢阳书院、嵩阳书院、白鹿洞书院、茅山书院、华林书院、雷塘书院。天圣二年（1024 年），处士侯遗始建茅山书院，在此授徒十余年，后由江宁知府王随奏请拨田三顷以供书院。侯遗去世后，书院逐渐废弃，慢慢变为道观。直到理宗端平年间（1234—1236 年），湖湘学派张栻的再传弟子刘宰于附近的三角山重建茅山书院，该书院才得以重新开坛讲学。

南京在两宋时期规模最大、影响最深的书院当属明道书院。明道书院创建于理宗淳祐元年（1241 年）——“今刊其遗书，崇其仪型，使天下后世之学者收其心之所思，而明先生之教。此书院所由建也。”明道书院的最初建设，可能只是刘珙等少数人的想法，但随后得到了真德秀、李钰等人的资金支持，从而得以大规模地施工兴建。书院建成后，“聘名儒以为长，招志士以共学，广斋序，增廪稍，仿白鹿洞规，以程讲课，士趋者众”。明道书院的发展勃兴，还引起了宋理宗的嘉叹，并亲自书写“明道书院”匾额以示重视。后来，马光祖对明道书院也十分重视，他不但对书院进行了一定程度的扩建，还“属山长修程子书，刻梓以授诸生，给田以增廪，而教养之事备焉”[①]。

景定年间（1260—1264 年），明道书院有田产近五千亩，府衙每月下拨钱五千贯，可见其办学条件之优越。书院位于建康府城东门内西北侧，坐北朝南，正门悬理宗手书“明道书院”匾额，门楼正北依次为程颢祠、春风堂、御书阁、月池、主敬堂、燕居堂、讲书位、职事位等建筑，两侧还各有尚志斋、明善斋、敏行斋等。马光祖视事之初，曾率僚属会讲于春风堂，当时听讲的人数竟达到数百，可见书院规模之宏大。

除明道书院外，淳熙四年（1268 年），为纪念岳麓书院山长张栻，在建康府还建造了南轩书院。如《宋史·马光祖传》记载：

> 光祖益思宽养民力，兴废起坏，知无不为，蠲除前政逋负钱百余万缗，鱼利税课悉罢减予民，修建明道、南轩书院及上元县学。[②]

《至正金陵新志》亦称，南轩书院“本设精舍，后移城东为今书院”。至淳祐间（1241—1252 年），真德秀建祠屋祠张栻，杜杲造屋六七楹，

---

① ［南宋］周应合：《景定建康志》卷二九《儒学志二·置书院》，南京：南京出版社 2009 年版，第 760—761 页。

② ［元］脱脱等：《宋史》卷四一六《马光祖传》，北京：中华书局 1985 年版，第 12486 页。

张栻像

遂拨田百亩以奉事。咸淳年间（1265—1274 年），马光祖又对书院进行了一次重大的扩建，“建主一堂，求仁、任道、明理、潜心四斋，极高明楼，为屋九十二间，辟路前除命两校，朔望虔谒，又拨田四十亩入焉归附”[①]。可见南轩书院虽不如明道书院，但规模上也相当可观。

宋元时期的书院主要有三种职能：

其一，是讲学，也是最重要的。宋元时期书院多以宣扬理学而建，讲学之人多为当时的理学名家或理学弟子。如曾任建康府教授的程珌，就曾于明道书院开讲《大学》。程珌（1164—1242 年），字怀古，号洺水遗民，休宁人。绍熙四年（1193 年）进士，是南宋中后期非常重要的文人之一。

其二，是藏书与刻书。书院藏书，以便学生能随时阅览。明道书院有专门的藏书阁——御书阁。据《景定建康志》卷二九《儒学志一》记载，御书阁在春风堂之上，“五间，广八丈，深四丈五。严奉宸翰，环列经籍”，可见其规模之大。至于刻书，前揭马光祖在春风堂群集百僚，随后便“刻梓以授诸生”，可见书院亦参与到雕刻出版书籍的活动之中。如大德年间（1297—1307 年）所刻之《释音》二十五卷，在卷十二至卷二十五末尾均附记了“建康路明道书院、建康路溧水州儒学监造，本学教授朱佑之、李君实、明道书院山长张坦等人监造”的字样[②]。说明在宋元时期，

① [元]张铉：《至正金陵新志》卷九《学校志·建书院》，台北：成文出版社有限公司 1983 年版，第 1884 页。

② 参见孙显军：《江苏宋元时期书院考论》，《盐城师范学院学报》2004 年第 1 期。

建康地区的书院经常参与到这些书籍的出版活动中。

其三，是祭祀。书院的祭祀对象，主要是祖先、地方贤人，或曾于本地游历讲学的名儒学者。明道书院之名称，即来源于祭祀对象明道先生程颢。祭祀也是书院的主体活动之一。

二、文人绘画的兴起

文人绘画属于中国传统书画的一种，由士大夫绘画转化而来。“文人画”的概念，最早由明代画家董其昌提出：“文人之画，自王右丞始。”① 而文人画的倡导者一般以王维为宗，苏轼就曾经精辟点评：“味摩诘之诗，诗中有画；观摩诘之画，画中有诗。”②

宋代经济繁荣，文化昌盛，中国画自唐以来不断吸收各方面的影响，文人画的概念便逐渐发展成熟。“盖世文才苏轼提出的‘士人画’观念作为一种新的艺术思想和艺术活动逐渐地影响着画坛，继而为成为主流奠定了坚实的基础。”③ 文人绘画自此诞生。宋代的文人绘画偏爱花鸟、山水，出现了如苏轼、文同、二米等大量文人山水画家。

元代文人绘画不仅山水画家数量众多，而且成绩斐然。元代许多士人仕途坎坷，精神上需要寻找慰藉，绘画就成为一种表达自己心境的途径。元代的绘画群体中，文人占据着主要地位，这种现象又促使文人对元代绘画风格进行了进一步的改造。文人的山水绘画实践主义，也逐渐成为一种自娱自乐慰藉自己的行为。在元代文人绘画作品中，充斥着悠闲赏月、观瀑听涛、平湖垂钓等文人娱乐活动，把文人山水绘画的安逸悠闲表露无遗。特别是元朝中后期，经过一批文人的努力，更出现了所谓“文

① [明]董其昌：《画禅室随笔》卷二《画源》，上海：华东师范大学出版社 2012 年版，第 76 页。

② 许伟东辑：《东坡题跋》，北京：人民美术出版社 2008 年版，第 299 页。

③ 了庐、凌利中：《文人画史新论》，上海：上海画报出版社 2002 年版，第 11 页。

人山水画四大家”的文人绘画现象。他们上启唐宋，下开明清之风气。

苏轼首次将诗歌中的“借物咏情”“以物喻人”等手法引入绘画领域，将文学与绘画紧密结合在了一起，使传统中国画中的“诗情画意”发挥到了更高层次。苏轼遗存画作不多，目前仅知有《古木怪石图》，画中看似一怪石，不符合自然纹理，一棵古木，苍劲、盘旋而上，与画中左侧蜷曲的石头相呼应。看似是画怪石、古木，却有一种超脱的浩然之气与人生“曲折”的含义。

北宋时期，江宁府人李士云曾经为王安石作画，王安石赠诗云：“衰容一见便疑真，李氏挥毫妙入神。欲去钟山终不忍，谢渠分我死前身。”李士云又善画山水，王安石见了，曾有“李子好山水，而常寓城郭。毫端出窈窕，心手初不着”的诗句。可想而知，金陵的山水在其手中亦当有精彩的描绘。

以临安为中心的两浙路成为当时画手的云集地区。两宋之际的米友仁（米芾之子），曾居润州（今江苏镇江）十数年。润州风景秀丽，气候宜人，有金山、焦山等著名胜景，往西有建康府之山水，往南则有平江府、临安府等江南之风景。这些都给米友仁提供了创作山水画的大量素材。建炎年间（1127—1130年），米友仁自北南来，曾隐匿于溧阳友人家长达七个月，很可能曾到过建康。秦淮河、紫金山的山水也应在米友仁心中留下过印迹，在现存米友仁的画作中就可

米友仁《远岫晴云图》

以看到如《远岫晴云图》所绘临安之风景；还有《湖山烟雨图》《潇湘奇观图》等，也都是山水风景之作。其中当有建康山水的素材和影子。

第二节　帘轻幕重，播鼓筛锣
——勾栏与瓦舍

自宋代以来，随着工商业的发展和城市的繁荣，在许多城市中兴起了一种适应市民阶层生活的娱乐场所，叫做“瓦舍”和“勾栏”。这些瓦舍和勾栏不仅可以从事贸易活动，还进行着市民阶层的艺术演出活动。

瓦舍亦称瓦子，对于其名字的由来，南宋时人已不得而知。耐得翁在《都城纪胜》中谈到：“瓦者，野合易散之意也，不知起于何时。”[①] 吴自牧《梦粱录》也说：“瓦舍者，谓其‘来时瓦合，去时瓦解’之义，易聚易散也。不知始于何时。”[②]

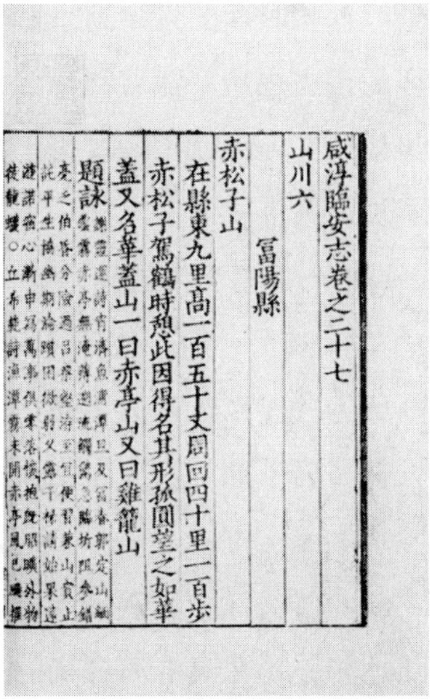
咸淳臨安志卷之二十七
山川六
富陽縣
赤松子山
在縣東九里高一百五十丈周回四十里一百步
赤松子駕鶴時憩此因得名其形孤聳望之如華
蓋又名華蓋山一曰赤亭山又曰雞籠山
題詠

《咸淳临安志》书影

北宋时期的瓦舍多处于以汴京为中心的北方地区，但随着金兵入侵，宋室南渡，北方大量官军、民众的南迁，以勾栏瓦舍为代表的生活风俗也

① [南宋]耐得翁：《都城纪胜》，《东京梦华录（外四种）》，上海：古典文学出版社1956年版，第95页。

② [南宋]吴自牧：《梦粱录》，《东京梦华录（外四种）》，上海：古典文学出版社1956年版，第298页。

开始流行于南方。据《咸淳临安志》《都城纪胜》《梦粱录》《武林旧事》等书记载，南宋时期的临安城内外有大小瓦舍二十五处之多。除临安以外，南方的许多大城市也存在着数量不一的瓦舍。以建康为例，在《景定建康志》卷五《建康府城图》中就有"新瓦子巷"和"新瓦子街"的地名，而这些地名的来历显然是与当地瓦舍的兴起有关。

一、秦淮风物

宋元时期的秦淮风物虽不及六朝，但也在秦淮河两岸留下了不少胜景。六朝时期的许多遗址和名人故居、寺院，在宋元时期都成了文人墨客的常去之所。随着江南经济的发展和繁荣，园林艺术也日臻精进。苏州地区在元代就出现了狮子林等杰出的私家园林，建康地区的园林也有了长足进步。

（一）湖泊与园林

在宋元时期，建康作为南方重要城市已摆脱了政治上的负担，逐渐成为一座以休闲为主且适宜居住的城市，宋代以王安石为首的诸多文人曾长居于此。与大量文人聚居同时兴起的，就是许多文化活动和地方胜景。

随着长江主流逐渐向西北移动，到了宋代江中有名的白鹭洲已经与陆地相连，在秦淮河原来的入江口留下了许多低浅的池塘。莫愁湖就是当时遗留下来最大的一个。乐史《太平寰宇记》称："莫愁湖，在三山门外。昔有妓卢莫愁家此，故名。"[①] 关于莫愁的来历，还有说是南朝南齐时期的歌姬，尤善《石城乐》（又名《莫愁乐》），故得名。而梁武帝的说法又有不同，如他的《河中之水歌》："河中之水向东流，洛

① ［北宋］乐史：《太平寰宇记》卷九〇《江南东道二·昇州》，北京：中华书局2007年版，第1779页。

阳女儿名莫愁。莫愁十三能织绮，十四采桑南陌头，十五嫁为卢家妇……”

自隋唐以来，玄武湖也因无人管理而逐渐荒芜。大书法家颜真卿任昇州刺史时，为弘扬佛教，曾改玄武湖为放生池。一直到北宋中期，玄武湖都始终被作为放生池，“桑泊之淤甚矣”。王安石于熙宁元年（1068年）知江宁府后，认为玄武湖已没有实际用处——“前代以为游玩之地，今则空贮波涛，守之无用。”更将玄武湖正式废湖改田。但由于玄武湖有河流注入，废湖改田却导致了江宁府北部地区的用水和排水问题日趋严重。因而到大德五年（1301年），在下钟山乡又开凿河道，使玄武湖恢复成为一个池塘。到了至正三年（1343年），玄武湖河道被再次疏浚，南至钟山乡珍珠桥一带，北达下关出江处，全长十七里。这样就完全恢复了玄武湖，但规模已比北宋时期小了许多。

北宋有半山园，是为王安石故居，在江宁府东郊，因位于江宁府城白下门和钟山之间的半道（前后各相距七里），故名半山园。王安石曾三任江宁知府，又于熙宁九年（1076年）变法失败后辞去宰相一职，长

今日玄武湖

王安石半山园今貌

居于此，死后归葬钟山，留下了许多与江宁有关的趣闻轶事。半山园原名白塘，被认为是东晋谢安的居所，亦称谢公墩。谢安字安石，而王安石之名恰好是谢安之字。于是王安石便写下了《谢公墩》一诗：“我名公字偶相同，我屋公墩在眼中。公去我来墩属我，不应墩姓尚随公。”金陵四十八景中甚至有“谢公古墩”一景。元丰七年（1084 年），王安石将半山园捐为寺庙，宋神宗赐名为“报宁禅寺”。至明代以后，报宁寺逐渐荒芜，后来屡毁屡建。

南宋时期，位于城南的乌衣巷有乌衣园，又名青溪园，为马光祖所建。马光祖罢官之后居于建康府，于乌衣巷修建青溪园，有来燕堂及亭馆等多处建筑，园中也植以树木和花草。

元代有桧亭，位于城北，为当时的集庆路训导丁复别墅。丁复在他的文集《桧亭集》序中描述桧亭“地既深僻，有园亭之胜，古桧列植左右，苍茂若云”，有亭称桧亭。①

① [元] 丁复：《桧亭集》，《钦定四库全书 · 集部五 · 别集类四》。

（二）寺庙与古迹

宋元时期，建康的寺庙主要有定林寺、栖霞寺、长干寺和报宁寺等。除了寺庙外，六朝隋唐所遗存的古迹也为数甚多，成了当时文人游览凭吊的好去处。

定林寺是千年古刹，历来有上、下定林寺之分。位于钟山的下定林寺在宋代逐渐荒芜，距王安石所居的半山园不远，王安石常常前往，并在此建“昭文斋”读书。如《景定建康志》记载：“下定林寺，在蒋山宝公塔西北，宋元嘉元年置，后废。今为定林庵，王安石旧读书处。”① 乾道元年（1165 年），陆游曾慕名来到钟山定林庵，在昭文斋的壁上题字：“乾道乙酉七月四日笠泽陆务观冒大雨游定林。”五年后，陆游又重游钟山，定林庵已毁于火灾，但陆游的题字却已事先被刻在寺后的崖壁上。1975 年，陆游的题名石刻被重新发现，这成为确定下定林寺准确方位的重要证据。1982 年，该石刻被确定为江苏省文物保护单位。

南宋乾道年间（1165—1173 年），鉴于钟山定林寺已毁，高僧善鉴便将钟山“上定林寺”牌匾移至方山，重建定林寺，因与钟山下定林寺正好呈南北对称局势，故称上定林寺。在上定林寺还建有方山定林寺塔，塔高约 14.5 米，为七级八面仿木结构楼阁式砖塔。

栖霞禅寺也是名刹之一。南齐永明七年（489 年），“有法度禅师与僧绍甚善，僧绍遂舍宅成此寺”。栖霞禅寺原来是明僧绍旧宅，后舍宅成寺，经历了数次被毁和重建后，于北宋太平兴国五年（980 年）被改称普云寺，景德年间（1004—1007 年）又改赐景德栖霞禅寺之名。禅寺前有明僧绍墓、高越墓，在宋代即有“唐高宗、陈尚书令江总碑、沈

---

① ［南宋］周应合：《景定建康志》卷四六《祠祀志三・寺院》，南京：南京出版社 2009 年版，第 1128 页。

传师斋疏，及沈传师、徐铉题名”①等。历代题诗栖霞禅寺的名人也不在少数，如皮日休、韩熙载、徐铉、徐锴、柳琰等。这些题词、碑刻与寺庙，再加上满山的红叶，即共同构成了宋元时代文人墨客凭吊游览的胜景。兹抄录皮日休《游栖霞寺》五律一首：

不见明居士，空山但寂寥。
白莲吟次缺，青霭坐来销。
泉冷无三伏，松枯有六朝。
何时石上月，相对论逍遥。

栖霞寺

还有著名的古刹——长干寺，在宋代被改名为天禧寺。王安石游历至此，也曾吟诗《长干寺》七律一首：

---

① [南宋]张敦颐：《六朝事迹编类》卷一一《寺院门·栖霞禅寺》，南京：南京出版社2007年版，第105页。

梵馆清闲侧布金，小塘回曲翠文深。
柳条不似千丝直，荷叶相依万盖阴。
淡淡岑云相上下，翩翩沙鸟自浮沉。
羁人乐此忘归意，忍向西风学旧吟。

诗中长干寺与秦淮河景相互映衬，给游人以云卷云舒、“乐此忘归”之感，可见其风景之秀丽怡人。

卞壶墓也是一处著名古迹。东晋尚书令卞壶与他的两个儿子在苏峻之乱中力战而死，最后葬于冶城（今朝天宫）。南唐李氏坐拥江南后，曾在其墓旁建造了忠正亭，当时“穿地得断碑，公名存焉。徐锴实为之识”。北宋庆历年间（1041—1048 年），“知府事龙图阁直学士叶公清臣又封墓刻石表之，改亭名曰忠孝”[①]。此处也多有游人凭吊。

卞壶全节坊

① ［南宋］张敦颐：《六朝事迹编类》卷一二《庙宇门·晋卞忠正庙》，南京：南京出版社 2007 年版，第 115 页。

二、风俗百态

风俗对于古代政治统治有着极其重要的作用。宋人也普遍认为，社会风俗的善恶，与国家的长治久安直接相关。司马光曾说：“窃以国家之治乱本于礼，而风俗之善恶系于习。”[①] 南宋著名文人楼钥更是认为：“国家元气全在风俗，风俗之本，实系纪纲。”[②]

南京地区自六朝以来，一直为繁盛所在，四方商贾和游历之人多汇集于此。这一带的民风民俗，经由千年的沉淀，也随着时代的推移而发生变化。五代时期的秦淮风流，随着南唐的灭亡而烟消云散；继之而来的大一统，给南京地区又带来了重视文化教养、百姓安居乐业的淳朴民风。

南京自古文风极盛。《景定建康志》卷四二《风土志一》引沈立《金陵记》云：“其人士习王、谢之遗风，以文章取功名者甚众。”自南唐国子监始建于秦淮河北岸，此处历代皆为江南文脉所在。宋人杨万里曾担任江南东路转运副使，在见识过建康府风貌后，不禁感叹道：“金陵，六朝之故国也。有孙仲谋、宋武之遗烈，故其俗毅且英；有王茂弘、谢安石之余风，故其士清以迈；有钟山、石城之形胜，长江、秦淮之天险，故地大而才杰。”在杨万里看来，南宋的建康人具有清迈的人格，多为胸怀远志、性格坚毅的英才。这种性格的形成，是南京经历了六朝风流与其地形所造就的。时至今日，南京人的风貌也仍然如此。

南宋文人游九言（原名九思），曾游学于张栻，对建康府的人文风物也颇有赞叹：“每爱金陵土风，质厚尚气。前年摄行倅事，日受诉牒，不过百余，较剧郡才十一耳。为吏为兵者，颇知自爱，少健狡之风。工

---

① ［北宋］司马光：《司马光奏议》卷七《谨习疏》，太原：山西人民出版社 1986 年版，第 78 页。

② ［南宋］楼钥：《楼钥集》卷二四《论风俗纪纲》，杭州：浙江古籍出版社 2010 年版，第 460 页。

商负贩，亦罕闻巧伪。”[①]游九思感慨，像建康府这样的一个大府，人口繁盛，竟然每天受理案件的数量还不如一个郡县，可见其民风淳朴，互相友爱，连当地的官吏和士兵也大多能谨守本分。也许是因为建康府在南宋不如临安府繁华，并不引人注目，但在相对和平的年代，建康府却更像是一个怡人居住之所。

建康下辖之县的风俗也因地理位置之远近，山川形胜之不同，而显得有所不同。如句容县，根据《景定建康志》记载，因为地处“江南卑湿之地”，这里的民众火耕水耨，种植水稻，“以渔猎山伐为业”。居民的生活状态较为原始。当时溧水县的地形相对而言更为平坦，开发较早，民众聚居，“虽无千金之家，亦罕冻馁之民”。此处居民信奉巫术，又奉公守法，安居乐业；承平时期重视儒学，“为五邑冠”，在建康府所辖五县中，溧水县的文风最为兴盛。

宋代江宁府还有过年贴桃符的习俗。如明人顾起元《客座赘语》记载：“岁除岁旦，秣陵人家门上插松柏枝、芝麻秸、冬青树叶，大门换新桃符，贵家房门左右贴画雄鸡。”[②]过年之时，在大门换上新桃符以避邪庆祝的习俗由来已久。对此，晚年定居江宁的王安石即作有一首著名的七绝诗——《元日》：

爆竹声中一岁除，春风送暖入屠苏。
千门万户曈曈日，总把新桃换旧符。

诗中所说之桃符，就是用桃木制作的小木板，过年之时钉在大门之

① [南宋]周应合：《景定建康志》卷四二《风土志一·风俗》，南京：南京出版社2009年版，第1028—1029页。

② [明]顾起元：《客座赘语》卷四《桃符画鸡蒜头五毒等仪》，南京：南京出版社2009年版，第101页。

上。《说郛》卷十引马鉴《续事始》载：“《玉烛宝典》曰：‘元日造桃板著户，谓之仙木。’即今之桃符也。其上或书神荼、郁垒之字。”可见，宋代的江宁府已经有了过年换桃符以示庆贺避邪的习俗，后世过年春节贴对联也是从桃符演变而来。

此外，蹴鞠也是古代民间非常流行的足球游戏，在全国各大城市都比较兴盛。陆游就曾有诗描绘曰：“寒食梁州十万家，秋千蹴鞠尚豪华。”说明梁州蹴鞠活动的普遍。尽管没有文献直接描绘南京地区的蹴鞠活动，但北宋时期的著名宰相丁谓是长洲县（今江苏苏州）人，他年少时即善蹴鞠，且技艺相当高超，可见南方的蹴鞠活动也非常流行。

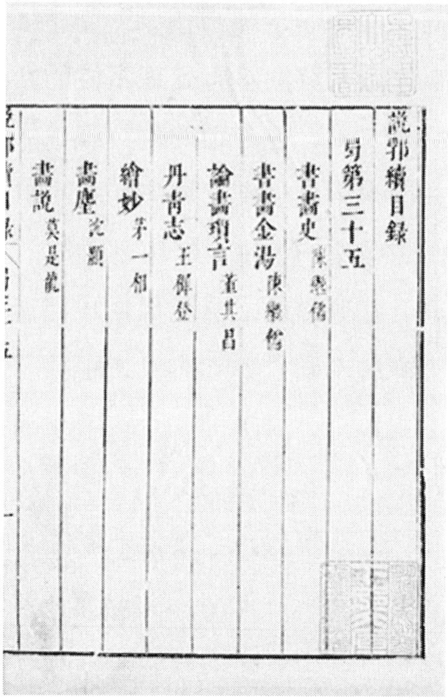
說郛續目錄
弓第三十五
書畫史 陳繼儒
書畫金湯 陳繼儒
論畫瑣言 董其昌
丹青志 王穉登
繪妙 茅一相
畫塵 沈顥
畫說 莫是龍

《说郛》（早稻田大学图书馆藏宛委山堂本）

第三节　居德善俗，风绩凛然
——出仕与归隐

出仕或者隐逸，一直是古代文人的两种选择。宋元时期的建康府或集庆路，虽不是全国的政治中心，却也成为了南方的重要城市。官员出知地方，建康府一直是南方重镇，宋代许多官员在建康府为官，留下了诸多值得纪念的政绩。如马光祖、周应合等编纂《景定建康志》，马光祖修建地方书院，元朝时张铉受集庆路地方官邀请编纂《至正金陵新志》。他们为政一方，建桥修路，疏浚河流，造福一方。

宋元时代的金陵与六朝时期已然不同。如果说五代南唐的定都使金陵再次恢复了六朝的繁华，那么宋元时代大一统背景下的金陵，就更像是整个王朝的后花园，成为当时官员士大夫隐居、仕途不如意的寓居之地。而明道书院、南轩书院等书院及县学的普及，以及诸多名家在此传学，也使金陵成为著名的文化中心。

秦淮河

一、建康名宦

主要有程颢、王安石、马光祖和周应合等人。

程颢（1032—1085 年），字伯淳，世称“明道先生”，洛阳人。程颢是北宋著名理学家，早年就学于周敦颐，与其弟程颐并称“二程”。程颢曾任上元县主簿，他勤政爱民，治理有方，深受当地乡民敬重。当时上元县的田税负担不均匀，与其他县相比尤为严重。主要原因是靠近江宁府治所的良田被贵家和富室高价买去，但他们却可以纳很低的税，因而“小民苟一时之利，久则不胜其弊”[①]。程颢为此制订出相关条令，使民众不再受扰。在上元县主簿任职期间，程颢曾做了许多有益民生之事。南宋时期，在南京所建的书院即以“明道”为名，这并不仅仅是标榜程颢对理学的贡献，也是为了纪念程颢在南京的诸多政绩。

马光祖（约 1200—1273 年），字华父，赐号裕斋，婺州金华（今浙江金华）人。他官至枢密使兼参知政事，是与范仲淹、王安石等齐名的宋朝宰相。自宝祐三年（1255 年）至咸淳四年（1268 年），马光祖曾三次出知建康府。宝祐三年六月，马氏首次知建康府时，就减免了所辖各县租税，对百姓经营缺少资金者予以贷款，并办理“居养院”收养鳏寡孤独者。此外，他还“兴学校，礼贤才，辟召僚属，皆极一时之选”，对建康府的文化教育发展和政治气象更新都做出了较大贡献。故而后来马氏改知江陵府时，建康民众都对其思念不已。宋度宗听闻此事后，于是命马氏“以资政殿学士、沿江制置大使、江东安抚使再知建康”，建康府一时出现了“士女相庆”[②]的景象。

马光祖心系民生疾苦，以造福一方为己任，史称他“思宽养民力，兴废起坏，知无不为”。知建康府期间，马氏不仅修建了明道书院、南轩书院和上元县学，还疏浚城壕，整修了镇淮桥、饮虹桥、长干桥、武定桥等二十多座桥梁。此外，他还先后在银行街（今长乐路西段）赏心楼旧址上，创建了闻名东南的“东南佳丽楼”，在乌衣巷东侧新建“乌衣园”，复建“来燕堂”及“绿玉香中”“挹华”等亭馆，在青溪上增添楼堂馆榭三十余座。

周应合（1213—1280 年），字淳叟，自号溪园，人称“溪园先生”。

---

① [南宋]朱熹：《伊洛渊源录》卷二《明道先生行状》，北京：中华书局 1985 年版，第 6 页。

② [元]脱脱等：《宋史》卷四一六《马光祖传》，北京：中华书局 1985 年版，第 12486 页。

他原名弥垢，在考取进士廷见时，被宋理宗赵昀赐名“应合”。他在景定年间（1260—1264年）调至江南东路安抚使司任职，兼任建康明道书院院长。知府马光祖闻其学识，于景定二年聘请周应合主持修纂《建康志》。周应合将乾道、庆元年间（1170—1198年）两次编纂的《建康志》加以补充、修正，并取两书之长，另立纲目，增加庆元至景定之间六十年的史料，成书五十卷。《景定建康志》成书后，明清时期的地方志多沿用该书体例。

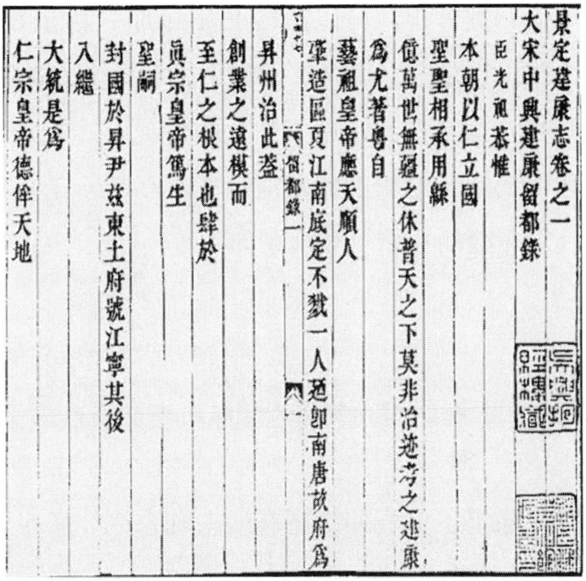
景定建康志卷之一
大宋中興建康留都錄
臣光祖恭惟
本朝以仁立國
聖聖相承用綿
億萬世無疆之休普天之下莫非治迹芳之建康
爲尤著粤自
藝祖皇帝應天順人
肇造區夏江南底定不戮一人迺卽南唐故府爲
昇州治此蓋
創業之遠模而
至仁之根本也肆於
眞宗皇帝篤生
聖嗣
封國於昇尹兹東土府號江寧其後
入繼
大統是爲
仁宗皇帝德侔天地

《景定建康志》书影

二、金陵学人

谈起宋元时代寓居金陵的名人，就不能不说到王安石。王安石，字介甫，号半山，抚州临川（今江西临川）人。十七岁随父王益迁居江宁。宋神宗即位之初，知江宁府，随后在熙宁年间主持变法。由于变法受阻，熙宁七年（1074年），王安石再次出知江宁府。在这次江宁府任上，王安石泄玄武湖水，以玄武湖为田耕种。不久再次回归中央，熙宁九年十月被再次罢相，第三次出知江宁府。其间，王安石建半山园而居，

王安石像

死后归葬钟山。可以说，王安石的一生与江宁有着不可解的缘分。在年少刚出仕之际，他在江宁府了解了民生，从而提出“熙宁变法”的主张。同样，也是在其仕途不如意的情况下，江宁接纳了他，让他得以归隐。他的七绝《泊船瓜洲》写作技艺高超，千百年来脍炙人口，深情表达了其对金陵的眷恋。兹抄录如下：

京口瓜洲一水间，钟山只隔数重山。
春风又绿江南岸，明月何时照我还？

除了王安石外，还有元人陈自明、萨都剌、张铉、戴启宗等，也都值得一提。

陈自明，字良甫，临川人。南宋著名医学教授。世医出身，自幼好学，尤好读家藏医书。及长，医术渐进，官至建康府明道书院医学教授。陈自明对妇科尤为精通，于嘉熙元年（1237年）完成专著《妇人大全良方》二十四卷，另著《外科精要》《备急管见大全良方》等，对后世妇科研究有着重要影响。

萨都剌，回族人，元朝著名诗词家。先世随蒙古军东来，后任江南行御史台掾，亦寓居金陵。萨都剌为官清正，颇多善政。其性好山水，博学能文，擅长诗词。他的《念奴娇·登石头城》和《满江红·金陵怀古》，堪称咏金陵的名作，被后人推崇为“上元一代词人之冠”。兹抄录这两首名词如下：

《念奴娇·登石头城次东坡韵》：

石头城上，望天低吴楚，眼空无物。指点六朝形胜地，惟有青山如壁。蔽日旌旗，连云樯橹，白骨纷如雪。一江南北，消磨多少豪杰。

寂寞避暑离宫，东风辇路，芳草年年发。落日无人松径里，鬼火高低明灭。歌舞尊前，繁华镜里，暗换青青发。伤心千古，秦淮一片明月！

《满江红·金陵怀古》：

六代豪华，春去也，更无消息。空怅望，山川形胜，已非畴昔。王谢堂前双燕子，乌衣巷口曾相识。听夜深，寂寞打孤城，春潮急。

思往事，愁如织。怀故国，空陈迹。但荒烟衰草，乱鸦斜日。玉树歌残秋露冷，胭脂井坏寒螀泣。到如今，只有蒋山青，秦淮碧！

张铉，字用鼎，陕西人。元朝奉元路学古书院山长，后至集庆路任教多年，是一位博学多才的学者。至正三年（1343 年），张铉应集庆路总管府之聘，主持编纂《金陵新志》。全书十五卷，体例沿袭《景定建康志》，成为元代所修地方名志，也为后人留下了许多珍贵的南京地方史料。

戴启宗，金陵人。元朝著名医师。早年习儒，兼精医学。戴启宗潜心于《内经》诸书，撰《脉诀刊误》二卷、《附录》二卷、《五运六气概要》，大行于世，颇受时人欢迎。

第五章　花满秦淮，歌舞升平
——明朝时期

明成祖朱棣（明人绘）

元至正十六年（1356 年）三月，朱元璋率军占领集庆，改名应天府。洪武元年（1368 年）建立明王朝，以应天府为南京，开封为北京，南京之名正式出现。朱元璋一统中国后，定都南京，南京遂成为明初的全国政治中心。永乐元年（1403 年），明成祖朱棣即位伊始，就以北平为北京。永乐四年开始营建北京宫殿，永乐十九年正月迁都北京。自此，北京为都城、南京为留都的局面初步确立。

洪熙元年（1425 年），明仁宗预备还都南京，南京再次成为首都，北京称行在，但实际并未成行。直到正统六年（1441 年），明英宗再次定都北京，北京为京师的局面即不再变化，而南京也再次成为留都。

明初朱元璋大规模修建都城，将原来的六朝都城与南唐都城均囊括在内，并向东、向北大规模拓展修建。前后历时二十多年，最终建成了号称城周九十三里、开设十三座城门的都城。随后又增建外郭城，开设外郭城城门十六座，城周约一百八十里，形成了宫城、皇城、都城和外郭城的四重城市体系。

南京明城墙的修建贯穿整个洪武时代，最终形成了十三座城门。“在旧城之外，惟聚宝、三山、石城三门仍旧，起通济右转至清凉则皆新拓之，周九十三里，外垣倍焉。此南龙一统之始也。”① 明初，在此基础上将南唐都城之外的卢龙山、鸡笼山、覆舟山等都圈入城中，形成了“东尽钟山之南岗，北据山、控湖，西阻石头，南临聚宝，贯秦淮于内”的格局。

明代南京城除上述南唐都城旧门改名为聚宝、三山和石城以外，还新增城门十座——“南曰正阳（今光华门），南之西曰通济；北曰太平，北之西曰神策（今和平门）、金川、钟阜；东曰朝阳（今中山门）；西曰清凉（今清江门），西之北曰定淮、仪凤（今兴中门）。”在杨吴引秦淮水入城的出入口及通济、三山二门又各建水门一座以增强城市防御。自此，秦淮河成为都城护城河，都城自西至东沿秦淮河分别开设有定淮、

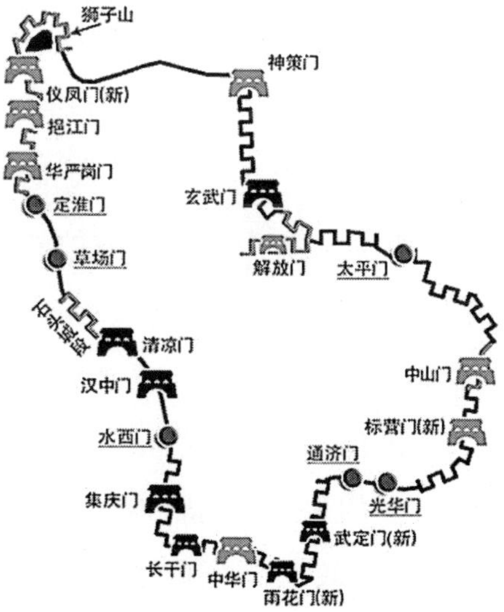

南京城墙示意图

连通玄武湖和秦淮河水系的武庙闸

① ［明］王士性：《广志绎》卷二《两都》，北京：中华书局 1981 年版，第 22 页。

清凉、石城、三山、聚宝、通济、正阳、朝阳等城门，特别是内秦淮河与外秦淮交界处的三山与通济二门，成为当时南京城市交通运输的枢纽。

定淮门位于马鞍山以西，初名“怀远”，门外即二汊河河口，秦淮河自此入江，故名定淮。清凉门位于定淮门以南，清凉山西麓，因清凉山而得名。石城门位于清凉门以南，是南唐都城的大西门，门内不远即为石头城，故名，俗称旱西门或汉西门。1931 年，于石城门内侧开汉中门后，石城门遂废。三山门为南京西南第一门，下临秦淮，原为南唐都城龙光门，因远眺三山而名。又因内外秦淮汇聚于此，故俗称水西门，这里是都城通往西郊的交通要地，连接都城内外，水路交通繁忙。聚宝门原为南唐都城南门，明初加筑瓮城、楼阙，因前对聚宝山（雨花台）故名。此门之设计精巧为十三门之最。有三个瓮城和四道拱门贯通，每道门又有两重门，城门两侧砌有缓坡，可策马登上城头。瓮城上下和内外城堡建有藏兵洞二十七个，总计可藏兵三千人。1928 年更名为中华门。聚宝门内向北便是六朝时期的御街，自古以来便是南京的内外交通要道。通济门为都城南面第二门，位于内秦淮入城处，因下临秦淮，故名“通济”。正阳门是都城南面东首第一门，因与明代皇城、宫城的洪武门、承天门、端门、午门等在一条中轴线上，故名。1928 年改名为光华门。朝阳门在都城东面，与明代皇城东安门、东华门、西华门位于东西方向的横轴上，故名“朝阳”。1928 年，改名为中山门。自三山门至通济门，与内外秦淮形成的城南为当时的商业区，商业往来繁多，大量商旅从陆路聚宝门进入城内，也从三山与通济两门进入内秦淮河。这一带的城门内外和秦淮河两岸都聚居了大量人口，而秦淮河下游的几处城门较为幽静，因靠近清凉山，又与定淮门较近，清凉门往来行人较少，永乐之后即封闭。

明代的南京经济发达，商业繁荣，到了晚明，江南地区甚至出现了资本主义萌芽。正是在这种繁荣的经济刺激下，明朝江南地区的文化也达到了相当的高度，社会平民阶层逐渐崛起，代表了市民文化的繁盛。

神策门（黄健摄）

第一节　白舫红帘，一掷千金
——青楼文化

明代青楼文化整体呈现出的特点是，官妓影响逐渐衰退，甚至到了清初被废除，家妓也逐渐衰退，但市妓却逐渐适应了社会需求，遍布当时的大街小巷。而以市妓为代表出现的特有的青楼文化，又代表了明朝江南文化的另一面。

一、青楼文化

青楼一词，本意是“用青漆粉饰之楼”，是指一般意义上比较华丽的屋宇，有时也作为豪门大户的代称。后来青楼的意义有了偏指，开始与娼妓发生联系。唐代以降，青楼竟成了烟花之地的专称。而素有“六朝金粉”之称的秦淮河地区，就是这样一种青楼文化十分发达的地域空间。至明朝时期，秦淮河畔的青楼业再度勃兴，一度形成了“一带妆楼临水盖，家家粉影照婵娟”的格局。

明代的青楼大致可以分为官妓与市妓两种。官妓在明初得到了官方的支持，兴盛过一段时间，但在明中后期逐渐销声匿迹。而市妓则适应社会需求，逐渐成为明代中后期南京青楼文化的代表。

明初南京地区合法的官妓活动场所是十六楼。“太祖于金陵建十六楼以处官伎：曰来宾，曰重译，曰清江，曰石城，曰鹤鸣，曰醉仙，曰乐民，曰集贤，曰讴歌，曰鼓腹，曰轻烟，曰淡粉，曰梅妍，曰柳翠，曰南市，曰北市。”[①] 除南市与北市以外，其余十四楼都在城外。明初的南京为全国政治、经济、文化中心，一时之间商旅、使臣纷至沓来，云集于此。朱元璋为进一步促进国都繁荣，接待海内外商旅与使臣，满足国都民众的娱乐需求，建起了这十六座官方酒楼，置官妓以承担国都的“休闲娱乐”功能。

这种以官妓承担宴会需求的官营酒楼，虽然禁止官员入内，但实际上却逐渐失禁。“国初于京师尝建妓馆十六楼于聚宝门外，以宿商贾。时虽法度严密，然有官妓，诸司每退朝，相率饮于妓楼，咏歌侑酒，以谋斯须之欢，以朝无禁令故也。厥后漫至淫放，……政多废务。于是中丞顾公佐始奏革之，故挟妓宿娼者有律矣。”[②] 后在朝廷的严令禁止下，这些官方酒楼都不再接纳官员。

随着明成祖迁都北京，南京的政治地位下降，已没有国初“万国来朝”的气势。万历初期教坊司在南京的南院和西院还是较为热闹的歌舞之地，但在随后的几十年中，这些官营之地都逐渐荒废。“余犹及闻教坊司中，在万历十年前房屋盛丽，连街接弄，几无隙地。……歌楼舞馆，化为废

① [明]谢肇淛：《五杂组》卷三《地部一》，上海：上海书店出版社 2001 年版，第 49 页。

② [明]侯甸：《西樵野记》卷一《本朝官妓》，影印文渊阁四库全书本。

井荒池，俯仰不过二十余年间耳。”[①] 万历中后期开始遭遇的政治动荡和经济衰退，导致官营场所逐渐退出历史舞台，但这些官妓们却并没有从此消失，她们转而集中于秦淮河边，开始了另一种“服务”于更为广大的文人群体与市民阶层的生活。

文献中常常出现的旧院，即秦淮河畔青楼聚居之处。旧院的前身是富乐院，明初将所掳获的元代官吏、将士之妻女立为乐籍，与原有之旧乐人一同置于乾道桥的富乐院中。富乐院不久迁至武定桥，扩大规模。但后来由于各处的将官在此召妓饮酒，事故频发，于是将其迁至京师院中。

从明中叶开始，武定桥附近的旧院渐成规模。随着此处的青楼女子活动与当时的文人士大夫宴游相结合，旧院在江南愈发有名。此外，旧院与贡院也仅一河之隔，堪称为才子佳人而设的绝妙场所，故“逢秋风桂子之年，四方应试者毕集。结驷连骑，选色征歌”[②]。居于旧院的妓家生活也因比邻贡院，而显得分外迤逦。《板桥杂记》中曾有对当时旧院情况的描写：

> 旧院，人称曲中，前门对武定桥，后门在钞库街。妓家鳞次，比屋而居。屋宇精洁，花木萧疏，迥非尘境。[③]

一个风月场所，却被形容为“迥非尘境”，可见在当时的文人眼中，青楼并不是那么低俗。

明末的张岱在《陶庵梦忆》中也描述了秦淮河两岸青楼林立，游人如织的情景：“秦淮河河房，便寓、便交际、便淫冶，房值甚贵，而寓

① [明]顾起元：《客座赘语》卷七《女肆》，南京：南京出版社 2009 年版，第 201 页。
② [清]余怀：《板桥杂记》卷上《雅游》，南京：南京出版社 2006 年版，第 11 页。
③ [清]余怀：《板桥杂记》卷上《雅游》，南京：南京出版社 2006 年版，第 9 页。

之者无虚日。画船箫鼓，去去来来，周折其间。河房之外，家有露台，朱栏绮疏，竹帘纱幔。……年年端午，京城士女填溢，竞看灯船。……舟中鑔钹星铙，宴歌弦管，腾腾如沸。士女凭栏轰笑，声光凌乱，耳目不能自主。”[①] 在张岱笔下，秦淮河房与画舫的生动明丽跃然纸上。

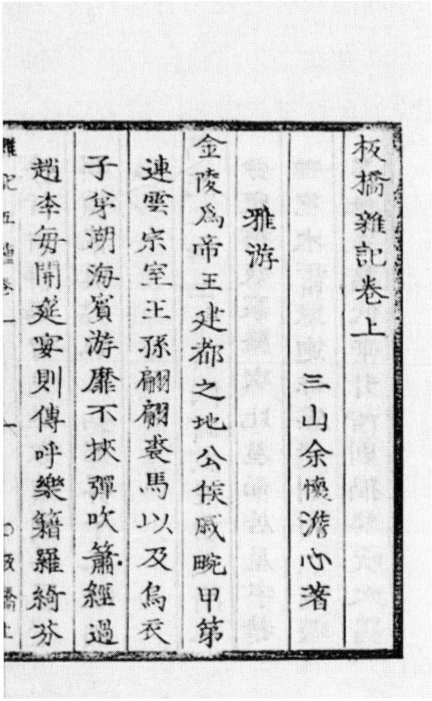
板橋雜記卷上
三山余懷澹心著
雅游
金陵為帝王建都之地公侯戚畹甲第
連雲宗室王孫翩翩裘馬以及烏衣
子弟湖海賓游靡不挾彈吹簫經過
趙李每開筵宴則傳呼樂籍羅綺芬

《板桥杂记》书影

大量妓女的合法出现，形成了秦淮特有的青楼文化。而官妓们日常的一些娱乐活动，也是当时生活文化的一种有趣写照。清人朱彝尊《静志居诗话》云：“明制南、北都各立教坊司，北有东、西二院，南有十四楼。其后南都旧院特盛，成、弘间，院中色艺优者，结二三十姓为手帕姊妹，每月节，以春檠、巧具、肴核相斗，名为‘盒子会’。”[②]“盒子会”是明代青楼中盛行的一种风俗活动，也是青楼女子相互之间的一种社交活动，以比赛各自的美食手艺与书画技艺为主要内容。结拜姊妹会在每年的一些重要节日如上元、清明等时间，选择一处清静优雅场所，每人携带一食盒相会，以盒中所带果品佳肴进行品评，其间以书画、曲艺为乐，以此消磨时光。

此外，旧院中人也常常将自己制作的一些闺房事物进行出售，以其

---

① [明]张岱：《陶庵梦忆》卷四《秦淮河房》，上海：上海古籍出版社1982年版，第30—31页。

② [清]朱彝尊：《静志居诗话》卷二三《教坊》，北京：人民文学出版社1990年版，第761页。

制作之精巧，颇为当时文人士大夫所爱。“曲中市肆，清洁异常。香囊云舄，名酒佳茶，饧糖小菜，箫管琴瑟，并皆上品。外间人买者，不惜贵价，女郎赠遗，都无俗物。”[①] 这些旧院女子日常所制之物，虽不像外间商品那样规模很大，但却胜在量少质优，而引得众人争相购买。

二、“秦淮八艳”

明代的南京是陪都所在，东南各省士子云集。南京的秋闱都会聚集东南数省的士子于秦淮河畔的贡院。长桥烟水、秦淮佳丽，金榜题名、光宗耀祖，两者都是士子们所追求的。在应试之余，寻艳北里，访翠平康，历来都为士子们津津乐道。旧院与贡院仅一河之隔，更是成为他们的常去之所。

陈寅恪先生曾说：“明季党社诸人中多文学名流，其与当时声妓之关系，亦有类似于唐代者。”[②] 明末江南文人虽以复兴经术为己任，但大多沉迷于钻营权力，流连于风月之地实为寻常之事，才子与佳人的故事也屡见不鲜。

钱谦益《列朝诗集·金陵社集诗序》谈到：“海宇承平，陪京佳丽，仕宦者夸为仙都，游谈者指为乐土。弘、正之间，顾华玉、王钦佩以文章立坛，陈大声、徐子仁以词曲擅场。……秦淮一曲，烟水竞其风华；桃叶诸姬，梅柳滋其妍翠。此金陵之初盛也。”明中期以来，旧院的兴盛与名士的社集就紧密地结合起来，名士与名妓的交游，也成为南京乃至江南一带的时尚。

（一）秦淮八艳

秦淮名妓大抵指的是明末清初活跃于秦淮河畔，具有较高文化素养

① [清]余怀：《板桥杂记》卷上《雅游》，南京：南京出版社2006年版，第11页。
② 陈寅恪：《柳如是别传》，北京：三联书店2001年版，第329页。

清周序《董小宛小像》

和技艺水平的一批女性。她们通常都正直聪慧，魄力奇伟，所交往的异性也往往是与重大历史事件相关的人物。其中最突出的当属马湘兰、柳如是、李香君、董小宛、顾横波、卞玉京、陈圆圆和寇白门，知名的还有李贞丽、李十娘、葛嫩娘、黄艳秋等。

“秦淮八艳”大多出身悲惨，自小就被卖入青楼。由于自身天资聪慧和妓院的悉心培养等因素，她们最终都长成为色艺超群的一代名妓。这些名妓大多能诗善词，工书善画，在文学艺术方面的造诣常常让当时的海内名士慨叹。如顾横波“庄妍靓雅，风度超群。……通文史，善画兰，追步马守真，而姿容胜之，时人推为南曲第一”①。董小宛“天姿巧慧，容貌娟妍。……针神曲圣，食谱茶经，莫不精晓”。卞玉京“知书，工小楷，善画兰、鼓琴，喜作风枝袅娜，一落笔画十余纸”。李香君“慧俊宛转，调笑无双。……香之名盛于南曲。四方才士，争一识面以为荣”②。盛名之下的柳如是更是“桃花得气美人中”，而且“画夺丹青妙，琴知断续弦”③。

这些秦淮名妓技能才艺出众，得以吸引东南地区大量的士人才子与

① [清]余怀：《板桥杂记》卷中《丽品》，南京：南京出版社2006年版，第15页。

② [清]余怀：《板桥杂记》卷中《丽品》，南京：南京出版社2006年版，第17、17、20页。

③ [明]钱谦益：《牧斋初学集》卷一八《有美一百韵晦日鸳湖舟中作》，上海：上海古籍出版社1985年版，第625页。

之交往，四方慕名之士接踵而来。秦淮八艳们所交往的对象都是通过她们自己层层把关，无不是当时文坛饱学之士，如明末清初的“江左三大家”钱谦益、吴梅村和龚鼎孳。柳如是与钱谦益交往，最后甚至嫁给了钱谦益，龚鼎孳与顾眉、吴梅村与卞玉京交往。“复社四公子”侯方域、冒辟疆、陈贞慧、方以智，则分别与李香君、董小宛、李贞丽、顾眉交往；孔尚任的《桃花扇》就讲述了侯方域与李香君的故事。

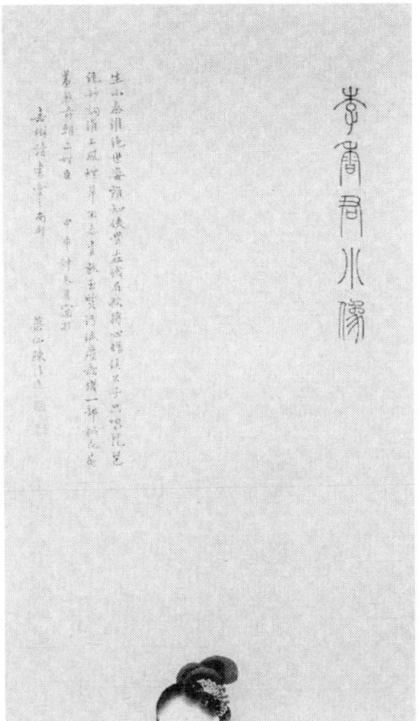

清陈清远《李香君小像》

“秦淮八艳”虽大多出身低微，但因自小接受传统文化熏陶，加之交往的又多是当时的青年俊才，因而尽管她们身在风尘，却慷慨任侠，仗义之风不输男子。如马湘兰“性喜轻侠，时时挥金以赠少年”①，寇白门“匹马短衣，……归为女侠，筑园亭，结宾客，日与文人骚客相往还”②，柳如是更是“性机警，饶胆略”，自勉“国家兴亡，匹夫有责，匹妇亦有责”，远非寻常男子可比。

当明王朝覆灭之时，那些大明的士人才子纷纷变节投靠新王朝，而秦淮河畔的这些女子们，却坚守着自己的信念。李香君血溅桃花扇，与变节的丈夫

① [明]钱谦益：《列朝诗集小传·闰集·香奁下》，上海：上海古籍出版社1983年版，第765页。

② [清]余怀：《板桥杂记》卷中《丽品》，南京：南京出版社2006年版，第22页。

侯朝宗分道扬镳；葛嫩娘抗节而死；柳如是在清军兵临城下之际，劝丈夫钱谦益一同投水殉国，而钱氏却畏缩不前。明末秦淮河畔的这些名妓，再也不是杜牧笔下“商女不知亡国恨，隔江犹唱后庭花”的形象了。

（二）秦淮名妓现象

造成后世津津乐道的明末秦淮名妓现象，应当是得益于当时诸多原因的。

首先，当时的秦淮青楼与江南贡院隔河相对，江南贡院两万多才子在此汇聚，短时间内东南地区文人聚集交游的现象，造就了众多的才子佳人故事。

其次，当时士人汇聚南都，青楼成为他们重要的交游场所，与之相伴的这些秦淮名妓则成为重要的伙伴；士人们更热衷于对秦淮名妓进行品评，从而进一步扩大了秦淮名妓的影响力。嘉靖三十二年（1553 年）会元曹大章，曾官居翰林院编修，就在《秦淮士女表》中评论说：“曾见金陵名姬分花谱，自王宝奴以下凡若而人各缀一词，切而不雅。《十二女校书录》差强人意，未尽当家。”[①] 王宝奴曾为正德皇帝南巡时宠幸，文中所书之所谓“花谱”及《十二女校书录》虽未可见，但显然都是文人对当时金陵名姬的品评记录。这种风气应当最迟在明中叶正德、嘉靖之际就已有之。特别是《秦淮士女表》，更以科举之制为本，把秦淮名妓评为“女学士”“女太史”“女状元”“女榜眼”等十二人，附储才二人。从这种形式也可以看出，秦淮名妓出名之现象，与当时士人交游和科举兴盛是分不开的。

明末，桐城人孙克咸曾寓居金陵，见证了秦淮名妓相会、士人交游品评的盛况：“已卯岁牛女渡河之夕，大集诸姬于方密之侨居水阁。四

① 龚斌、范少琳等编：《秦淮文学志·秦淮风俗·秦淮士女表》，合肥：黄山书社 2013 年版，第 1657 页。

方贤豪，车骑盈闾巷，梨园子弟，三班骈演，阁外环列舟航如堵墙，品藻花案，设立层台，以坐状元。二十余人中，考微波（王月）第一，登台奏乐，进金屈卮。南曲诸姬皆色沮，渐逸去。天明始罢酒，次日各赋诗纪其事。余诗所云'月中仙子花中王，第一姮娥第一香'者是也。"①正是这种持续不断的大会与士人品评，才使得秦淮名妓更加名播四海。

再次，也是最重要的，这些女子自身都具有出色的才艺和高洁的性格。明末大厦将倾之际，在面临命运抉择之时，秦淮名妓选择了坚守，与那些名声很高的晚明才子的变节形成了鲜明对比。这种女性特有的魅力在清初大量的文学作品中得以具体而真实地呈现出来，如孔尚任《桃花扇》中的李香君，顾苓《河东君小传》中的柳如是，等等。她们所彰显的爱国情怀与高尚节操，更是让秦淮名妓的形象深入人心，并影响了一代又一代后人。

三、焦竑与澹园藏书楼

明代晚期，如果说秦淮名妓的香艳和才子佳人的风流成了秦淮河畔的主旋律，那么状元焦竑和澹园藏书楼的存在，则是那个时代秦淮地区一种另类而不可或缺的音符。

焦竑（1540—1620年），字弱侯，号澹园，又号漪园，学者称为"澹园先生"。祖籍山东日照，出生于南京。他天资聪颖，从小就勤奋好学，而且受到了严格的家庭督教。嘉靖四十三年（1564年），二十五岁的焦竑考中举人。万历十七年（1589年），焦竑更是殿试夺魁，成为有明一代继尹凤之后的第二位南京籍状元。

焦氏中状元后被授予翰林院修撰，五年后又被荐引领修编国史，并兼任内廷皇长子的讲读官。但他性情耿直，在官场上颇遭嫉恨。万历

① [清]余怀：《板桥杂记》卷中《丽品》，南京：南京出版社2006年版，第22页。

二十五年，在主持顺天乡试期间，焦竑受到弹劾，被贬为福宁州同知。此后一直仕途不顺，逐渐心灰意冷，最后索性辞官归隐南京，潜心研究学问，成为晚明杰出的思想家、文献考据家、藏书家。

在焦竑生活的时代，束书不读、空谈心性是知识界较为常见的现象。而焦氏却能博览群书，好学不倦，且治学严谨，长于考据，在诸多领域都有很高的造诣。故《明史》称赞说："竑博极群书，自经史至稗官、杂说，无不淹贯。善为古文，典正训雅，卓然名家。"[①]他一生著述宏富，主要著作有《澹园集》《焦氏笔乘》《焦氏类林》《国史经籍志》《焦氏藏书目》《焦弱侯问答》《支谈》《俗书勘误》《养正图解》《隐符经解》《易荃》《老子翼》《庄子翼》《熙朝名臣实录》《京学志》《金陵雅游编》《金陵旧事》等。

除著述斐然外，焦竑还是极负盛名的藏书大家，与当时山东章丘的李开先齐名，有"北李南焦"之誉。焦竑的藏书楼位于今南京市珠江路同仁街，民间俗呼为"焦状元楼"，又称"澹园""欣赏斋""五车楼""抱瓮轩""竹浪斋""万轴稷"等。曾目睹其藏书楼的祁承㸁称："金陵焦太史弱侯，藏书两楼，五楹俱满。"其藏书总量达数万卷之多。黄宗羲在《明儒学案》中也说："先生积书数万卷，览之略遍。金陵人士辐辏之地，先生主持坛坫，如水赴壑。"可见其藏书量之多和影响力之大。值得注意的是，焦竑虽出身官宦人家，但家境并不宽裕，没有多少祖辈藏书可以承袭。据他回忆，他从小就嗜书，但是家境贫寒不能多买，时时从别人那里借书来读。因此，他的数万卷藏书都是后来逐渐积累起来的。

此外，焦竑所藏之书都经过了他本人的仔细校雠。焦氏对杨升庵的

---

① [清]张廷玉等：《明史》卷二八八《文苑传·焦竑》，北京：中华书局 1974 年版，第 7393 页。

文字甚是喜爱，曾对此进行了辛勤校对，“异者疏之，同者合之，复者删之，互者仍之，疑者阙之，误者正之”。时人顾起元在《升庵外集序》中就不禁感叹道：“有澹园先生而升庵之名愈彰。”可见焦氏的校雠水准之高。他在对藏书进行整理编目方面也下过很大功夫，编有《焦氏藏书目》二卷、《欣赏斋书目》六卷、《欣赏斋金石刻目》二卷。可以说，焦竑的澹园藏书代表了明代南京私家藏书的最高水准。

澹园藏书楼一直存在了四百多年，到1994年时还存有一座读书楼。“坐北朝南，2层，面阔5间，进深6间，平面呈‘凹’字形。占地总面积350平方米，建筑面积270平方米。……该楼是一座典型明代风格的古建筑，为南京已发现的明代建筑中保存较完好的一处。”[①] 可惜的是，在随后的同仁大厦工程中，藏书楼被不幸拆毁。尽管如此，焦竑及其澹园藏书楼所书写的辉煌，仍将是南京秦淮地区一抹闪亮的记忆。

第二节 南来北往，车马如流
——会馆文化

明初三朝南京是全国首都，迁都之后又为留都。终明一代，南京都是江南地区重要的政治、经济和文化中心。史载南京“北跨中原，瓜连数省，五方辐辏，万国灌输。三服之官，内给尚方，衣履天下，南北商贾争赴”[②]。来自全国各地的商人汇集于此，便捷的水陆交通，让南京

① 南京市地方志编纂委员会、南京文物志编纂委员会编：《南京文物志》，北京：方志出版社1997年版，第115页。

② [明]张瀚：《松窗梦语》卷四《商贾纪》，北京：中华书局1985年版，第83页。

朝天宫

更成为南北往来的重要中心。“万艘云趋，千廪积粮；贡琛浮舫，既富且强。……荆江之粟如云，吴浙之粳如雾。舳舻载之，蔽江而赴；舸舫输之，溯流而聚。”①

海量的商品往来与人流汇集，造就了明代南京城的繁华。大量商人为了本籍旅人的旅行和商业往来便利，为了联络感情和维护本籍商人利益，在南京纷纷建立起了各地会馆，会馆便由此而来。

会馆是同乡官绅、士子、商民聚会、祭祀、居停等活动的重要场所。“京师五方所聚，其乡各有会馆，为初至居停，相沿甚便。”② 工商业会馆最早为商人举办商业活动，随后各类功能相继出现，如为赶考士子提供住所、为商业货物提供存放、方便同乡友人联络聚会等。大量的同乡活动在这些会馆出现，同时也带动了会馆文化的兴起。会馆成为当时戏剧发展的重要场所之一，明清戏剧的发展，即离不开会馆文化的兴盛。

---

① [清]余光：《两京赋》，载于[清]佟世燕修，戴本孝纂：康熙《江宁县志》卷一四《艺文志下》，康熙二十二年刻本。

② [明]沈德符：《万历野获编》卷二四《畿辅·会馆》，北京：中华书局1959年版，第608页。

一、金陵会馆的发展

明人刘侗曾云：“尝考会馆之设于都中，古未有也，始嘉（靖）隆（庆）间，……用建会馆，士绅是主，凡入出都门者，藉有稽，游有业，困有归也。”① 会馆之建立，主要是由于商业的兴盛，各地商人来往于南京，频繁的商业活动使远道而来的异乡商人们自然而然地以地域为区分而形成了一批商人群体。“金陵为东南重镇，士夫争趋，商旅走集，侨于斯土者，咸有会馆之构。”② 会馆遂成为各地商人乡亲聚会、商谈会务的场所。随着商业贸易的往来与发展，会馆承担的功能也愈加增多，其中一项主要职责，就是为那些前来南京参加科举考试的学子提供住宿之地。

根据相关统计，明清两代建于南京的会馆总计有至少四十六所③。其中确切建于明代的，有嘉靖年间由福建莆田商人修建的莆田文献会馆，位于广艺街；还有广东潮州商人修建的潮州会馆，明末清初徽商朱奇峰修建于钞库街的棋峰试馆。

会馆的建造一般是以同省、同府甚至是同县为单位，也有以相邻两府共同建设会馆的例子。规模比较大的，有评事街的江西会馆、武定桥的石埭会馆、牛市的湖州会馆、安德门的浙东会馆、颜料坊的山西会馆、天妃宫的全闽会馆、陡门桥的山东会馆、百花巷的泾县会馆。它们都“殿阁堂楹，极其轮奂”，非常华丽。

明代的南京城行状不规整，大体上城东为政治区域，明故宫等主要行政署衙在此，城北是屯兵驻扎区域，而城南则是官员居民主要聚居区。万历《江宁县志》称：“南京城的南隅，大街四通八达，人行车辆，从

---

①［明］刘侗、于奕正：《帝京景物略》卷四《西城内·嵇山会馆唐大士像》，上海：古典文学出版社 1957 年版，第 75 页。

② 南京市秦淮区地方史志编纂委员会、政协南京市秦淮区委员会文史编：《秦淮夜谈》第 5 辑，内部发行，1990 年，第 139 页。

③ 沈旸：《明清南京的会馆与南京城》，《建筑师》2007 年第 4 期。

天妃宫（黄健摄）

早到晚往来不绝。”城南内秦淮两岸地区，遂成为当时的商业和娱乐中心。清代的会馆分布受明代影响很深，原来城东的宫城部分成了清朝八旗驻扎地，而居民区和商业区则并未有多少变化，仍然集中于城南区域。

外地人在南京所建会馆的作用，主要是帮助各地商人从事各类商业活动，所以这些会馆大量集中于南京的工商业区域，即南京南部内秦淮两岸地区，这是与会馆自身的商业功能分不开的。会馆在城市外围也有所分布，主要集中于聚宝门至雨花台一带和江东门至上新河一带。这两个区域是南京向南与向西对外联系的交通要道，所以这一带也是非常重要的商业区域。如南京的米市就主要集中于上新河、聚宝门及通济门一带，南京城中米粮主要依靠从两湖、四川和安徽北部地区输入，米贩粮商大多从聚宝门外和江东门水陆而来。

南京的陆路交通在明洪武年间得到了完整规划。城开十三门，每座城门与市内大街相贯通，城内街道纵横交织，主次分明，井然有序，每座城门又通向对外辐射的大道，与拱卫京畿的驿道网络相连，构成便捷的陆路交通。南京的水路交通也非常便利。从水西门东南过下浮桥、上浮桥、新桥抵镇淮桥，再向东北过武定桥、文德桥、利涉桥到东水关，这是内秦淮河道；自斗门桥向北过土红桥、草桥，西折至笪桥、鸽子桥，则是运渎故道。河道上桥梁众多，因为水运便利，桥两侧多发展成了市场，称为“桥棚”。“金陵都会大街市，皆依河水为经纬。”会馆的沿河分布，充分利用了南京水路便利的条件，对自身的壮大发展有着莫大的好处。

二、会馆功能与文化

大量会馆的出现，带来了一种特有文化的兴起，即会馆文化。商人们聚于此商讨会晤，仕子们居于此准备应考，官宦们集于此往来应酬，不可避免地催生了诸多娱乐活动。这些都共同组成了明清时代的会馆文化。

明清时代商人大多以同乡、同行为纽带，构建起属于自己的内部团结网络。在外经商难免会碰到许多问题争执，而会馆则为商业纷争提供了解决问题的场所。“窃会馆为合郡士商理论之所，遇有争端，酌处劝息。设恃蛮不遵，有关风化之事，自应公同禀究。”① 地域性的会馆逐渐建立起来，这些会馆也成为调节同乡生意纠纷、实现共同利益的重要场所。

会馆对内可以协调同乡矛盾，实现共同利益，对外可以团结一致，共同争取商业利益。南京地区的典当行业发达，而徽商所占份额非常大。明嘉靖、万历年间，南京典当“不下数千百家”，至少有五百家的当铺主要由徽商和闽商所开。到了清代，南京的徽商典当依然繁盛：“近来业典者最多徽人。其掌柜者，则谓之朝奉。若辈最为势利，观其形容，不啻以官长自居，言之令人痛恨。”② 徽商能取得如此大的市场份额，

① 江苏省博物馆编：《江苏省明清以来碑刻资料选集》，北京：三联书店 1959 年版，第 387 页。

② [清] 程麟：《此中人语》卷三《张先生》，光绪申报馆铅印本。

位于南京水西门木屐巷的湖北会馆。

金陵城中最大的会馆—湖南会馆。

湖北会馆与湖南会馆旧影

是与其以地域为中心而组成的商业团队分不开的。会馆作为建筑实体设施，不仅可以提供给出门在外的商人、旅人居住，还可以作为大批货物的转运储存地。会馆大多建于水路交通便利之处，就是出于转运货物方便的考虑。如苏州的徽州会馆，曾经建设码头以停泊该省的往来船只，在界内设立义渡船。此外，还建有凉亭、茶亭、晒场等场所。

会馆不仅承担了诸多的设施功能作用，还有着多方面的文化传播功能。

首先，会馆承担着异乡人的祭祀功能。商人往来于全国各地，在古代长途旅行中存在着很大的危险，一些天灾人祸，轻则破财消灾，重则家破人亡。所以商人们往往非常重视祭祀与祈祷，以此期盼能保佑平安。在祭祀神灵时，常常选择本地前代贤人，以此庇佑本地人，如徽州会馆选择的朱子即是当地乡贤达人。朱子即朱熹，徽州婺源人。“新安人生而闻朱子之言，长而循朱子之礼，渐渍涵濡，移风易俗，不知遗泽之深，教化之积也。”[①] 这些祭祀活动中出现的极具地域特色的乡土神灵，极大地满足了同乡商人共同祭祀的愿望，并且维系着同乡商人的身份认同

① [清]董桂敷：《汉口紫阳书院志略》卷七《尊道堂记》，嘉庆十一年刻本。

和文化认同。

其次，会馆也承担着教育文化的作用。会馆的一个作用便是为赶考仕子提供住宿场所。有些会馆甚至还会为考生们准备盘缠——“本籍公车齐集，每人赠元卷银二两，其本籍乡试暨外籍乡会诸公，俟馆内岁有常息，再行议送。”[①]这是北京一所徽州会馆的相关规定，南京地区每次科举考试也是大量考生云集，在南京的这些会馆同样承担着这些功能。

老门东徽派风格古民居（黄健摄）

第三，会馆自身还承担着建筑文化功能。以徽州会馆为例，其建筑自身就有非常浓郁的徽派风格。将这种建筑风格发挥在会馆上，就达到了将乡土文化传播四方的目的。如浙江绍兴的越城安徽会馆“建筑坐北朝南，今存两进，徽派做法”[②]。南京大量留存的会馆，也可以从中一窥这些建筑之精美。

① 〔日〕寺田隆信著，潘宏立译：《关于北京歙县会馆》，《中国社会经济史研究》1991 年第 1 期。

② 绍兴市文物管理局：《绍兴文物志》，北京：中华书局 2006 年版，第 108 页。

会馆在日常生活中还发挥着重要的文化及娱乐功能，如在各类节日中举办重要聚会，以此引导同乡团结。在这些重要活动中，又常常通过会馆表演的祭祀、戏曲等形式来呈现，从而间接推动了南方戏曲艺术的发展。

第三节 瑶笙锦瑟，梨园一戏
——戏曲文化

戏曲是我国传统文化的重要组成部分。南京的戏曲文化源远流长，元代作为中国古代戏曲发展的第一个黄金时期，在南京地区就诞生了大量的剧作家、散曲家等。元曲四大家之一的白朴晚年寓居南京，散曲家卢挚曾与白朴同住江宁。此外，如《青楼集》中所记载的平阳奴、郭次香、韩兽头等，皆以杂剧而驰名。元代南京地区大量剧作家、散曲家和表演者的活动，推动了南京地区戏曲文化的发展，为明代南京戏曲的发展奠定了坚实的基础。

陈铎像

明代南京地区戏曲文化发展迅速，出现了徐霖、陈铎、黄方胤等一大批本地剧作家。包括汤显祖等在内的众多剧作家，也常常将南京作为他们戏曲创作和交流之地。南京地区戏曲演绎活动兴盛，秦淮艺伎出入各类场所，对戏曲表演倾注了极大热情，也促进了秦淮戏曲的高度繁荣。此外，明代会馆的发展也为戏曲提供了许多演绎场所。作为江南地区的政治、经济和文化中心，南京在明代更承担了推动南方戏曲文化发展的重任。

一、戏曲的传承与发展

明代的戏曲剧种繁多，主要有杂剧、弋阳腔、海盐腔、昆曲和川戏等。明代南京剧种的发展，以万历为分界点，前期以北曲为主，万历之后，南戏中的弋阳腔、海盐腔和昆山诸腔逐渐兴盛，成为晚明时代南方戏曲主流。

（一）北曲杂剧

杂剧在万历以前较为兴盛，南京地区的各类宴会大多以北曲作为表演节目。顾起元云："南都万历以前，公侯与缙绅及富家，凡有宴会，小集多用散乐，或三四人，或多人，唱大套北曲，……若大席，则用教坊打院本，乃北曲大四套者，中间错以撮垫圈，舞观音，或百丈旗，或跳队子。"①

万历之后，北曲受到南方兴起的各类曲目冲击，地位大不如前，但依然保持着自己稳定的发展。焦竑、何良俊等人积极推崇北曲的正统地位，视金元北曲为正声雅乐。明人沈德符说："自吴人重南曲，皆祖昆山魏良辅，而北调几废，今惟金陵存此调。"②可见南京地区在北曲发展上的重要地位。

明代南京地区擅长北曲杂剧演出的名家有马湘兰、顿仁、傅瑜、巧孙、傅寿等。万历三十二年（1604年），马湘兰家班女伶赴吴中演出，唱《北西厢》全本，"其中有巧孙者，故马氏粗婢，貌奇丑而声遏云，

① [明]顾起元：《客座赘语》卷九《戏剧》，南京：南京出版社2009年版，第261页。

② [明]沈德符：《万历野获编》卷二五《词曲·北词传授》，北京：中华书局1959年版，第646页。

于北词关捩窍妙处，备得真传，为一时独步。他姬曾不得其十一也”[①]。傅瑜尤以北曲杂剧擅场一时，被业内推举为教师。当时能唱北音的寥寥无几，北曲濒临失传，而傅瑜“口传音调，合之弦索，铮铮琅琅，有锵金戛玉之韵”[②]。傅瑜的子女傅卯、傅寿皆精通北曲，其后傅寿所传弟子朱子青也颇得真传。袁中道《游居柿录》就记载了他于万历三十七年（1609 年）游历南京，在秦淮河听北曲的经历。可见直到此时，北曲在秦淮河畔依然有所传唱。

（二）南曲诸腔

万历以来，弋阳腔、海盐腔等逐渐兴盛，取代北曲成为南都演出的主要曲目剧种。“后乃变而尽用南唱，歌者只用一小拍板，或以扇子代之，间有用鼓板者。今则吴人益以洞箫及月琴，声调屡变，益为凄惋，听者殆欲堕泪矣。大会则用南戏，其始止二腔，一为弋阳，一为海盐。弋阳则错用乡语，四方士客喜阅之；海盐多官语，两京人用之。后则又有四平，乃稍变弋阳而令人可通者。”[③]

弋阳与海盐腔之所以能在南京流行，首先是与其自身的语言语调有关。弋阳腔的“错用乡语”变化，使各地观众都能听到熟悉的乡音，很容易产生共鸣。海盐腔的所谓“官语”则与南京地区的官方语系接轨，符合与南京地区官员交往的现实需求。其次是得益于其音乐曲调的特征。弋阳腔能够入乡随俗，音调富于变化。如凌濛初云：“江西弋阳土曲，句调长短，声音高下，可以随心入腔。”[④]海盐腔的旋律细腻、柔缓，符合文人雅士达官贵人的审美。如秦淮名妓陈圆圆擅长弋阳腔，冒襄就

---

① ［明］沈德符：《万历野获编》卷二五《词曲·北词传授》，北京：中华书局 1959 年版，第 646 页。

② ［明］潘之恒：《亘史》外纪卷六《傅灵修传》，浙江图书馆藏明刻本。

③ ［明］顾起元：《客座赘语》卷九《戏剧》，南京：南京出版社 2009 年版，第 261 页。

④ ［明］凌濛初：《谭曲杂札》，北京：中国戏剧出版社 1959 年版，第 254 页。

曾称赞其“弋阳《红梅》，……如云出岫，如珠在盘，令人欲仙欲死”①。

继弋阳和海盐腔在南京流行之后，经魏良辅等人改良的昆曲也受到了文人士大夫的推崇，迅速兴起。南京成为仅次于苏州的昆曲根据地，涌现出大量的昆曲名家。昆曲演唱“依据文辞字句的平仄、阴阳和声调等的巧妙搭配，使之转化为一定的乐音从而构成旋律，这是讲究音律之学的文人和有一定文化修养的艺人所擅长的”②。能够体会昆曲之精髓的，也大多为具备一定文化修养的士人。

除了北曲与南戏，明代南京还曾流行过川剧、秦腔等。陈铎在《嘲川戏》中曾说川戏“攘动了状南戏”③。顾璘《春江词》写秦腔“陈词拟吴趋，选乐杂秦声”④，丁澎也说“金陵寇白，本平康乐工女也。十三善为秦声，妙极诸艺”⑤。可见川剧、秦腔在南京曾流行一时。

二、秦淮戏剧的魅力

明成祖迁都北京之后，原有的官营十六楼娱乐行业逐渐衰落，以旧院为代表的秦淮风月逐渐成为南京的娱乐聚集地。《首都志》称：“自永乐迁都，（十六楼）存者无几，惟富乐院为人所艳称，萃花月于一处，秦淮自此大盛。”青楼妓院历来为戏曲表演的重要活动场所，秦淮妓院的兴盛，也使南京地区的戏剧出现了日益繁荣的局面。

（一）演出形式与场所

秦淮戏曲活动演出形式多样，主要有社集演剧、曲会、曲宴等。与

① [清]冒襄：《影梅庵忆语》，《续修四库全书》子部第1272册，第234页。

② 程芸：《晚明戏曲的普遍性与地域性——以声腔剧种的流播为研讨中心》，《武汉大学学报》2007年第5期。

③ [明]陈铎：《秋碧轩稿》，济南：齐鲁书社1994年版，第617页。

④ [明]顾璘：《顾华玉集·息园存稿诗》卷二《乐府杂诗》，影印文渊阁四库全书本。

⑤ 邓之诚：《清诗纪事初编》卷七，上海：上海古籍出版社1984年版，第794页。

各类戏曲活动相应的是，秦淮歌伎们的演出场所也多种多样，各不相同。

晚明聚集于南京的文人雅士热衷于社集。他们在社集上交流诗词歌赋，也会邀请戏曲家和表演家演奏剧目。频繁的社集为秦淮戏剧的繁荣提供了有利的平台，演出地点常常在秦淮河畔，参与社集演出的主要为秦淮歌姬、家班或职业戏班。

钱谦益在《列朝诗集》中记载了万历三十二年（1604年）秋天的一次社集活动。“开大社于金陵，胥会海内名士，张幼于辈分赋授简百二十人，秦淮伎女马湘兰以下四十余人，咸相为缉文墨，理弦歌，修容拂拭，以须宴集。”① 余怀在《板桥杂记》中也记载了他曾经参加过的一次社集。组织者出资在秦淮河上，用十二条楼船招待复社文人，参加人数有一百多人，每条船邀请职业戏班一部、名妓四人佐酒，号称一时之盛。吴翌凤《镫窗丛录》中所描述的社集演出规模更是盛况空前：

南都新立，有秀水姚澣北若者，英年乐于取友。尽收质库所有私钱，载酒征歌。大会复社于秦淮河上，几二千人，聚其文为《国门广业》。②

这次社集演出，既有歌姬又有家班职业演出人员，秦淮河自身广阔的河面和游船则成为戏曲演出的重要场所。

曲会是一种较为高层次的戏曲演出形式，以演唱清曲为主要表演内容，以歌喉定胜负，对演出舞台等其他形式要求不高。南京的曲会以品评诸姬为主要目的，一般由文人主持，旧院诸姬与文人士大夫积极参与，文人们对诸姬进行演唱、姿容等各方面的品评，如潘之恒《亘史》所记载曹大章、梁辰鱼等组织的“莲台之会”。还有曲宴，以观赏演剧为主，

① [清]钱谦益：《列朝诗集》丁集第七，北京：中华书局2007年版，第4670页。
② 钱仲联主编：《清诗纪事》，南京：凤凰出版社2004年版，第286页。

宴饮为次，以自娱自乐为主要目的。潘之恒曾在《鸾啸小品》卷二《初艳》中回忆说：“余结冬于秦淮者三度，其在乙酉、丙戌，流连光景，所际最盛。余主顾氏馆，凡群士女而奏伎者百余场。”除文人外，青楼及演出者自己也会组织这种自娱自乐的曲宴表演戏剧——“（李大娘）所居台榭庭室，极其华丽。侍儿曳罗縠者十余人，置酒高会，则合弹琵琶筝瑟，或狎客沈云、张卯、张奎数辈，吹洞箫笙管，唱时曲。酒半，打十番鼓。曜灵西匿，继以华灯，罗帏从风，不知喔喔鸡鸣，东方既白矣。”①

大报恩寺琉璃宝塔

明代南京戏曲表演场所分布广泛、种类繁多，既有固定场所如酒楼、寺庙、厅堂和园林等，也有灵活移动的船舫等。不同的戏曲表演场所，既丰富了戏曲表演的形式，也满足了不同阶层民众的不同喜好。而秦淮戏剧因以秦淮河两岸为重心，其表演场所更是增添了江南风情，其主要表演场所为旧院、南市等妓家、河房、水阁或灯船等。

旧院、珠市、南市等是明代歌姬所居住的场所。一般来说，三者的档次高低还是较为分明的，正如余怀《板桥杂记·序》所云：“南市者卑屑妓所居，珠市间有殊色，若旧院则南曲名姬、上厅行首皆在焉。”如明末珠市虽总体上不如旧院，但由于寇白门、王月、王节等“殊色”皆居于此，自然也成了秦淮戏剧演出的热门场地。《板桥杂记》就曾记

① [清]余怀：《板桥杂记》卷中《丽品》，南京：南京出版社2006年版，第15页。

载："妓家分别门户，争妍献媚，斗胜夸奇。凌晨则卯饮淫淫，兰汤滟滟，衣香一园；停午乃兰花茉莉，沉水甲煎，馨闻数里；入夜而擪笛搊筝，梨园搬演，声彻九霄。"①

此外，秦淮河房以及与之相关的灯船画舫，也是秦淮戏曲上演的重要场所。这里是文人学士常往游览之地，首先就具备了戏曲演出的良好基础。加之灯船画舫所过之处，水声漾漾，使音乐声更加动听。秦淮灯船更是秦淮河的显著标志，它们外饰彩灯，映照河水，光彩夺目；内置鼓吹细乐，歌声袅袅。优美动听的戏曲轻音与风姿绰约的灯船画舫交相辉映，使秦淮河的景致呈现出一番别样的美妙。秦淮灯船得天独厚的环境条件，也使之成为秦淮戏剧最具特色的演出场所之一。汪懋麟在《秦淮灯船歌》中就详尽地描绘了灯船演剧的场景："火龙一道灯船来，众响啁嘈判清浊。一人揭鼓扬双锤，宫声坎坎两虎搏。一人按拍秉乐句，裂帛时闻坠秋箨。……众人互奏时一呼，如听宫中上元乐。"姚瀚在《秦淮即事》中也描写了秦淮灯船演奏歌唱《燕子笺》的情景："柳岸花溪淡淹天，恣携红袖放灯船。梨园子弟觇人意，队队停歌《燕子笺》。"

从秦淮戏剧的演出形式和场所来看，秦淮戏剧在南京有其独特的优势，并向世人展示出了戏曲演出更随性洒脱的一面。与之相关的灯船与名妓，则成为晚明南京城的写照。

（二）文士与歌姬

明代科举的兴盛促使大量士子和散曲家聚集于南京，他们与秦淮歌姬的交往，也成为明代戏曲创作中惊艳的一面。

明末杜濬曾云："记得座中客，能说王稺登。稺登挝鼓湘兰舞，赏音击节屠长卿。后来好事潘景升，晚节犹数茅止生。绝艺于今谁作主，

---

①［清］余怀：《板桥杂记》卷上《雅游》，南京：南京出版社2006年版，第9页。

李小大歌张卯舞。当时惆怅说于今，忍见于今又成古。”[①]就描绘了明代秦淮河畔发生的许多文人与歌姬的故事。

嘉靖、万历年间，不少苏州戏曲家来南京活动。他们游学、寓居，与秦淮歌姬的往来对创作产生了深刻影响。梁辰鱼（1519—1591年），字伯龙，号少白，别署仇池外史，昆山人。他生性风流倜傥，工于行草及诗歌，先后于嘉靖三十七年（1558年）和四十五年（1566年）北上求取功名，均未如愿。晚年家境败落，却不以衣食为念，常流连于南京、杭州一带。他同不少秦淮歌姬如杨小环、白小乔、蒋玉兰、马湘兰等都有往来，并从她们非凡的表演才华中得到了戏曲创作的激情。

嘉靖四十年（1561年），梁辰鱼为扬州盐商作散曲《南吕宜春令·辛酉季秋代沈太玄赠金陵杨季真》，这里的金陵杨季真即秦淮旧院名妓杨小环，据说曲成后富商酬以百金。在《南宫词纪》中则收录了他的散套

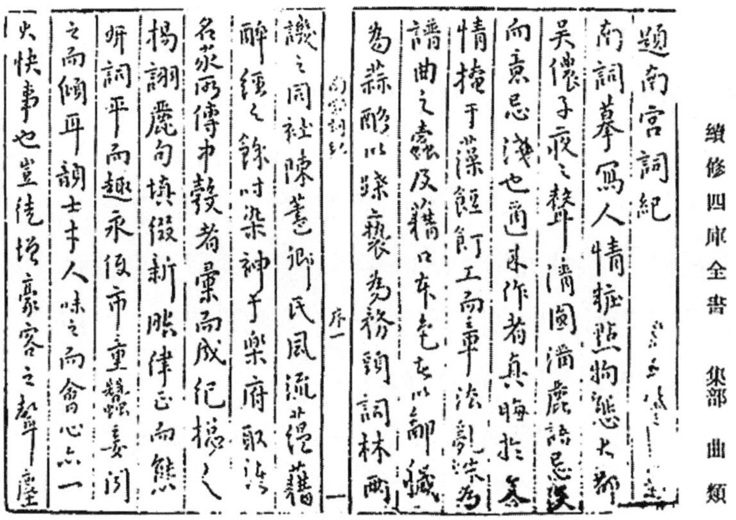

《南宫词纪》书影

① 龚斌、范少琳等编：《秦淮文学志·秦淮风俗·秦淮灯船鼓吹歌》，合肥：黄山书社2013年版，第1624页。

《九日雨花台别陈文姝》，如《节节高》一曲："江东第一流，逞歌喉，天边遏住行云走。莺声溜，扇影挡梁尘，逗秋来更比黄花瘦。风流一段，难消受，金屋原闻贮娉婷，生身原是陈家后。"① 除了与陈文姝交往外，在他的集中还收录有《中吕好事近·壬戌季春代朱长孺赠金陵白小乔》《仙吕小措大·癸酉季秋代绿萝居士怀马湘兰作》等，都是与当时秦淮名妓有着密切联系的作品。

冒辟疆像

崇祯年间，冒襄、侯方域、陈贞慧、方以智、吴应箕等复社成员活跃于南京各地，是当时与秦淮歌姬交往的主要群体。他们大多官宦人家出身，风流倜傥，颇具才情。冒襄曾于晚年回忆崇祯年间与友人一同游历旧院的情景："余庚午与君家龙侯、超宗追随旧院，其时名姝擅誉者何止数十辈……眠食其中，各踞一胜，共睹欢场。"②

当时的秦淮河畔风月之地成为文人名士的常去之所，如像顾眉的眉楼、李香君的媚香楼等。崇祯九年（1636 年），冒辟疆就与金沙张公亮、吕霖生、盐官陈则梁、漳浦刘渔仲在眉楼结盟，陈则梁留下了"牲盟不如臂盟，臂盟不如神盟"的盟词，为时人奇之。

李湘真（十娘）的寒秀斋也是当时文人名士游宴之所，《板桥杂记》载：

---

① [明]陈所闻编：《南宫词纪》卷三，《续修四库全书·集部·曲类》。

② [清]冒辟疆：《冒辟疆全集》，《和书云先生己巳夏寓桃叶渡即事感怀原韵》自注，南京：凤凰出版社 2014 年版，第 1514 页。

（李湘真）性嗜洁，能鼓琴清歌，略涉文墨，爱文人才士。所居曲房密室，帷帐尊彝，楚楚有致。……余每有同人诗文之会，必至其家。每客用一精婢，侍砚席，磨隃麋，蒸都梁，供茗果。暮则合乐酒宴，尽欢而散。然宾主秩然，不及于乱。①

不仅余怀对寒秀斋流连忘返，冒辟疆也视之为温柔乡——“某楼则豪侠宕逸，风流霞举，慕名如渴，挥金如土，三湘九畹，笔墨淋漓，剑客飞仙，两难拟议。即我辈犹有愧色。其余五云为笺，十吏供笔，难为叙述。”这里的某楼即寒秀斋。崇祯十二年（1639年）乡试前，学使张凤翮出了三十道试题，冒辟疆因应酬极多，每天只能利用午夜在寒秀斋的时光进行创作，一个月三十篇文章写得花团锦簇，赢得了学使的称赞。直到五十年后，冒辟疆仍怀想起当年在秦淮河与歌姬交游的往日——“寒秀斋深远黛楼，十年酣卧此芳游。媚行烟视花难想，艳坐香熏月亦愁。朱雀销魂迷岁祀，青溪绝代尽荒丘。名赢薄幸忘前梦，何处从君说起头。”②

这些文士结社于青楼，结伴于歌姬，成为晚明秦淮风雅的标杆。他们从歌姬的陪伴与歌唱中汲取创作灵感，又将这种行为传之后世，《桃花扇》等文学作品的诞生就得益于此。

① [清]余怀：《板桥杂记》卷中《丽品》，南京：南京出版社2006年版，第13页。
② [清]冒辟疆：《冒辟疆全集》，《和书云先生己巳夏寓桃叶渡即事感怀原韵》，南京：凤凰出版社2014年版，第1514页。

第六章　桨声灯影，文翰江南

——清朝时期

清代处于我国古代社会末期，具有很强的时代特点。当时南京是两江总督署所在地，总管江苏（含今上海市）、安徽和江西三省的军民政务，政治地位显赫。在此背景下，清代的秦淮河也呈现出了很大的时代特点。

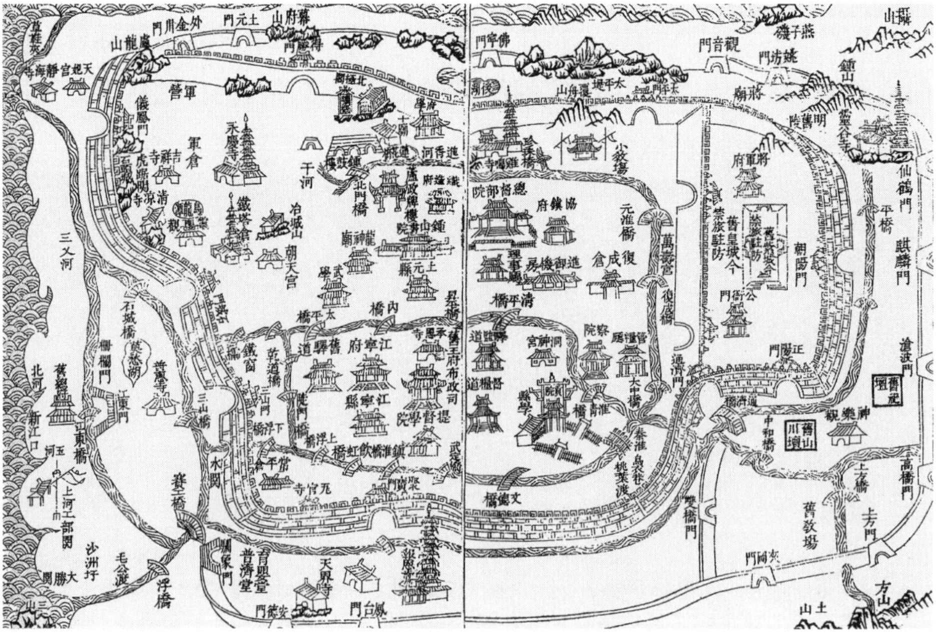

《乾隆江南通志》之江宁省城图

清代南京是江南地区最重要的文教中心。在秦淮河畔，江南贡院和夫子庙交相辉映，折射着当时江南地区文化教育的盛况。江南贡院是全国最大的贡院，清廷在这里选拔了无以计数的人才。在江南贡院每三年举行一次的乡试就是一件盛事，它促进了南京地区相关文化事业的发展和繁荣，金陵书肆和刻书业就是这方面的一个典型的例子。

南京的小说和曲艺在清代达到了一个全新的高度。曹雪芹的《红楼梦》代表了传统小说艺术的最高成就，它与南京有着极为密切的联系；吴敬梓更是在寓居秦淮水亭的漫长岁月中，创作出了伟大的讽刺小说《儒林外史》。此外，评话大家柳敬亭曾长期在秦淮河畔说书献艺，他的一生留下了许多动人的传奇故事。清代的南京也是曲艺的荟萃之地，各种曲艺在这里竞相上演，争奇斗艳，南京人更是创作出了南京地区唯一的古老曲种——南京白局。

南京向来也是重要的丝织中心，清廷在南京设立了江宁织造局，专门向朝廷提供御用织造品。其中曹氏家族世袭江宁织造时间最长，也别具传奇色彩。南京丝织品以缎类为大宗，云锦和元缎是其中著名的两类，不仅产量大，而且质量精美。

此外，清代的秦淮景致也别具特色。每年元宵节前后，这里都会举行盛大的灯会活动，其灯彩之盛，堪称天下无双。在月色的笼罩下，那碧波荡漾的秦淮河水，独具特色的秦淮画舫，以及绚丽多姿的秦淮灯彩交织在一起，形成了一个流光溢彩的迷离世界。

第一节　号列东西，文光射斗
——贡院与科举

清代南京文化教育发达，是江南地区最重要的文教中心。除了坐落于秦淮河畔著名的夫子庙外，还有与之毗邻的贡院——江南贡院。清代江南贡院是安徽、江苏两省应考士子参加乡试的场所，规模宏大，位居全国之冠。乡试在当时是一件盛事，也是读书人博取功名的起点，其竞争相当激烈。

每三年举行一次的盛大乡试，还促进了金陵书肆和刻书业的兴盛和繁荣。清代状元境和贡院西街一带先后存在过一些著名的书肆，它们是金陵书业中心的重要组成部分。李光明书庄是私人书庄的一个优秀代表，以经营儿童启蒙书籍为主，历经整个清代而不衰，富有传奇色彩。晚清时期，南京还出现了一个著名的官营书局——江南官书局。该书局刊刻的书籍校勘精细、质量精美，流传十分广泛，为江南文化的传播和繁荣做出了贡献。

一、江南贡院

江南贡院位于秦淮河畔夫子庙的东面，是明清时期本省举行乡试（亦称“秋闱”）的场所。它与北京的顺天贡院南北辉映，同享盛名，分别有“南闱”“北闱”之称。

据史籍记载，贡院始建于南宋孝宗乾道四年（1168 年），当时称为建康贡院，是建康县、府学的考试场所，规模较小，应考人数也不多。后来建康贡院一度遭毁弃，景定四年（1263 年）重建，但规模依旧。至明清时期，各省（包括京师）通常在省城东南建立贡院，以作为本省士子进行乡试的场所。江南贡院就是这些贡院中最著名的一个，它是明代

江南贡院今貌

南京（南直隶）近畿地区举行乡试的场所，至清代则成为江苏和安徽两省举行乡试的考场。

明成祖永乐年间（1403—1424 年），由于官府“籍没锦衣卫同知纪纲宅”①，腾出了大片的宅地。至景泰五年（1454 年），江宁府尹马谅即奏请兴建贡院，于天顺元年（1457 年）建成，有少量官房和考生考试用房三千余间。其后又时有增扩，至清朝同治年间，江南贡院规模宏大，拥有主考、典试、监临、监视、巡思等官房数百间和考生号舍两万余间，可同时容纳两万余名考生进行考试。鼎盛时期的江南贡院，东起姚家巷，西至贡院西街，北至建康路，南抵秦淮河，占地面积达三十万平方米，是各省乡试考场中规模最大的。

江南贡院的正门位于今天的秦淮剧场和永和园酒楼之间。正门之外，东西各有一座高两丈有余的木质结构牌坊，即辕门，其中间是通道，两

① [清]甘熙：《白下琐言》卷七，南京：南京出版社 2006 年版，第 125 页。

侧平时封闭。在贡院大门轴线上，由外向里共有三道门，依次称“贡院”“天开文运”“龙门”。正门也可以说是贡院的第一道门，共有房屋五间，左右为耳房，中开二门：正中门悬有红底黑字的“贡院”匾额，左为“辟门”，右为“吁俊”。正门两侧除了一对威武雄壮的石狮，还设有两座分别刻着“明经取士”和“为国求贤”的石牌坊。正门之内，左右各设一座碑亭，各镶有“整齐”“严肃”两字。过正门再向里为二道门，共分五门：正中门上为康熙皇帝手书“天开文运”四字匾额；最东边为“振莺”，其次为“搏鹏”；西边为“起凤”，最西边为“和鸾”。二道门对面有大照壁，其正面盘龙堆砌，背面正临贡院街，是贴“金榜”的地方。再向前为三道门，名“龙门”，亦俗称“龙门口”。今天的龙门街，就是由此相沿而来。到第三道门这里，除考生外，任何人不得入内。

再由龙门向前，就到了贡院的中心地带——明远楼。其名取《论语》中“慎终追远，明德归厚矣”之意。在考试期间，这里就是执事官员向整个贡院发号施令和警戒监视的地方。明远楼是一座正方形木质塔式建

明远楼今貌

筑，共三层。其底层四面为门，南面檐柱上有一副对联——“矩令若霜严，看多士俯伏低徊，群嚣尽息；襟期同月朗，喜此地江山人物，一览无余。”乃是清代文人李渔在贡院监临考试时题写的对联，逼真地描绘了江南贡院在乡试时严肃而雄壮的场景。明远楼的上两层四面皆是窗，居高临下，将整个贡院尽收眼底，极利于考场监察人员登楼瞭望，以稽查有无考生私自走动往来、执役人等代为传递等舞弊现象。

明远楼的东西两面即是数量庞大的号舍，它是考生应试期间作文答卷和食宿的场所。每间号舍都用《千字文》编号，但避讳、不吉利和易于混淆的字不用。当年江南贡院的号舍多达两万零六百四十四间，再加上有些字不用，因而一个字号长的有近百间，短的也有五六十间。号舍南向成排，两排之间形成长巷，其宽度约四尺，仅能容许两人擦肩而过。在每条长巷门楣的墙头处都写有相应的字号，字体很大，易于辨认。应试考生对号入座，需自备油布门帘以挡风雨。大致每间号舍外墙高八尺，里面高六尺、深四尺、宽三尺。号舍两边墙壁置有高低不等的两处砖缝，可将木板搁置其间：白天考试时，上面的木板作为桌案，供考生伏案答卷，下面的木板作为凳子；晚上休息时，则可抽掉上层木板并入下层，作为床铺以供考生休息。

秋闱共进行三场，每场三昼夜。在这期间，考生必须自带饭食，自备炊具，在号舍对面的墙角处自行烧煮。每条巷口置有号灯和水缸，供考生饮用炊煮。另外，每条巷内有两间空置的号舍作为厕所，名曰“屎号”。被安排在屎号附近的考生，所处环境无疑是较差的。

过明远楼前行，就是至公堂所在地。至公堂内正上方悬挂“旁求俊义”朱红金字大匾，亦为康熙皇帝御笔；两侧是明代杨士奇撰写的对联——“号列东西，两道文光齐射斗；帘分内外，一毫关节不通风。”不仅很好地表达了至公堂设立的作用，甚至贡院提倡的考试风气也跃然其间。至公堂是乡试监临类外帘官办公相聚的地方，其东西两侧房屋是监临、

号舍今貌

提调、监试、巡察各堂办公食宿之所，并且单独形成院落，以避互通关节之嫌。至公堂的后进名戒慎堂，其后檐墙门为外帘门，这是一个界限所在地，外帘官至此必须止步。此外，外帘门外还有一座飞虹桥，桥对面即是内帘门。因此，飞虹桥便成了内、外帘官的分界线，彼此不得逾越，恰如所谓“一毫关节不通风”。秋闱期间，又恰逢该年的中秋节。中秋赏月，内、外帘官也只是隔桥相互道贺而已。

清代江南贡院每届考生众多，常在一万七千人以上，其竞争异常激烈。根据《点石斋画报》刊载的《南闱放榜》图显示，光绪十七年（1891年）辛卯科中榜的仅有一百四十五名举人，副榜（从未考中举人者中择优录取）二十二人，合计一百六十七名。也就是说，即使加上择优录取的人，上榜的人数也不到其总数的百分之一。

1905年袁世凯、张之洞奏请废止科举后，江南贡院也随之结束了自己的历史使命。1918年，除保留明远楼、至公堂等少数建筑作为历史文物外，江南贡院大部分被拆除，被辟为市场：明远楼以东为文场东街，以西为文场西街。此外，还增辟了一条东西走向的街道，即今天的金陵路。江南贡院原址现为中国科举博物馆所在地，是中国科举制度中心、中国科举文化中心和中国科举文物收藏中心。

二、书肆与刻书

明清时期，每逢大比之年，苏、皖两省就会有近两万名考生云集南京。此外，由于在乡试前还要参加二月份举行的预试，因而多数路远的应考士子在头一年的九、十月间就提前来到南京。应考士子如此大量的涌入和并不短暂的居留，给秦淮河夫子庙一带的客栈、青楼、生活日用，以及文化相关行业都提供了大好的商机。其中，书肆与刻书就是非常明显的一个方面。

古人云："好书而不要诸仲尼，书肆也。"① 书肆对于好书之人，不仅有重要的作用，而且有独特的魅力。明清时期金陵刻书业相当兴盛，私营书坊尤为主流。明代金陵的书肆主要在三山街、夫子庙区泮宫一带，清代书肆又渐渐集中在状元境、贡院西街一带。当年这些地方书店云集，鳞次栉比，先后存在过一些名噪一时的书肆，如唐氏富春堂、文林山房、天禄阁、鸿雪山房、瀛州书馆、文渊阁、宏文书店、同文山房等。它们都是明清金陵书业中心的重要组成部分，其名声甚至远播四海。明人胡应麟在《少室山房笔丛》中即称赞说："吴会、金陵擅名文献，刻本至多，巨帙类书，咸会萃焉。"明清时期的南京书肆，从书店所属性质上讲，有官营书局，也有私人书庄；从经营书籍类别上讲，主要有古旧和时艺两大类，儿童启蒙书籍也是一个很重要的类别。

古旧书庄所经营书籍的范围非常广泛，从四书五经到诸子百家，从

① [汉]扬雄撰，汪荣宝义疏：《法言义疏》卷二《吾子》，北京：中华书局 1987 年版，第 74 页。

方志史乘到野史秘闻，从诗赋词集到小说戏曲，可谓包罗万象，应有尽有。其经营的对象主要是考生，一般书籍价格比较低廉。但店员基本精通业务，有很好的版本目录学知识，其珍贵版本则常针对顾客兜售。这类书庄的货源多由苏州、上海等地贩买而来，但经营者信息都比较灵通，不仅对本省各地的私人藏书情况了如指掌，乃至对安徽、浙江等邻近省份的情况也颇为知晓，在有人要出卖时能够及时收购。另外，当年这种古旧书庄通常还设有客室，其目的主要是接待购书者，以便洽谈购书事宜。同时，也供应考的贫寒士子在此整日阅读，如若以后他们有人飞黄腾达，也必然会为自己的书店增辉不少。

另一方面，书庄经营者也从每次盛大的乡试本身看到了商机，因之也经营起了时艺类书籍。历届科举前十名的朱批墨卷就是这类书籍的典型，它们称得上是考生应试的精编复习参考资料，通常为书庄自行选刻。当然也有请专人选编的，当时称这种人为“选家”。为迎合考生便于携带乃至作弊的需要，书庄还制作时艺（八股文）缩印本。这种版式最突出的特点是精致小巧，易于夹带。如在今江南贡院历史陈列馆展出的《增广四书备旨》和《五经全注》，长 5 厘米，宽 4.3 厘米，厚 0.7 厘米，一粒米可以盖住 8 个字，堪称作弊奇书。时艺类书籍的自身性质和特点，使很多士子趋之若鹜。尤其在科举考试风气日下的年代，这种书籍的销量是可想而知的，其利润之大也不言而喻。但时艺类书籍完全是针对考生复习乃至作弊而兴起的，因而清末科举废除后，这种业务利润也一落千丈，迅速退出了历史舞台。

除经营上述书籍的书肆外，清代南京还出现了专售启蒙书籍的书店，其中以位于状元境的李光明书庄最为著名。该书庄创立于清初，主要刊刻《三字经》《百家姓》《千字文》《幼学琼林》《龙文鞭影》等儿童启蒙书籍，作为当时私塾的课本。书庄创立伊始，店主李光明经营有方，所刊刻儿童读物不仅设计精美，而且质量上乘，很受时人欢迎，因而迅

魯周公世家第三　史記三十三
周公旦者周武王弟也集解譙周曰以太王所居周地爲其采邑故謂周公索隱周地名在岐山之陽本太王所居後以爲周公之菜邑故曰周公即今之扶風雍東北故周城是也謚曰周文公見國語自文王在時旦爲子孝索隱鄒誕本孝作敬也篤仁異於羣子及武王即位旦常輔翼武王用事居多武王九年東伐至盟津周公輔行十一年伐紂至牧野正義衛州即牧野之地東北去朝歌七十三里周公佐武王作牧誓破殷入商宮已殺紂周公把大鉞召公把小鉞以夾武王釁社告紂之罪于天及殷民釋箕子之囚封紂子武庚祿父使管叔蔡叔傅之以續殷祀徧封功臣同姓戚者封周公旦於少昊之虛曲阜正義括地志云兗州曲阜縣外城即魯公伯禽所築也是爲魯公周公不就封留佐武王武王克殷

清同治金陵官书局本《史记》书影

速流遍东南各地。自清初崛起后，李庄明书庄历经整个清代两百多年一直长盛不衰，直至清末废旧立新，小学堂广泛代替私塾后，才逐渐没落。

至清代后期，南京书肆中出现了一个享有盛名的官营书局——江南官书局。该书局的前身是金陵官书局，最初是曾国藩于同治二年（1863 年）驻军安庆时创办的。次年湘军攻陷天京（今南京）后，书局也随之迁来南京，并易名金陵官书局。当时，官书局一面组织饱学之士和能工巧匠分别校勘和刊刻各类书籍，一面出售所刊刻之书，将今天出版社和书店的职能合二为一。同治年间是该书局的鼎盛时期，所刊刻之书尤以搜罗善本、校勘精细著称，其中以《四书集注》《春秋穀梁传》《毛诗传笺》《毛诗音义》《史记》《史记·集解索隐正义》《汉书》《后汉书》《三国志》《文选》《读书杂志》《渔洋山人古诗选》等最为著名。金陵官书局刻本在当时销路极广，可谓盛极一时，这对当时和其后南京地区的文化传播和繁荣做出了很大贡献。

光绪初年，金陵官书局更名为江南官书局。戊戌变法时，书局从江宁府学的飞霞阁（今朝天宫）迁至夫子庙贡院街，原址则专门储存书版。其后清朝灭亡，民国建都，中华书局、商务印书馆等新式书店大量兴起，给江南官书局造成了严重冲击。最终就连储存在朝天宫的珍贵书版，也因没有专人管理而蠹坏严重。书版的这种变迁，似乎是在诉说着江南官书局所历经的世变沧桑。

第二节　秦淮十里，一代文学
——小说与曲艺

清代是我国古典小说发展的一个黄金时期，而南京历史文化底蕴深厚，具有浓厚的文学艺术氛围，也为小说的发展和繁荣根植了特别的土壤。《红楼梦》的作者曹雪芹即出生于南京，并在这里度过了他的少年时光。因此，这部代表中国古典小说艺术最高成就的皇皇巨著也与南京有着千丝万缕的联系。而吴敬梓更是在寓居南京的秦淮水亭期间，创作出了中国讽刺小说之最——《儒林外史》。

明末清初，评话大家柳敬亭长期在秦淮河畔说书献艺。他不仅说书技艺精湛，更是一位具有高风亮节的民族义士，一生充满传奇色彩。在戏曲方面，南京也是江南曲艺的集萃之地。南京的丝织工人在劳作之时，为了调节单调的织造生活，更是创造了南京地区唯一的古老曲艺——南京白局。

一、《红楼梦》与《儒林外史》

王国维《宋元戏曲考》称："凡一代有一代之文学，楚之骚，汉之赋，六代之骈语，唐之诗，宋之词，元之曲，皆所谓一代之文学，而后世莫能继焉者。"从文学发展的时代特点上看，这种说法是很有见地的。而明清时期的"一代之文学"，则又非小说莫属了。明清时期产生了我国文学史上的四大名著，其中《红楼梦》更是代表了我国古典小说的最高成就。曹雪芹出生于金陵名门望族，他在南京的生活经历与《红楼梦》的创作有莫大关系。此外，被鲁迅先生称为"在中国历来作讽刺小说者，再没有比他更好的了"[①] 的名著《儒林外史》，也是吴敬梓寓居南京秦

---

① 鲁迅：《中国小说史略》，上海：上海文化出版社 2005 年版，第 269 页。

淮水亭时创作的。

（一）曹雪芹的金陵旧梦

曹雪芹（约 1715—1763 年），名霑，字梦阮，号雪芹，又号芹圃，出生于江宁的一个富贵显赫之家，其曾祖父曹玺、祖父曹寅、父辈曹颙、曹頫三代四人世袭江宁织造，前后近六十年之久。在此期间，康熙皇帝六下江南，曹寅四次接驾。在康、雍两朝特别是康熙年间，曹家钟鸣鼎食，富贵极盛，可谓南京第一豪门。

乌龙潭曹雪芹塑像（黄健摄）

曹雪芹的这种家庭出身，使他在“花柳繁华地，富贵温柔乡”的南京享受了一段锦衣纨绔的生活。少年时代的曹雪芹很有一些叛逆心理，反感科举考试类的仕途。可以想见，这和他在《红楼梦》中描写贾宝玉“潦倒不通事务，愚顽怕读文章。行动偏僻性乖张，莫效此儿形状”的少年形象是相似的。不过，曹雪芹毕竟出身官宦书香之家，所受到的宗族师友的教育规训不可轻视。曹氏的家学渊源亦很深厚，其祖父曹寅即具有很高的文学艺术素养，有《楝亭诗钞》等文集刊行于世。加之藏书丰富，也给曹雪芹广泛涉猎各类书籍提供了可能。

然而好景不长，雍正六年（1728年）曹家被抄，从此日趋没落。曹雪芹作为一名十四岁的少年，也随家人迁回北京老家。从鲜花著锦的显赫之家，到凋零颓败的破落之门，曹雪芹经历了巨大的人生起落。此后他一直穷困潦倒，晚景凄凉。以致现在连他生平的基本情况都成了千古之谜，后人也只能从《红楼梦》的相关描写中寻找蛛丝马迹。但也正是这种"生于繁华，终于沦落"的人生历程，才给曹雪芹带来了幻灭感伤的情绪，使他摆脱了原来贵族生活的庸俗和褊狭，也使他对世道和生活有了更深刻的认知和体会。此后曹雪芹尽管在物质生活上艰辛备至，但他胸襟开阔，放达不羁。他有着广泛的兴趣爱好，尤其钟情于诗赋、戏曲、小说之类，甚至对诸如金石、绘画、园林、织造、医药、饮食、养生等各种知识和技艺都有所涉猎和研究。这从《红楼梦》中涉及的驳杂繁芜的各方面知识上即可见一斑。另一方面，作为一名才华横溢的没落贵族，大半生的一事无成也使他心有不甘，颇为悔恨。他始终怀有一颗真挚的心，既热爱生活又有梦幻之感，于是"批阅十载，增删五次"，将"他的悲剧体验，他的诗化情感，他的探索精神，他的创新意识，全部熔铸到这部呕心沥血的旷世奇书——《红楼梦》里"[①]。所谓"满纸荒唐言，一把辛酸泪。都云作者痴，谁解其中味"，正是曹雪芹对自身这种情形最忠实的概括。

《红楼梦》原名《石头记》，又有《风月宝鉴》《金陵十二钗》《金玉缘》等别名。小说以金陵贾、史、王、薛四大家族的兴衰为背景，以贾府的家庭琐事、闺阁闲情为中心，将贾宝玉和林黛玉的爱情悲剧作为主线，塑造了众多经典的人物艺术形象。其规模之宏大，结构之严谨，情节之

① 袁行霈主编：《中国文学史》第4卷，北京：高等教育出版社1999年版，第357页。

复杂，描写之生动，共同体现出了这部鸿篇巨制高度的思想性和艺术性，将我国古典小说的成就推向了最高峰，在世界文学史上也占有着重要地位。甚至学术界围绕着《红楼梦》作者、版本等各方面问题的研究形成了一种专门的学问——红学。

“字字看来都是血，十年辛苦不寻常。”《红楼梦》的创作与曹雪芹的自身经历有着极为密切的联系。他在南京的早年生活经历，以及南京这座浓缩了江南历史文化精华的古城对他的熏陶和感染，深深地浸润到了《红楼梦》里的每个角落。《红楼梦》的别名之一即是《金陵十二钗》，而“金陵十二钗”还是小说中重要的人物形象群体。曹雪芹将《红楼梦》大部分的故事情节背景都安排在了金陵，四大家族在这里竞相上演着没落前夕的一幕幕奢华。另外，对于小说中著名的大观园，清代中叶自号“随园老人”的诗人袁枚曾提到“雪芹撰《红楼梦》一部，备记风月繁华之盛”[①]，因而一直流传着大观园就是袁氏随园的说法，这也从一个侧面反映了大观园与南京园林的密切联系。《红楼梦》中还有许多关于人物服饰的详细描写，这显然也和他在南京生活的经历有关。那时曹雪芹就生活在南京丝织业的中心——江宁织造府，对包括云锦在内的各种雍容华贵的丝织品无不耳闻目睹。因此，他对这些织造工艺的熟稔也就不足为奇了。

诸如《红楼梦》中关于金陵的因素，诚可谓不胜枚举。乾隆年间，曹雪芹故地重游，还曾发出了“秦淮风月忆繁华”的慨叹。由此可见《红楼梦》和南京的渊源之深，曹雪芹对南京的眷念之浓。从某种意义上说，也正是秦淮河和南京这座古城，才孕育了“天下第一才子书”——《红楼梦》。

① [清]袁枚著，王志英批注：《随园诗话》卷二，南京：凤凰出版社 2009 年版，第 26 页。

（二）吴敬梓的秦淮情结

吴敬梓（1701—1754年），字敏轩，一字文木，号粒民，又称秦淮寓客，因家有“文木山房”，所以晚年又自称“文木老人”。他本是安徽全椒人，历经康熙、雍正、乾隆三朝。胡适先生曾说：“我们安徽的第一个大文豪，不是方苞，不是刘大櫆，也不是姚鼐，是全椒县的吴敬梓。”[①]

吴敬梓出身于书香门第，家族科第鼎盛。他的曾祖父吴国对是顺治年间的探花，而且与他的三个哥哥同时考中进士。这种盛况成就了科举史上的一段佳话，也使吴氏家族一跃成为科举世家。吴敬梓少时聪慧过人，十四岁时父亲吴霖起到苏北赣榆县（今赣榆区）任教谕，他随同前往，并在那里生活长达十年左右。在此期间，吴敬梓经常随父参加一些当地名士的聚会，显露出了过人的才气。吴敬梓官宦世家的出身和他早年的这种生活经历，使他形成了豁达慷慨、不重金钱的豪爽性情。另一方面，也增加了他的社会阅历，尤其是接触到了官场上形形色色的人物，对其思想的形成和小说的创作都奠定了一定的基础。

然而，此后吴敬梓的生活却并不顺利，甚至相当凄惨。自父亲死后，吴敬梓的家庭变故迭起，可谓祸不单行。而且他乡试屡屡不顺，功名也止步于此。吴敬梓曾一度意志消沉，频繁往来于全椒、金陵之间，流连于秦淮风月之中，挥金如土。加之他不会持家，以致他父亲留下的遗产很快就被消耗殆尽。在当时的社会环境中，吴敬梓科举仕进的屡次失败受尽了乡绅邻里的冷眼相待，而他又本是恃才傲物之人，可想而知，这种经历会给他造成多大的心灵创伤。更有甚者，吴敬梓的沉湎酒色和挥霍颓败，又被视为败家的不肖子孙，因而遭到更广泛的唾弃。最终，吴敬梓在雍正十一年（1733年）变卖家财，移居金陵秦淮水亭。那一年他三十三岁。

吴氏选择寓居金陵，这和他对南京山水林城的美好印象是分不开的。

---

① 胡适：《胡适文存》卷四《吴敬梓传》，合肥：黄山书社1996年版，第566页。

秦淮水亭

他的《移家赋》写道："金陵佳丽，黄旗紫气，虎踞龙盘，川流山峙，桂桨兰舟，药栏花砌，歌吹沸天，绮罗扑地，实历代之帝都，多昔人之旅寄。"反映了他对南京这座底蕴深厚的历史文化名城的极度喜爱。在这些热情洋溢的描摹和赞美声中，也可体会到他迁居金陵的兴奋和喜悦，实现了他的"秦淮十里，欲买数椽常寄此"的心愿。尽管如此，吴敬梓的生活却已非常困难，堪称一贫如洗。他自己闭门种菜，时常需要卖书买米，有时还得靠友人接济。冬日苦寒，更无酒食果腹暖身，便常邀好友于月夜之下歌啸行吟，相互应和，称之为"暖足"。但生活的坎坷并未消磨他的斗志，反而更激发了他的创作热情。

《儒林外史》是一部"穷极文士情态"的长篇讽刺小说，它以讽刺的笔法淋漓尽致地刻画了上至翰林进士下至市井无赖的各种人物形象。这部小说没有贯穿到底的人物和情节，但都是以同一主题贯穿全书，可以说是一部由大量短篇交替而成的长篇小说。其刻画人物性格的笔法尤为高超，如小说中的经典人物严监生，作者对其临死前的情形这样描写：

严监生喉咙里痰响得一进一出，一声不倒一声的，总不得断气，还把手从被单里拿出来，伸着两个指头。大侄子走上前来问道："二叔，你莫不是还有两个亲人不曾见面？"他就把头摇了两三摇。二侄子走上前来问道："二叔，莫不是还有两笔银子在那里，不曾吩咐明白？"他把两眼睁的溜圆，把头又狠狠摇了几摇，越发指得紧了。奶妈抱着哥子插口道："老爷想是因两位舅爷不在跟前，故此记念。"他听了这话，把眼闭着摇头，那手只是指着不动。赵氏慌忙揩揩眼泪，走近上前道："爷，别人都说的不相干，只有我晓得你的意思！……你是为那灯盏里点的是两茎灯草，不放心，恐费了油。我如今挑掉一茎就是了。"说罢，忙走去挑掉一茎。众人看严监生时，点一点头，把手垂下，登时就没了气。①

秦淮水亭雪景

① [清]吴敬梓：《儒林外史》第五回、第六回，北京：中华书局2009年版，第38—39页。

可见，严监生吝啬鬼的形象之所以妇孺皆知，正得力于作者对其临死前的精湛动作描写和心理刻画，堪称千古绝唱。此外，小说一方面真实地揭示了人性被腐蚀的过程和原因，对官场的种种虚伪和黑暗进行嘲讽和批判；另一方面，也热情地歌颂少数人物对人性的坚持和守护，可谓一幅幅作者的自画像，折射出了他的理想和追求。

“闲居日对钟山坐，赢得《儒林外史》详。”正是在金陵生活的漫长岁月中，吴敬梓谙熟了南京古城的风土掌故，阅尽了金粉秦淮的人情世态，更洞察了官场的形形色色，从而把他寄托在秦淮的深厚情愫和凝结于世态的深刻认知，都以辛辣的讽刺倾注到了《儒林外史》这部皇皇巨著之中。鲁迅先生说：“讽刺小说从《儒林外史》而后，就可以谓之绝响。”这是鲁迅先生对其小说地位的高度评价。在这种评价的背后，也分明让世人看到了吴敬梓与金陵秦淮的缘起缘结：吴敬梓寓居于金陵秦淮，钟情于金陵秦淮，创作了这部世界名著；金陵秦淮则因吴敬梓的寓居和钟情，又增添了不少历史文化名城和名河的底蕴与魅力。

二、柳敬亭与评话

评话是曲艺的一种，可以说和评书并没有本质的区别。明末清初，江苏、上海一带评话兴起，其中以扬州评话最为著名。扬州评话又叫扬州评词，是以扬州方言徒口讲说表演的说书形式，流行于苏北地区和上海、镇江、南京等地。这种说书形式结构严谨，描写细致，头绪繁而不乱，讲求人物形象鲜明，在语言上也追求生动有趣，不久便形成了“书词到处说《隋唐》，好汉英雄各一方”的繁荣局面。当时著名的说书家有二十多人，长期在南京秦淮河畔说书献艺的柳敬亭就是其中著名的一位。

柳敬亭（1587—1670 年），原名曹永昌，号逢春，通州余西（今南通市通州区余西镇）人。因他脸上长了很多麻子，人们便送他外号“柳麻子”，但他最初并不姓柳。原来他少年时强悍不逊，十五岁时因犯法

柳敬亭像

而逃亡。有一次在柳树下休息时，想到自己还在亡命天涯，顿生悲凉，便抚着柳树对同行的人说："嘻，吾今柳氏矣。"于是从此以后改姓柳。在逃亡过程中，柳敬亭曾到盱眙城里给人说书，那时便能倾动台下的观众，显示出了过人的说书天赋。后来他更是得到了说书能人莫后光的指点，很快达到"言未发而哀乐具乎其前，使人之性情不能自主"①的高超境地。从此柳氏名声大震，无论走到哪里，都被缙绅名流竞相邀请去参加他们的私人堂会。演出结束，时人都真心称赞他说书技艺的高超。

柳氏常说的书目，多为长篇章回体小说中的选段。他所评说的《水浒传》《隋唐演义》《三国演义》《西汉演义》中的片段，尤其让人拍案叫绝。在语言运用上，柳氏善于通过语气的轻重缓急制造气氛，以形象化的手法写人状物。张岱在听过他说的武松打虎后，曾感叹说："其描写刻画，微入毫发，……说至筋节处，叱咤叫喊，汹汹崩屋。"②另外，尽管柳敬亭说的书目取材于现成的话本小说，但他并不照本宣科。为了达到更好的艺术效果，他对原文多有发挥，形成了独具特色的柳氏评话，即阎尔梅所谓"科头抵掌说英雄，段落不与稗官同"。张岱在《陶庵梦忆》中亦云："余听其说《景阳冈武松打虎》白文，与本传大异。"

---

① [清]黄宗羲：《黄梨洲文集·传状类·柳敬亭传》，北京：中华书局 2009 年版，第 87 页。

② [明]张岱：《陶庵梦忆》卷五《柳敬亭说书》，上海：上海古籍出版社 1982 年版，第 45 页。

柳氏精湛的说书技艺，与他在动乱年代的生活经历也有很大关系。柳氏生活于明清易代之际，社会动荡，兵燹频仍。他走南闯北，曾到南明将领左良玉军中做过幕僚，并深得其倚重和信任，人称“柳将军”。在此期间，他亲历了很多国破家亡、豪猾奸命、妻离子散的人间悲惨场景，这无疑给他的说书增添了许多切实厚重的色彩，以至于著名学者黄宗羲在给他立传时总结说：“敬亭既在军中久，其豪猾大侠、杀人亡命、流离遇合、破家失国之事，无不身亲见之，且五方土音，乡俗好尚，习见习闻。每发一声，使人闻之，或如刀剑铁骑，飒然浮空；或如风号雨泣，鸟悲兽骇，亡国之恨顿生，檀板之声无色。”[①] 黄宗羲从柳氏的生活阅历和学艺经历方面入手，可谓深刻地揭示了其说书技艺的形成和由来。

柳敬亭不仅是一位大名鼎鼎的说书艺人，还是一位具有高风亮节的民族义士。南明时期，阮大铖勾结阉党，把持朝政。柳敬亭当时不知道他的真实为人，经常应邀说书。有一次柳氏正在阮氏府上做客，看到复社文人散发的《留都防乱公揭》后，即认清了阮氏的真实面目。柳氏当时很受震撼，愤然表示“宁可埋之浮尘，不可投诸匪类”[②]，毅然与阮大铖划清界限。柳氏的这种气节促使他和进步团体复社走到了一起，很多文人名士和秦淮名妓都愿意同他往来，并热情地赋诗称誉他的说书技艺和为人节操。如“明末四公子”之一冒辟疆的《赠柳敬亭》诗云：“忆昔孤军鄂渚秋，武昌城外战云愁。如今衰白谁相问，独对西风哭故侯。”为表达明亡后的悲凉和愤慨，柳敬亭利用说书艺术表现的需要，一直没有剃发垂辫，不改明代衣冠服饰，这从流传至今的那副须发尽白的柳敬亭画像中也可窥知一二。吴梅村称“只有敬亭，依然此柳，雨打风吹絮满头”，也暗含了这种情形，流露了他对柳氏民族气节的景仰之情。

---

① [清]黄宗羲：《黄梨洲文集·传状类·柳敬亭传》，北京：中华书局2009年版，第87页。

② [清]孔尚任：《桃花扇》卷四“草檄”条，北京：人民文学出版社1959年版，第198页。

柳敬亭后来仍回秦淮河畔桃叶渡说书，但晚景凄凉，八十四岁高龄时在贫病中默默死去。柳氏对扬州评话的发展做出了很大贡献。在前后长达六十余年的说书生涯中，他所体现出的高风亮节更为后人所仰慕。

三、白局与《茉莉花》

南京白局图

白局是南京土生土长的曲艺，也是南京地区唯一的古老曲种。该曲种用南京方言演唱俚曲，因演唱者不取报酬，白唱一局，故名“白局”，又因源自南京,故通称“南京白局”。

相传南京白局源自明代织锦工人用方言演唱南京俗曲、小调。南京在明初三朝为首都，朱棣迁都北京后为留都，以云锦为代表的织造业十分发达。而云锦的织造是一项具有很高技术含量的丝织工艺，每台织机需两人配合操作，一天仅能织造云锦五厘米长，进程十分缓慢。为了调剂这种枯燥的织锦生活，织造工人们开始唱一些方言、小曲自娱自乐，其题材多是一些生动诙谐的内容，也有一些时事段子。经过数代人的传承和积累，这种演唱方式逐渐发展成一种具有浓郁南京地方特色的说唱曲艺。

南京白局的表演一般一到两人，多的三到五人。不仅有说的表演方式，也采用唱法，是一种说唱混合艺术。这种曲艺说的全是南京方言，韵味淳朴，具有很强的感染力；而唱的曲子都是俚曲，以江苏和安徽小调为基础，又揉进了南京秦淮歌姬弹唱的曲调。白局所收曲牌众多，素有“百曲”之称，其常用曲牌有《满江红》《银纽丝》《穿心调》《数板》《梳妆台》《剪剪花》《下河调》《汉阳调》等。后来被广为传唱的《茉莉花》，其前身为《鲜花调》（原名《闻鲜花》），就是白局的一个曲调。白局的传统曲目也有上百个，内容大多短小风趣，有的歌颂喜庆吉祥，如《采鲜桃》《八仙上寿》等；有的讲述历史故事，如《卖油郎独占花魁》《乔奶奶骂猫》等；有的介绍地方风景，反映本地民俗，如《金陵遍地景》《南京风俗景》等；有的则与时事直接相关，如《抢官米》《倒文德桥》等。

由于南京白局的兴起和发展与云锦织造业有着独特而紧密的联系，因而南京织锦业也在很大程度上影响着南京白局的发展。在清代曹氏家族主政江宁织造期间，南京织锦业迎来了一个发展的鼎盛时期。清朝覆亡后，随着丝织业的一落千丈，南京白局也濒临消亡的境地。此后，南京白局虽然有所起色，但终究盛况难再。时至今日，如何更好地将南京的这种古老曲艺保护和传承下去，已经成为一个亟待解决的问题。

第三节　孔雀妆花，冰蚕吐凤
——丝绸与云锦

南京丝织业历史悠久，素负盛名，是江南三大织造中心之一。清代在南京地区设立了江宁织造局，为朝廷督造各种御用和官用丝织品。康熙和雍正时期，曹氏家族执掌江宁织造近六十年之久，不仅影响很大，也别具传奇色彩。当时江宁织造除了其织造的本职工作外，更是江南地区重要的政治机构，也是江南文人学士聚会的重要场所，具有深厚的文化内涵。南京丝织业以缎类为大宗，其中云锦和元缎两类最为著名。它们是南京地区独具特色的两种丝织品，不仅产量高，而且质量极其精美。尤其是云锦，代表了丝织工艺的最高水准，位居各类名锦之首。

一、江宁织造局

江宁织造与苏州、杭州织造并称三织造，它们的主要职能是为朝廷提供御用和官用织造品。《钦定大清会典》记载其具体分工为："凡大红蟒缎、大红缎、片金、折缨等项，派江宁织造承办。仿丝绫、杭绸等项，杭州织造承办。毛青布等项，每年需用三万匹内，苏州织造承办；需用至四五万匹，则分江宁等处织办。"其中曾为曹氏家族长期督理的江宁织造，影响尤为深远。

江宁织造局向皇室供应的丝织品以元缎和云锦为大宗。从顺治二年（1645 年）设立开始，一直到光绪三十年（1904 年）撤销为止，江宁织造局几乎与大清王朝相始终，共有二百六十年的历史。据光绪初年纂修的《江宁府志》记载："织局旧在西华门大街汉府内，今移府治北珠宝廊。同治间收买民基建屋二百十八间，设机二百九十五张。"[①] 与织造局相应的还有江宁织造署，它与织造局相距不远，是督理织造的官吏驻扎以及处理相应行政事务的官署，当年显赫的曹氏家族即居住于此。从建筑构造上看，江宁织造署与织造局共同构成了江宁织造府。有学者考证，今中山东路和太平北路交汇处的大行宫一带就是当年织造府的中心，其遗址东起利济巷，南临铜井巷、科巷，西至碑亭巷、延龄巷，北对长江路两江总督署旧址。[②]

江宁织造自顺治十八年改属内务府后，康熙二年（1663 年）更成为内务府专差，所谓"各省盐政、织造、关差皆系内府世仆"。此外，康熙皇帝还规定督理官员"不必限年更代"。江宁织造和苏州、杭州织造一样，多由内务府郎中等中层官员担任，而且全部来自内务府包衣三旗。

---

① ［清］蒋启勋、赵佑宸等修纂：《续纂江宁府志》卷七《建置》，南京：江苏古籍出版社 1997 年版，第 62 页。

② 参见吴新雷、黄进德：《曹雪芹江南家世丛考》，哈尔滨：黑龙江教育出版社 2000 年版，第 28 页。

重修的江宁织造府

而在江宁织造二百六十年的历史上，任职时间最长也最具传奇色彩的，无疑当属织造世家曹玺、曹寅、曹颙和曹頫祖孙三代。

曹玺是曹雪芹的曾祖父，其妻孙氏为康熙皇帝的保姆。他于康熙二年（1663 年）始任江宁织造一职，直到康熙二十三年（1684 年）去世，任职长达二十二年之久。曹玺深得康熙的器重，曾称赞他是“能为朕惠此一方”的人。曹玺去世后，其子曹寅也被康熙派遣到江宁去协理织造事务，次年五月调回北京内务府。康熙三十一年（1692 年），曹寅正式出任江宁织造，直到五十一年（1712 年）病逝，任职也长达二十一年。此后，其子曹颙也得以恩荫继任，但不幸早逝。康熙考虑到“现在倘若迁移他的家产，将致破毁”，因此令内务府总管去问苏州织造李煦，要求“务必在曹荃（曹寅之弟）之诸子中，找到能奉养曹颙之母如同生母之人才好”[①]。这样在李煦的推荐下，曹荃第四子曹頫成为曹寅的继子，接任

① 故宫博物院明清档案部编：《关于江宁织造曹家档案史料》，北京：中华书局 1975 年版，第 125 页。

江宁织造，直到雍正六年（1728 年）曹家被抄为止。曹家祖孙三代四人，总计执掌江宁织造达五十八年之久。

清代织造官员除了管理织造的分内职责外，往往还能依仗皇命钦差特权，兼任关差和盐政等职。在中国传统社会中，关税和盐课都是极其重要的经济活动，也是国家财政收入的重要来源。这就给织造官吏从中渔利提供了极大便利。康熙皇帝六次下江南，曹寅接驾四次，都以江宁织造府邸作为行宫，既显示了康熙对曹氏的极度信任和宠幸，也凸显了曹家的显赫地位和丰厚财力。关于这一点，《红楼梦》第十六回的描写就是一个例证。对于江南甄家接驾的豪华奢靡，王熙凤“纳罕他家怎么就这么富贵呢”。赵嬷嬷却解释说：“也不过是拿着皇帝家银子往皇上身上使罢了！谁家有那些钱去买这个虚热闹么？”可谓一语道破。然而这种倾其所有的接驾事宜，也必然会给曹家造成巨大的亏空，甚至成为后来曹家被抄的一个重要原因。康熙也深知这种情况，曾设法力图帮曹家挽回——“曹寅、李煦用银之处甚多，朕知其中情由，故将伊等所欠银廿四万两，令李陈常以两淮盐课羡余之银代赔。”[①] 但这终究抵挡不了一个大家族的腐朽和没落。

清代前期，江宁织造还是江南地区的一个重要政治机构，这与曹氏深得康熙的信任是直接相关的。康熙皇帝的多次南巡，江宁织造府都成了皇帝的驻跸行宫，这种情形即对江宁织造的这一特点有所体现。另外，当时清廷在全国的统治尚未十分稳固。远离京畿的江南地区不仅是大清国的财税重地，也是局势复杂的政治要冲。对于这片重要的地区，清廷除了设立常规的官方机构进行治理外，也需要通过一些特殊而可靠的途径来加强统治。因而在康熙皇帝的亲信中，这一使命又历史性地落到了

① 故宫博物院明清档案部编：《关于江宁织造曹家档案史料》，北京：中华书局 1975 年版，第 136 页。

以曹家等为代表的在江南地区担任织造的官员身上。作为皇帝的信臣，曹家父子堪称其“耳目之官”。他们通过密折向皇帝报告江南地区的各方面情况，诸如吏治状况、士子思想、天气农情、市况粮价，等等。康熙曾对曹頫有朱批曰：“尔虽无知小孩，但所关非细，念尔父出力年久，故特恩至此。虽不管地方之事，亦可以所闻大小事，照尔父密密奏闻，是与非朕自有洞鉴。”[①] 康熙皇帝对江南地区“小事”都加以留意，对“大事”的关注就更是可想而知了。有学者称：“以江宁织造为代表的三织造，最终成为紧紧维系全国思想最活跃、经济最富庶的江南与清廷之间的重要纽带。”[②] 可见其政治作用之大。

此外，江宁织造府还是江南文人聚会的重要场所，具有浓厚的文化艺术氛围。曹寅能诗善词，喜好风雅。在主政江宁织造期间，他经常广邀江南名士，在位于织造署西园内的楝亭举行聚会。此亭为曹寅之父曹玺所建，当初曹玺曾“言命二子（曹寅和曹宣），读书其下”，这就是“楝亭课子”的故事。后来曹寅为纪念父亲，将楝亭作为自己的号，其文集取名《楝亭诗钞》《楝亭书目》等，即源于此。由于曹寅自身具有很高的文化素养，又喜欢与名士交游，因而“主持风雅，四方之士

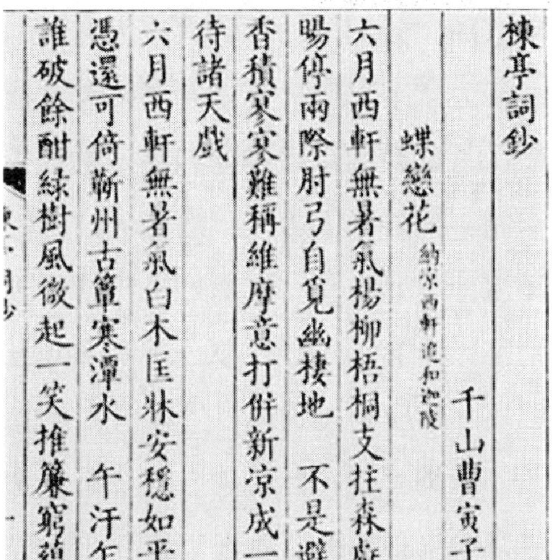
楝亭詞鈔　千山曹寅子清譔
蝶戀花　納涼西軒追和迦陵
六月西軒無暑氣楊柳梧桐支拄森蔚菽皓魄清
晹停雨際肘弓自覓幽棲地　不是避人貪客話
香積家家難稱維摩意打併新凉成一味散花還
待諸天戲
六月西軒無暑氣白木匡牀安穩如平地曲彔可
憑還可倚蘄州古簟寒潭水　午汗乍融殘睡美
誰破餘酣綠樹風微起一笑推簾窮蘊底夜來瓦

《楝亭词钞》书影

① 故宫博物院明清档案部编：《关于江宁织造曹家档案史料》，北京：中华书局 1975 年版，第 149—150 页。

② 刘茵：《江宁织造府的前世今生》，《紫禁城》2005 年第 1 期。

多归之”。他还曾在南京、苏州等地遍请文人学士赋诗作画，形成了有图十幅、四十五位名家题咏的《楝亭图咏》。

总之，在清初特定的历史条件下，由于曹家与皇帝之间的密切关系，以及曹氏成员具备的个人素养，曹氏执掌的江宁织造在江南地区的政治、经济、文化各领域中都曾发挥过重要作用。而出身于这个家族的曹雪芹，则更使曹家与江宁织造拥有了极为浓厚的传奇色彩。

二、云锦

在古代各种丝织物中，“锦”代表了最高工艺水平的一类。中国历史上，曾出现过三种最负盛名的锦缎，即四川的“蜀锦”、苏州的“宋锦”、南京的“云锦”，世称“三大名锦”。而南京云锦更为三大名锦之首，被誉为“东方瑰宝”“中华一绝”。

云锦是南京缎类丝织品中的佼佼者，因其织工精细，图案色彩典雅绚丽，宛若天上云霞，故得名“云锦”。明末清初诗人吴梅村就曾热情洋溢地赞美它：“江南好，机杼夺天工。孔雀妆花云锦烂，冰蚕吐凤雾绡空，新样小团龙。”关于云锦的历史，一般认为它始于元代，盛于明清，但实际却应是在我国古代丝织工艺数千年发展的基础上形成的。

云锦是提花丝织物，即在锦料上织有各样美丽的图案花纹。织造这种富丽典雅的锦缎是一个非常细致和复杂的工艺过程，一般要经过选丝、染丝、络经、牵经、上经、上花和织造 7 道工序。其织造一直采用传统的老式提花木机，这种木机长 5.6 米，宽 1.4 米，高 4 米，每台须有两人配合操作：在机上工作的是提花工，负责花本的提花工作；在下面的是织造工，负责织纬和妆彩。两人协同工作一天，仅能织造出 5 厘米长的云锦。哪怕到纺织工艺如此发达的今天，仍不能用现代机器进行批量生产。再加上为了使其显得雍容华贵、富丽堂皇，在织造过程中还不惜工本以金银配色。因此，关于南京云锦“寸锦寸金”的说法，实在不是什

老式提花木机

么过分的夸张之语。

云锦大致可分为库缎、织金、织锦、妆花几类。库缎又名花缎，清代时因织成后输入内务府“缎匹库”而得名。库缎是做衣料用的，其花纹用“团花”居多。在生产这类云锦时，通常会根据成件衣料所需的长度，将其织成缎料。另外，还有一种是按照衣服固定的样式，把缎料的花纹设计在衣服的前胸、后背、肩部等几个显眼部位，以织成款式完整的成衣衣料。织金是将织料上的花纹全部用金线（或银线）织出，这也是南京云锦区别于苏、杭等地锦缎的一个重要特点。这类云锦主要是用于镶滚衣边、裙边、帽檐，因此其纹样要求尽量花满地少，以充分发挥显金效果。织锦即通梭织彩的彩锦，有大花彩锦和小花彩锦的区别。妆花即挖花妆彩的锦缎。织锦和妆花都是用精练过的熟丝染色后织造，多彩纬提花织物。但织锦在配色上没有妆花自由，色彩变化也不如妆花丰富。妆花是云锦中织造技术最复杂的，也是成就最杰出的提花丝织品种。

元、明、清三朝都在南京设立官办织造局，督造大量的云锦来供以皇室为首的上层统治阶级享用。不仅皇室和百官的袍服以织金云锦为材料，就连他们的座椅、炕垫、帷幕等都使用云锦以显示其高贵华丽。自元代以来，由于云锦既有作为皇家贡品的特殊要求，又有朝廷倾心经营的优越条件，因而不断创新发展，精益求精，在织造工艺上取得了长足进步。此外，与官营的织造局相对，南京云锦业亦有民营性质的家庭手工业，他们对云锦工艺的贡献也同样不可忽视。至康雍乾年间，南京全城已有云锦织机三万多台，十里秦淮一带机户云集，机杼之声彻夜不绝，将南京的云锦业发展推向了巅峰。

三、元缎

南京的丝织业历史悠久，与苏州、杭州并称为三大丝织中心。就种类而言，南京生产的丝织品主要有缎、绒、绸三大类，以缎为大宗。史载“道光年间缎机以三万计，纱、绸、绒、绫不在此数”①，可见清代南京的缎业十分兴盛。与表面起绒毛的绒和质地较薄的绸不同，缎是一种质地较厚、光泽平滑的丝织品，可分为元缎、锦缎、漳缎三种，其中以元缎和锦缎（云锦）最为著名。南京地区的这两种缎不仅产量极大，而且质量也无与伦比。

元缎通常为黑色（即元色）或天青色，而且没有花纹。这是因为秦淮河水质不纯，丝织品不易漂染成浅色。又由于自宋以来，南京的这种缎类通常被作为贡品，因此亦有“贡缎”之称。元缎所用的原料主要有经纬丝和染料两种：经丝须用上等的细丝，大多来源于浙江海宁、桐乡等地，供织面子之用；纬丝则用肥丝，取材于南京本地及四邻地区，供织底子之用；染料则主要来源于四川、两湖地区。南京所产的元缎质地柔软，色泽光润，大都用以制作马褂、长袍、裤子、鞋面和帽子。

与云锦业相似，清代南京的元缎业也有官营和民营两种。官营方面

① ［清］蒋启勋、赵佑宸等修纂：《续纂江宁府志》卷一五《拾补》，南京：江苏古籍出版社 1997 年版，第 583 页。

主要是朝廷在南京设立织造局，由于其出品专供御用和官用，质量要求特别高，由此大力促进了元缎织造工艺的进步和提高。此后，这种先进的织造工艺逐渐流入民间，元缎业也随之成为南京主要的家庭手工业。随着时代的发展，民营元缎业又形成了账房（拥有大量物资）、机户、机工几种不同类型的生产主体：机工通常受雇于机户，一般机户又接受“账房”的发放原料和贷款等，这在一定程度上体现了资本主义生产关系的萌芽。

乾隆至咸丰年间，由于清朝皇室对元缎等丝织品的需求量日益增大，南京元缎业也日渐兴旺。太平天国时期，战乱曾使该行业陷入了萧条衰落的境地。尽管此时苏、杭等地乘势模仿，分别了推出了苏缎、杭缎，但其黑色元缎的生产，在质地、色泽等方面仍无法与南京元缎相比。至清末民初，南京地区的政治相对稳定，又适逢社会上倡行绸缎衣裤，而且奉行黑色，元缎又盛行一时。19 世纪 20 年代后，由于洋布入华、服饰变更、税捐过重等原因，南京元缎业日渐式微，再也没有呈现出当年的辉煌。

第四节　红灯碧波，兰桨银河
——灯彩与画舫

在漫长的历史时代中，孕育了南京古老文明的秦淮河如同一幅幅美丽的图画，展现了一代代历史风貌的变迁。秦淮风光可以说是由许多种优美而独特的风景元素交织而成的，它们共同展现了秦淮河的迷人风采。至明清时期，灯彩和画舫更成为展现秦淮风韵无可替代的两种意象。特别是每年元宵节前后，几乎每一家南京人都涌向秦淮河畔，观看被誉为“甲天下”的秦淮灯彩，可谓盛况空前，蔚为大观。

一、灯会

灯会是我国古老的民俗文化活动，一般集中在春节和元宵节期间举行。尤其是元宵节前后，全国各地到处张灯结彩，灯会上游人如织，诸如观花灯、猜灯谜等活动不一而足，呈现出一派极其热闹的景象。南宋词人辛弃疾即在《青玉案·元夕》中描述："东风夜放花千树，更吹落星如雨。宝马雕车香满路，凤箫声动，玉壶光转，一夜鱼龙舞。"秦淮河的灯会更是源远流长，而享有"秦淮灯彩甲天下"的美誉。

元宵节旧称上元节，亦俗称灯节，可见作为一个重要的传统节日，元宵节与灯会很早就有着千丝万缕的联系。传统灯节是随着历史的发展而逐渐延长的，汉代只有一天，唐代是三天，宋时已有五天。而明初朱元璋定鼎南京后，更大力提倡元宵灯节，将此作为营造大明王朝太平盛世氛围的一大盛事。元宵灯会由此被增加至十天：从正月初八点灯，一直到正月十七落灯，这样也就形成了我国历史上最长的元宵灯节。那时南京人几乎"家家走桥，人人看灯"，场面十分壮观。永乐年间，明成

秦淮灯会

祖朱棣为表示与民同乐，下令在皇宫午门外扎制“鳌山万岁灯”，从此相沿成俗。“正月，元宵节，赐文武群臣宴，听臣民赴午门外观鳌山三日。自是，岁以为常。”[①]这种大型的集团灯彩用千百种共几万盏灯彩叠成山形，中间以五色玉栅簇成“皇帝万岁”四个大字，经灯火一射，顿时五光十色，绚丽多姿，呈现出非凡的视觉效果，令人眼花缭乱。永乐年间的这种灯彩盛况，将南京元宵灯节推向了鼎盛。后来朱棣迁都北京，午门鳌山灯会逐渐没落。评事街、笪桥一带的灯会则乘势而起，成为清代金陵灯彩的荟萃之区。

笪桥历史悠久，是秦淮河支流上的一座著名石拱桥。该桥的南面有一片旷地，向来是南京灯彩行业的聚居之地，经营着各种花灯。每年元宵灯会时，南京人便大量涌向这一带观灯。那时评事街两旁都扎满松棚，棚里设有乐队，其箫鼓之声增添了不少热闹的景致。松棚的四周也挂有巨型华灯，将月夜照亮得如白昼一般。对于当年评事街、笪桥一带的灯会盛况，清人甘熙曾经这样描述说：“笪桥灯市由来已久。正月初，鱼龙杂沓，有银花火树之观，然皆剪纸为之。若彩帛灯则在评事街迤南一带，五色十光，尤为冠绝。”[②]呈现出一派色彩绚丽的热闹繁华景象。

当年花灯的种类也非常之多，有古朴典雅的宫灯，也有美观大方的挂灯；有小巧别致的花灯，也有富丽堂皇的彩灯；有结构精巧的走马灯，也有庄重秀丽的座灯；有五彩缤纷的龙灯，也有惟妙惟肖的人物灯……如此千姿百态，不一而足。尤其是精巧的走马灯，可谓花灯中的一绝。这种花灯外罩灯笼，灯内上方安置一个风轮，轮轴上有骏马疾驰图案的剪纸。点燃蜡烛后，由于空气遇热膨胀上升，引发灯内空气持续对流，推动风轮旋转，由此带动连在轮轴上的剪纸不断转动。这样便形成了骏

---

① [明]陈建：《皇明通纪·皇明历朝资治通纪》卷六“永乐十年”条，北京：中华书局2008年版，第459页。

② [清]甘熙：《白下琐言》卷二，南京：南京出版社2007年版，第34页。

马奔腾的效果，令人叹为观止。

此外，历代的元宵灯会还促使了一门传统民俗艺术的形成——灯彩艺术。灯彩俗称花灯，它是我国古代劳动人民为增加节日喜庆气氛而创制的一种工艺品，多用竹、木、布、绸、金属、兽角等基本材料精心制作而成。灯彩的制作又广泛涉及纸扎、装裱、雕刻、剪纸、皮影、绘画、书法、刺绣、编织等多种艺术门类，故灯彩艺术实际是一门综合性艺术，可以说是我国传统民间艺术的一个大观园。

长期以来，南京地区的灯彩艺人在创作过程中积累了丰富的经验，并善于吸收南北各地的灯彩特色，因而逐渐形成了带有浓郁地方特色的灯彩艺术——金陵灯彩。诸如宫灯、挂灯、壁灯、球灯、花灯、动物灯、转灯等，都是金陵灯彩中的重要种类。《红楼梦》第十八回中描写贾妃元宵省亲时看到："两边石栏上，皆系水晶玻璃各色风灯，点的如银光雪明；上面柳杏诸树虽无花叶，然皆用通草绸绫纸绢依势作成，粘于枝上的，每一株悬灯数盏；……诸灯上下争辉，真系玻璃世界，珠宝乾坤。"曹雪芹描绘的这种花灯盛景，虽然带有艺术加工的成分，但很大程度上也是清代金陵灯彩的一种写照。那时的南京不但是我国灯彩的一个主要产地，而且堪称我国灯彩艺术的集萃之地。

二、画舫

秦淮河是南京古老文明的摇篮，孕育了具有浓郁地方特色的金陵文化。而穿梭于"十里珠帘"上的秦淮画舫，更是秦淮河上一道光彩靓丽的风景线。它涉及民俗风情、秦淮美食、昆曲艺术、名人佳句等各个方面，是一种重要的水文化载体，承载了太多的历史与文化。

关于秦淮画舫的起源，有两种比较典型的说法。一种说法是早在六朝时期，北方世家大族南徙，涉居秦淮河畔。善于吸纳外来文化的南京人，将北方的车与南方的船上下组合成画舫。另一种说法是朱元璋一统天下后，有一次微服来到秦淮河畔，看到两岸绿荫深处，亭台楼阁，飞虹点翠，山明水秀，风景怡人，不禁感叹："惜河中缺少游艇。"于是好事者连夜赶造灯船画舫。揆诸情理，前一种说法应该更为接近实际。清人捧花生就说："游秦淮者，必资画舫，在六朝时已然，今更益其华靡。"① 可见秦淮画舫的起源应该很早，到了明初则迎来了它的黄金时期，并历经明清两代而不衰。

秦淮画舫很有特色，朱自清先生曾在《桨声灯影里的秦淮河》中赞誉说："秦淮河里的船，比北京万甡园，颐和园的船好，比西湖的船好，比扬州瘦西湖的船也好。这几处的船不是觉着笨，就是觉着简陋、局促；都不能引起乘客们的情韵，如秦淮河的船一样。"旧时的画舫大致有五种类型，分别是走舱、小边港、气不忿、藤棚和漆板。

秦淮画舫

① [清]赵翼、捧花生撰，曹光甫、赵丽琰校点：《檐曝杂记·秦淮画舫录·自序》，上海：上海古籍出版社2012年版，第109页。

“走舱”是当时最大的画舫，俗名“大边港”，亦称“楼船”。这种船雕梁画栋，窗明几净，共分前、中、后三舱，设备齐全：中舱陈设有各色花果香茗，而且兼办筵席，各色船菜齐备；后舱设有炕铺，可供游客酒醉休息；船尾亦有船楼，游客登临其上，秦淮盛景尽收眼底。如此富丽堂皇的游船，当然不是一般人能够消费得起的。其次为“小边港”，这种船的大小有些不伦不类：说它是大船，却只有前后舱；说它是小船，却能容纳十多人起坐，由此又得名“四不像”。这种画舫多供富贵人家携眷纳凉夜游。再小一些的是“气不忿”，这是一种中等大小的船，前为蓬廊，后为大舱，可容纳八至十人宴聚。其船身略小，因此移动方便，一般宴会多雇用此船。更小一点的为“藤棚”。其船头放有藤椅两张，中舱仅能容纳一张麻将桌大小，适合四五人纳凉小聚。最小的是“漆板”，亦称“小七板”。这种船小巧玲珑，别具风韵，而且索价低廉，二三老人或文人学士借此清谈小聚，最能领略十里秦淮的诗情画意。

在南京的民俗活动中，画舫起着重要的作用。每年农历六月十一是“老郎神”庙会，秦淮歌姬们为了显示自己的交际和声名，都会选择在这天置办筵席，大宴宾客。那时的秦淮河画舫云集，灯火辉耀，呈现出难以描摹的辉煌。“老郎神”庙会过后，七月十五的中元节接踵而至，这也是佛教的一个盛大节日——盂兰盆节。这天全城的僧众和尼姑化缘集资，纷纷租赁秦淮画舫举行佛会。是时，画舫中烟火缭绕，法器和诵经之声喧阗于整个秦淮河畔，呈现出一派祥和景象。至于元宵节前后，秦淮灯会更是热闹非凡。

有人说：“灯彩和画舫是一对姐妹花，她们的相互衬映形成了天下闻名的秦淮灯彩。”[①] 这种形容是非常贴切的。因为正是画舫所起的桥

---

① 孙峰：《秦淮画舫的文化风韵》，《钟山风雨》2006 年第 6 期。

秦淮河夜景

梁作用，才将映照古今的秦淮明月、碧波荡漾的秦淮河水、风姿绰约的秦淮画舫与色彩绚烂的秦淮灯彩交织在一起，形成了一种斑驳陆离的美妙情景。

第七章　建都肇基，始难离愁
——民国时期

民国初期，曾经繁华旖旎的秦淮风光不再，各种问题都较为突出。1927 年国民政府定都南京，开始对秦淮河进行自然风光和社会环境的双重改造。首都沦陷后，日伪政权也着力恢复秦淮地区的商业和交通，秦淮河形成了一派畸形的繁华景象。日本人、伪政府官员、帮会分子等形形色色的人物竞相粉墨登场，使秦淮河在一定程度上成了各种社会罪恶的渊薮。

民国时期的秦淮地区是大众娱乐的文化空间，夫子庙一带更是三教九流的大舞台，各种民间技艺在这里竞相上演，真可谓千奇百怪，洋洋大观。夫子庙前的这种百艺纷呈，也是我国传统民间技艺宝库的重要组成部分。那些民间艺人的生活百态也与其生活的时代息息相关，值得后人思考。

秦淮青楼业在历史上久负盛名，清中期后又几度兴衰。太平天国战火后，南京恢复的妓院主要集中在钓鱼巷一带。国民政府定都南京，市政当局采取了严厉的禁娼政策，然而并未取得很好的效果，后来基本无力贯彻下去。南京沦陷后，日伪政府公然开放娼禁，南京的娼妓业大肆发展起来，秦淮河再次呈现了作为烟花之地的畸形繁华。

旧时秦淮河也是风味小吃的荟萃之区，其时秦淮糕点花式多样，大致以苏式、扬式、本地帮为主，还有京式、宁式、广式等其他种类。当年夫子庙地区的糖货也颇为丰富，十景糖货与唱卖的梨膏糖都极富地方特色，是构成秦淮旧影的重要意象。还有以南京瓜子、糖炒栗子、五香豆为典型代表的秦淮特色炒货，以南京板鸭和盐水鸭而知名的鸭馔。

秦淮地区的古玩市场也十分兴盛，奇玩街是南京古玩的聚集之区。古玩市场移至贡院西街一带后，迪华斋、沈润生、松宝斋等富有名气的古玩商店也云集于此。林森、宗白华、胡小石等都是当时有名的古玩爱好者，他们都曾在这里留下不少佳话。此外，秦淮河畔的茶社鳞次栉比，以义顺、奎光阁、六朝居、新奇芳阁最为知名。它们是秦淮自然景观中的一道靓丽风景，所承载的茶文化更是秦淮民俗文化的重要组成部分。

第一节　百废备举，风染烟尘
——首都兴衰

民国初期，秦淮河自然环境极度恶化，各种社会问题也非常突出。国民政府定都南京后，南京市政府对秦淮河进行了自然环境和社会环境的双重改造。在整治过程中，市政当局投入了较大的精力，也展现了较强的整治决心，然而事实上双重改造都未取得完全成功。首都沦陷后，日伪政权为了装点门面，大力恢复秦淮地区的商业和交通。在这种政策的推动下，秦淮河呈现出一派畸形的繁华景象，成为群魔乱舞的历史舞台。

一、大建设时代

随着首都地位的确立，南京的各种城市问题也被放大性地暴露出来，社会各界的诟责声屡屡不绝。将南京进行何种程度和规模的改造，使之

《首都计划》书影

成为众望所归的首都，便提上了国民政府的议事日程。1928 年 1 月，国都建设委员会成立，开始着手国都规划和建设工作。次年 12 月，国民政府正式公布了《首都计划》。这是民国政府编制的一部相当完整的城市规划，其指导思想主要以欧美理念为主，辅以中国传统形制。可以说，从 1927 年定都到 1937 年沦陷的十年，也正是民国南京大建设的十年。其中就包括对南京著名的秦淮胜地的治理和改造。

民国时期，秦淮河地区的面貌和文化内涵都有了重大变化，以大众娱乐为主体的俗文化构成了秦淮文化的主体。但即便如此，当时秦淮河的现实境况与大众的娱乐需求也是极不相称的。由于河道年久失修，秦淮河的各支流不能形成有效的倾流系统。“加以沿岸居民，每将废物倾入，而靠河房屋，又将河边地面侵占，宽度深度，更为减少。”[①] 沿岸居民不仅未对这条历史文化名河给予应有的保护，反而使河流淤塞，河水发臭难闻。

夫子庙一带还是三教九流的聚集之地，敲铁板的、摇串铃的、牵雀算命的、卖狗皮膏药的、专治跌打损伤的……可谓应有尽有。在当时的社会精英眼中，这些技艺大多粗俗不堪，甚至有些纯粹是坑蒙拐骗的东西。有些商家为了招徕顾客，还雇佣女招待。她们袒胸露臂，极尽媚态

① [民国]国都设计技术专员办事处编：《首都计划》，南京：南京出版社 2006 年版，第 97 页。

之能事，常引来很多轻薄之徒。更有甚者，在秦淮河一带还存在大量的娼妓。

曾经颇负盛名的秦淮河如今呈现出这番景象，不免让人大失所望，有人甚至斥责说：“不怕说煞风景的话，我实在不爱秦淮河。什么六朝金粉，我只看见一沟腌臜的臭水！”[①]有鉴于此，从1927年开始，在建设模范首都的浪潮下，南京市政府对秦淮河进行了自然环境和社会环境的双重改造。

有关河道的治理和水质的改善，是整治秦淮河工程中最为紧迫的部分。1928年1月，市政府首先重建了年久毁损的东水关水洋灰闸。1933年6月，又对东、西水关的水闸门同时进行了加修。鉴于沿岸居民乱扔垃圾和侵占河道，致使河床升高、河面变窄的严峻形势，市政府一面成立了疏浚委员会，专门负责河道疏浚之事；一面设立水上警察，对乱倒垃圾的事件进行处理。此外，还采取官民合作的方式清除旧有垃圾。1935年12月至次年7月，市政府在东水关建筑了抽水站。这样春夏城外水涨之时，可以关闭闸门并抽水出城以免城内积涝；冬季秦淮河干涸时，抽取外河之水冲洗河身，使浊水从西水关流出。

对沿岸景观的改造和整理，乃是秦淮河整治工程的重要内容。市政当局以“因利乘便，即取为游乐及宣泄之用”为指导思想，划定秦淮河两岸应当放宽的范围——“拆除背河而筑之房屋，至与河道同向而最近河岸之街道为止；其非背河而筑之房屋，在距河岸不足宽度以内之部分，亦应拆去。”[②]然后在拓宽后的两岸铺草植树，以恢复往日的旖旎风光。此外，画舫由于是娼妓出没、赌徒聚集的重要场所，也成为市政府的重

① 陈源：《南京》，收入《西滢闲话》，石家庄：河北教育出版社1994年版，第132页。

② [民国]国都设计技术专员办事处编：《首都计划》，南京：南京出版社2006年版，第97—98页。

民国时期的长干桥

要改造对象。市政当局对秦淮河中的画舫进行了改良，使之更加具有艺术含义，以便更好地点缀秦淮风光。

1928年初，市政当局曾经提出了艺术化的南京夫子庙的改造计划。在该计划中，首先就是对市场的改造。面对夫子庙乾门前小摊贩摆置杂乱的情形，市政府坚决予以禁绝，并在售卖旧货的学宫东、西甬道内专门划设摊场，令各小贩缴价相承，这就构成了现在夫子庙东市、西市的雏形。市场改造之初，大抵以经营民间工艺品、书籍、旧货、杂耍等为主，个中风趣，使人流连，可以说是游玩夫子庙的必至之所。后来由于生意逐渐兴隆，这里经营的商品也变成了以工艺品、珠宝、书画等高档品为主。

改造计划的另一项重要内容，就是建设带有公园性质的公共场所。民国时期，公园被认为是一种高尚的休闲娱乐场所。同时，这里也可作为对广大民众进行党化教育的重要场所。市政府首先对秦淮小公园进行了修饬，整饬后的公园很受市民的喜欢，成为人们乐意休闲的场所。后来，市政会议甚至通过了一份夫子庙广场建设计划书，共包括两个重要部分：一是建设夫子庙广场，以供民众集会、宣传、演讲之用；二是在广场右边建设一所小公园，以供游客驻足休息。[①] 此外，市政府还在东园故址

① 参见《计划中之艺术化夫子庙》，南京特别市政府秘书处编印：《首都市政周刊》第2期。

玩月桥

白鹭洲一带修建了白鹭洲公园，1929 年建成后对外开放。其中“春水垂杨”“辛夷挺秀”“红杏试雨”“夭桃吐艳”尤为著名，合称“鹭洲春日四景”。

南京市政府对秦淮河社会景观的整治，还体现在对精神文化层面的改造上。秦淮地区作为一个大众娱乐的所在地，三教九流都曾在这个大舞台上竞相角逐，而演艺内容更与社会风化息息相关。因此，规范各娱乐场所的演艺活动是政府需着力进行的。当时政府规定：各娱乐场所不得有伤风败俗的游艺内容；艺员表演时要大方庄重，禁止奇装异服；表演之前，戏目要先送呈教育局核准等。此外，查禁和取缔迷信活动也是改造秦淮的重要方面。市政府曾举行巡回演讲，开展大规模的破除迷信活动，当时诸如“鸣金击鼓救护日月蚀”等仪式活动都遭到了严禁。市政当局认为，从事卜筮星相的人是增进迷信的媒介，如果禁止了这些媒介人员，那么民众的迷信活动自然就很容易禁止。为此，市政当局还对各类术士进行调查，根据他们的实际情况劝其改业。

南京市政府还把废除娼妓作为净化秦淮河社会景观的一个主要内容。在各方面的压力下，国民政府也试图解决首都严重的娼妓问题，甚至将废除娼妓上升至国民党政纲的高度上认识，如认为娼妓制度是“革命的中国国民党的最大耻辱”[①]。在这种共识下，20 年代末至 30 年代中期，市府遂开展声势很大的首都废娼运动，力图使秦淮河的娼妓彻底禁绝。

总的来看，在首都大建设期间，南京市政府在秦淮河自然景观和社会景观的双重改造上都投入了较大精力，也展现了较强的整治决心，但最终却都未达到预期目的。例如，在自然景观的改造上，原先设想将秦淮河北岸的夫子庙市场和秦淮风光带建设成互为一体，结果却成为泡影；为便于集中管理夫子庙娱乐而设计的平江府游艺场，最终也成为一纸空文。再如在社会景观的改造上，卜筮星相等迷信活动并未根除，有时还相当盛行；废娼运动实际上也收效不大，秦淮河一带的青楼业始终存在。

东山附近的秦淮河（20 世纪 30 年代）

① 参见任肃：《废娼问题与首都市政》，南京特别市政府秘书处编印：《首都市政周刊》第 28 期。

推究秦淮河改造未能达到预期效果的问题，当时政府的财政拮据固然是重要原因，但更重要的原因却显然是各种利益集团的掣肘。有学者认为，官方利用其权力介入秦淮文化空间的改造，结果在很大程度上将取决于多方利益要素的较量[①]，就从一个侧面揭示了问题所在。

二、沦陷时期

1937年12月13日南京沦陷后，日军又进行了惨绝人寰的烧杀抢掠。彼时的南京城，“几乎所有的商店、商场、饭店都遭毁坏和抢劫。人民星散逃难，没有一家商店营业，整个南京市场一片死寂”[②]。秦淮河沿岸的大量建筑更被战火严重毁损，甚至雄伟的建筑瑰宝大成殿也化为灰烬，就连向来为日本人所敬重的孔老夫子也未能幸免。

日伪政权接手南京后，为了装点门面，建设所谓的“大东亚共荣圈”，也设法恢复南京的商业和交通。特别是1938年3月伪中华民国维新政府成立，决定首先恢复秦淮河畔的歌舞厅、画舫、酒楼饭店、戏院[③]。在这种政策的推动下，秦淮河两岸的饭店、舞厅、酒吧、妓院、烟馆等开始变得十分兴旺，夫子庙广场的说书卖唱、江湖杂耍等三教九流也异常活跃。可以说，在日伪政权的扶持和推动下，秦淮河呈现出一派畸形的繁华景象。

1940年2月，为了筹备汪伪国民政府的成立，以褚民谊为委员长、陈群为副委员长的“还都筹备委员会”在夫子庙搭起了数座松柏宝塔和牌楼，还竖起了宣传“和平救国”的大型油画。3月30日，汪伪国民政

---

① 参见吴聪萍：《略论1927—1937年南京市政府对秦淮空间的治理和改造》，《学海》2009年第5期。

② 杨颖奇、经盛鸿等编著：《南京通史·民国卷》，南京：南京出版社2011年版，第405页。

③ 经盛鸿：《南京沦陷八年史》，北京：社会科学文献出版社2005年版，第604页。

府正式成立，秦淮地区贴满了五色标语。这样一来，还未从日军铁蹄蹂躏下真正复苏过来的秦淮河，又变成了汉奸横行、群魔乱舞的“胜地”了。汪伪政府成立后不久发生的“丁时俊案”，就是其中较为典型的一例。

此案实际是由丁时俊之兄时任汪伪社会部部长的丁默邨与权势显赫的李士群之间的仇怨引起的。丁默邨担任76号特工总部主任期间，与总部负责人李士群积怨甚深。后来二人又为争夺伪警政部长之职结下新仇，丁默邨遂指使其弟暗杀李士群，不过未能得手。后者为报此仇，于1940年5月的一天趁丁时俊在夫子庙舞厅玩乐时，派出便衣寻衅斗殴，用酒瓶将其打死，这就是轰动一时的“丁时俊案”。后来，李士群也被丁默邨和周佛海合伙秘密毒死。而劣迹斑斑的丁默邨在国民政府还都后，也被逮捕并枪决。

此时的秦淮河不仅是日伪横行之所，各种黑帮、地痞也在这里竞相粉墨登场。透过这种现象，当时秦淮地区治安之败坏、风气之恶劣，也就不难想象了。

夫子庙的帮会比较有名的是安清帮头子常玉清。此人原本是上海的安清帮头子，手下骨干和徒弟较多。1936年前后，他在上海已经很有势力，可以与黄金荣、杜月笙等人分庭抗礼。伪中华民国维新政府成立后，常玉清从中看到了时机，便将安清会改组为“安清同盟会”，并自任委员长。1939年4月，常氏来到南京，向伪维新政府行政院院长梁鸿志讨封。经日军同意，他的安清同盟会得到了批准。常氏在随后的通告中称“凡我安清同仁，谨遵祖师遗教，揭榜效忠，为国为民，谋东亚之和平”。可见，他打着“谨遵遗教”“为国为民”的幌子，实际上已经彻底背叛了安清帮的传统教义，成了日伪政权的鹰犬。

常氏在贡院街南面开有一座三层洋楼的国际饭店和金谷餐厅、金谷舞厅，这里伪政府官员、赌徒、烟贩、窃贼等形形色色的人物一应俱全，堪称社会上各种罪恶的渊薮。常氏在其地界内的势力非常大，就连日本宪兵也不敢轻易搜查。当时沦陷区市民都需随身携带“良民证”以备检查，常氏却能给其亲信爪牙另外配发一种卡，凭此即可畅行无阻。地痞流氓在夫子庙一带出了事，只要他出面，任何问题都能顺利解决。可以说，常氏当年在秦淮地区俨然就是一个土皇帝。常氏多年独霸六朝金粉之区，直到抗战胜利前夕，他的“土皇帝”地位才开始改变。国民政府还都后，常玉清被抓获处决，他的安清同盟会也随之烟消云散。

夫子庙的帮会还有倾向共产党的洪帮山头朱亚雄。1939 年春，朱亚雄在夫子庙附近的莲子营 60 号以“大亚山正义堂”的山头堂号广收门徒。参加者不仅有为了寻求保护的商人、业主等，还有许多日伪机关的高级官员，因而一时在秦淮地区形成了一股颇有影响的社会势力。此时，日本人也注意到了“大亚山”的势力和活动。为拉拢和控制这一组织，日本人还以宪兵队的名义对其加以“保护”。同样，南京的地下党组织也注意到该堂人员混杂，可以将部分人争取过来，于是派遣徐楚光、张冰等地下党组织成员打入其中。经过长期细致的工作，朱亚雄同意参加抗日活动，并接受共产党的领导。

此后，朱氏以保护铁路为名，通过各种关系组成了由地下共产党员全权负责的“华中铁路护路总队”。该总队主要活动于宁芜、宁沪线上，在获取、转输敌人情报，以及地下人员的安全往返方面都做出了重要贡献。抗战胜利后，朱氏还被邀请到苏北解放区参观访问，并受到谭震林、粟裕等人的亲切接见。他的抗日爱国事迹将永远彪炳在秦淮河的史册之上。

总之，日伪横行、黑帮割据、娼妓泛滥、烟毒猖獗等都是日伪统治下的秦淮地区的普遍现象。此外，利用女色杀人夺财的“拆白党”、灵活耍牌骗人压钱的“拍克党”、充满惊人奥秘的“仁丹”胡子等，也无一不深深打上了那种群魔乱舞的时代烙印。

第二节　粉墨啁啾，百艺杂陈
——三教九流

民国时期的方山定林寺塔

民国时期，秦淮地区以俗文化为主体的文化特征愈加明显。夫子庙一带更是三教九流的聚集之区，各种民间技艺在这里竞相上演，江湖卖艺、木偶戏、变戏法、拉洋片……可谓百艺纷呈，洋洋大观，吸引着无数游人的目光。这些“三教九流”的现实生活百态，在一定程度上也折射出了他们生活的时代特点。

历史上久负盛名的秦淮青楼业，在国民政府定都南京后，多少也受到了打击。而首都沦陷后，日伪政府为“繁荣市面”，公然开放娼禁，又使南京的娼妓业逐渐蔓延。

一、百艺纷呈

据《画舫余谭》记载：“起泮宫前，至棘院为止，值清明日，百戏俱陈。如解马、奇虫透飞、梯打筋斗、吐火吞刀、挂跟旋腹、三棒鼓、十不闲、投狭相声、鼻吹口歌、陶真撮弄。凡可以娱视听者，翘首伸颈，围如堵墙。”[1]说明在秦淮河畔历来就有“百戏俱陈”的表演。清末科举废除后，

① [清]捧花生：《画舫余谭》，嘉庆戊寅捧花楼续刊本，第17页。

尽管昔日科举推动起来的热闹景象顿减，但秦淮河以俗文化为主体的文化特征却愈加淋漓尽致地显现出来。民国夫子庙一带曾百艺纷呈，如武艺、马戏、说书、相声、变戏法、木偶戏、西洋镜……可谓千奇百怪，应有尽有，吸引着无数的游人。

（一）江湖卖艺

江湖卖艺

对于某些武学精湛、博学多能的人物，人们通常称赞其“十八般武艺，样样精通”。这里的“十八般武艺”，一般是指能熟练使用十八种兵器，即刀、枪、剑、戟、棍、棒、槊、镗、斧、钺、铲、钯、鞭、锏、锤、叉、戈、矛。当年在夫子庙前的泮宫广场，前来摆场卖艺的几乎都包含了这些武艺。除上述兵器外，还有锦绳套索，乃至空拳白打等，都极具观赏性。这些摆场卖艺的有单人和集体之分，大帮一般也不过五六人。

江湖卖艺可以称得上是露天杂耍中的翘楚，很能引起观众的兴趣，卖艺场边，也往往观者如堵。不过为了能够挣钱，他们还得用一套生意口吻抓住观众，并向他们作揖说好话。但即便如此，观众看完表演也不一定舍得给钱。他们“一遇敛钱之时，则互相退缩，默不作声。亦或有于囊底瑟缩，探一二文与之者，或竟于扰攘中乘隙遁去”[①]。有时，表演者还要防范同行过来“踢场子”，个中辛酸，可想而知。他们通常自嘲“人穷当街卖艺，虎瘦拦路伤人”。习武健身之人，尤其是那些练就

① [清]捧花生：《画舫余谭》，嘉庆戊寅捧花楼续刊本，第17页。

一身好武艺的人，最终却沦落到“当街卖艺”的地步。对于他们来说，至少开场教徒、设局押镖都比当街卖艺要强，当街卖艺实在是一种不得已的选择。

（二）木偶戏

木偶戏也称傀儡戏。据《列子·汤问篇》记载，周穆王西游返还途中，一个名叫偃师的巧匠制造的木偶人竟能歌善舞，“穆王惊视之，趣步俯仰，信人也。巧夫鎮其颐，则歌合律；捧其手，则舞应节。千变万化，惟意所适。王以为实人也，与盛姬内御并观之”①。这当然是不可尽信的，但它说明我国的木偶戏源远流长却应该不成问题。

木偶戏表演的一般都是民间喜闻乐见的内容，唐人梁锽《傀儡吟》说：“刻木牵丝作老翁，鸡皮鹤发与真同。须臾弄罢寂无事，还似人生一梦中。”可见唐代木偶戏的水平已相当之高。至于传统木偶的形式，则主要有提线木偶、杖头木偶和布袋木偶。

辛亥革命前后，夫子庙地区即出现了木偶戏。提线木偶在南京又称为“吊吊戏”，抗战前双福堂戏班曾长年在夫子庙上演这种木偶戏。他们用大白布在泮宫广场的一角围成篷圈，圈外隔以绳网，圈内搭伸出式小台。小台分前后两个部分：后台较大，共有四到七个上下手演员操纵着几十个木偶；台上左、右首分别坐武场、文场各一人，他们负责演奏各种乐器，还为木偶配音。“吊吊戏”开场时锣鼓喧天，吸引游人进圈观看。演出的内容以传统剧目为主，如《西游记》《三国演义》《水浒传》《聊斋》《包公案》《沉香救母》《水漫金山》等，不一而足。

除双福堂等规模较大的戏班外，当时还有不少单人或双人操演的小型木偶戏。他们藏在撑起的小布篷内进行表演，还能同时敲锣打鼓，嘴含口哨吹奏说唱，其精湛技艺令人惊叹。这些操演者多是外乡破产的农

① 杨伯峻集释：《列子集释》卷五《汤问篇》，北京：中华书局1979年版，第179—180页。

民，流落至此混口饭吃。演出结束之际，他们操纵着小木偶向观众鞠躬讨钱。有时表演半天都讨不上几个钱，饥饿的演奏者带着哭腔向观众乞求，其场景让人辛酸莫名。

（三）变戏法

变戏法是幻术的俗称，也就是今天所讲的魔术。这项技艺很早就已经出现，《史记·大宛列传》即有西域条支国“善眩”的记载。《集解》引应劭曰：“眩，相诈惑。”《正义》也引颜师古云：“今吞刀、吐火、殖瓜、种树、屠人、截马之术皆是也。”[①]东汉张衡更在《西京赋》中写道：“奇幻倏忽，易貌分形。吞刀吐火，云雾杳冥。”[②]形象地描绘了当时幻术表演的盛况。甚至在皇宫里面也有魔术的表演，如永宁元年（120年），“西南夷掸国王献乐及幻人，能吐火，自支解，易牛马头”[③]。东汉安帝和大臣观看后也连连称奇。此后，我国的幻术种类逐渐增多，技艺也日臻精美。

清末至民国时期，夫子庙表演的幻术足有几十种之多，古彩戏法、箩圈取物、喉插宝剑、口吞铁球、口喷火球等节目尤其受到游客的欢迎。口吞铁球，表演者能把整颗铁球全部吞下；喉插宝剑，则仰头张嘴，把宝剑插入喉中。这些场景看起来十分惊悚，但表演者能够持续较久，直到将看资收得差不多时才会将铁球和宝剑取出。口喷火球的场景也十分刺激，表演者先把锯末塞在口内，并暗中将火混入，然后用扇子朝口中扇风，缕缕烟雾即从口中冒出，顷刻间便喷出一团火来。著名的魔术大师张慧冲，早年就在夫子庙书写了一段幻术表演的传奇。

---

① [西汉]司马迁：《史记》卷一二三《大宛列传》，北京：中华书局2013年版，第3813页。

② [南朝梁]萧统编，[唐]李善注：《文选》卷二《张平子西京赋》，上海：上海古籍出版社1986年版，第77页。

③ [南朝宋]范晔：《后汉书》卷五一《陈禅传》，北京：中华书局1965年版，第1685页。

拉洋片

（四）拉洋片

拉洋片也称西洋镜，是活跃于夫子庙一带的传统民间艺术。表演者通常为一人，使用的道具为四周安装有镜头的木箱，里面装备有数张图片，起初画面多以杭州西湖的景致为主，故又称为“西湖景”。南京的拉洋片至少在嘉庆年间就比较流行了，清人顾禄曾描述说：“江宁人造方圆木匣，中缀花树、禽鱼、神怪、秘戏之类，外开圆孔，蒙以五色玳瑁，一目窥之，障小为大，谓之西洋镜。”①至民国时期，拉洋片在夫子庙也仍然盛行。

拉洋片一般分为大小两种。小的只能供三四人观睹，但摊主可以背着箱体到处流动。他们往街边巷口一停，往往将鼓钹一敲，小孩子们就争先恐后地围拢过来一睹为快。大的拉洋片则有一辆客车长，一人高。下面是半圈形大木盒，开有二三十个供人观看的孔眼；上面悬着六七尺高的布质画片，一般有八张画片。其表演时，操演者在箱外拉动绳子操纵图片的转动，同时配以演唱，解释图片的内容；观察者则通过镜头观察画面的不断变化。这种内置的图片通常是完整的故事或相互关联的内容，再加上表演者精彩的解说演唱，使得这种艺术别具魅力。

以上所述，仅仅是当年活跃于夫子庙的较为典型的民间艺术。某种

① ［清］顾禄撰，王迈校点：《清嘉录》卷一《正月·新年》，南京：江苏古籍出版社1999年版，第13页。

程度上讲，这也是我国传统民间技艺宝库的重要组成部分，为传统艺术的繁荣做出了贡献。当然，很多人流落于此，摆场卖艺，也仅仅是为了解决急迫的饥寒问题。其中的辛酸苦辣，也值得今人细细体会。

二、烟花之地

历史上秦淮河地区的青楼业十分发达，六朝时期便有“金粉秦淮”之称。至晚明时，“秦淮八艳”更是将秦淮河的艳名推向一个空前的高度。明清鼎革，南京的政治地位远不如前，秦淮河的青楼业一度处于衰败的境地。然而，依托于香艳迷离的秦淮河水，青楼业在清中期以后又呈现出几度兴衰。

清中期后，随着江南经济的持续恢复和发展，清廷当局对青楼业有所放松，秦淮河又逐渐重现了以往莺歌燕舞的景象。由于清前期已无官妓和市妓之类的概念，此时秦淮河的妓女大致可分为高级和低级两类：高级妓女一般在年龄、相貌、才艺等方面拥有较为优越的条件，可以在妓院这种较为优越的场所里从容待客；低级妓女则多为街头流娼，其服务对象主要是社会下层。秦淮青楼的妓女多属于前者，主要由本地人、苏州人和扬州人构成，分别被称为宁帮（或本帮、京帮）、苏帮和扬帮。

这一时期的秦淮青楼，大致沿着秦淮河两岸呈线状分布。利涉桥到武定桥一带居住的妓女素质最高，竞争力也最强。她们隔河正对着江南贡院，每逢秋闱时节，从安徽、江苏两省而来的上万士子云集于此，更是将秦淮青楼业的繁盛景象推向巅峰。利涉桥以东的钓鱼巷居住的妓女为第二等，这里是秦淮画舫的出发点，虽不及贡院一带热闹，但也堪称僻静之所，一些欲得清寂的名妓往往居住于此。武定桥以西居住的妓女为第三等，这里的位置更偏僻，妓院的档次也相对较差，自然无法与前二者相提并论。清代秦淮河畔的妓院也称“河房”，它们多是沿河而造，前门朝街，后门临河，有些还被营造得颇有隔绝尘世的意味，所谓“绮窗锦幕，不染纤尘，几榻尊彝，位置俱极楚楚。入其室者，如别一洞天，几忘门以外之甚嚣尘上也”[①]。秦淮一带本是极其喧嚣的风月场所，入其中却恍惚能让人产生一种世外桃源的感觉。究其原因，主要还是这种高档妓院的光顾主体终究是颇有资财的文人墨客，如此正迎合了他们的“高雅志趣”。

太平天国时期，自清中期以来持续繁荣的秦淮青楼业在战火中遭到了毁灭性的打击。秦淮两岸一片荒芜，其他各行各业也严重衰落。面对如此景象，两江总督曾国藩为了恢复经济和发展民生，力排众议，决定对秦淮青楼业采取一种相对宽松的政策。故而清廷收复南京数月之后，秦淮河上就出现了灯船画舫。曾氏还带着幕僚亲自登船游览，并令上元、江宁两县令置酒设席，共赏秦淮风月。曾氏甚至还允许在此设立官家妓院，尽管其数量被限定在六家，但这毕竟是以官方的形式承认了它的合法地位，对以后秦淮青楼业的发展影响很大。战后恢复的妓院主要集中在钓鱼巷一带，这里也成了晚清南京唯一的烟花之地。

国民政府定都南京后，最初实行“寓禁于征”的公娼制度。1927 年 6 月，通过的《南京特别市财政局征收花捐章程》规定：“本市妓馆分甲、乙两等纳捐，甲等妓馆每月缴纳银元 24 元，乙等妓馆月捐 12 元。妓女分一、二、三等，各纳月捐 6 元、4 元、1 元，限 8 月 10 日前向市财政局登记、纳捐、领取执照。”[②]不久，民国政府转而实行严厉的禁娼政策。1928 年 7 月 3 日，市政府令公安局在两月内将公娼和私娼一律查明废止，并劝其改业或习艺、择偶，如逾期仍未改业则应立即驱逐出市。市内娼妓闻讯后大为恐慌，两周内有十分之三逃离南京。至 8 月 11 日，全市进行娼妓登记，但只有很少一部分妓女前往，大部分还处在疑虑和

---

① [清]珠泉居士撰，薛冰点校：《续板桥杂记》卷中《丽品》，南京：南京出版社 2006 年版，第 59 页。

② 南京地方志编纂委员会编：《南京公安志》，深圳：海天出版社 1994 年版，第 107 页。

观望之中。

自9月1日废娼日截止后，南京的娼妓活动趋于隐蔽。当时有报告称："自禁娼后各娼妓有的另租房屋变作私娼，有的逗留旅馆秘密卖淫，近日茶馆中更是娼妓掺杂其间，以致点戏争胜之风大滋。"[①] 对已经查处的私娼也无法进行有效的处置。在查处过程中，部分警察借禁娼之名无故侵入他人住宅或旅馆房间，甚至借机敲诈良家妇女，而对真正的妓女则仅仅罚款了事，这就使得堂堂正正的禁娼行动反而变成了扰民之举。

禁娼政策实施后效果一直不好，秦淮商业却因此变得满目萧条，此时商家开放娼禁的呼声越来越高。面对这种不利形势，市政当局曾考虑有限度地开放娼禁，但又遭到了社会舆论特别是女界的强烈反对。市政府实际上处于表面坚称禁娼，而行动上已经无力贯彻禁娼政策的地步。这种状态迁延日久，直到首都沦陷后才又发生了重大变化。

1937年12月南京沦陷后，这座古都开始处于日伪的统治之下。1938年4月13日，汉奸乔鸿年向伪南京市自治委员会呈请在夫子庙一带开设"人民慰安所"，声称："奉南京特务机关委托，为繁荣夫子庙面市，振兴该区商业，调剂全市人民生活计，指定在夫子庙贡院街海洞春原址及市府路永安汽车行暨永安里全部房屋，分设人民慰安所两处。"[②] 这一呈请很快得到了批准，因而所谓"慰安所"就成为日伪统治时期秦淮地区开设的第一批妓院。

1938年3月28日，伪中华民国维新政府在南京成立。4月24日，伪南京市自治委员会解散，伪督办南京市政公署成立。为了装点门面，伪维新政府设法恢复南京商业，决定首先恢复秦淮河畔的歌舞厅、画舫、酒楼饭店和戏院。在此背景下，以往长期经营妓院的孙锡臣等人向伪市

① 南京地方志编纂委员会编:《南京公安志》,深圳: 海天出版社1994年版,第108页。

② 乔鸿年:《呈为分设人民慰安所仰祈鉴核准予备案事》,南京市档案馆馆藏档案1002—19—56。

政公署要求重开妓院。他们猛烈攻击国民政府的禁娼政策，声称“本京当蒋政权盘踞之际，以虚伪之新生活运动，骤然禁娼，立使繁盛市面日见萧条”，进而援引“齐桓公广设女闾，市廛兴盛，曾文正公于平定发逆之后入主南京，开辟娼寮于秦淮两岸，躬自导游，商贾云集”为历史佐证，无耻地提出恢复妓院以“繁荣”市场[①]。伪市政公署也认为设立妓院可以作为“繁荣”市面的一种手段，因而批准了孙锡臣等人的呈请。此后，其他一些妓院也陆续设立。

值得注意的是，伪政权起初对妓院的开设并无明确规划，也没有规定具体的妓院区域。直到 8 月伪市政公署才决定“将利涉桥沿河两岸一并划为妓院区”，并进一步解释说：“所谓利涉桥沿河两岸，应以东至东关头，西至秦淮小公园为限。”[②]这些地方都位于秦淮河一带，后来由于妓女数量大增，又扩展到秦淮河其他地域乃至河外地区。按照有关规定，妓女必须定期体检，一旦检测出患病，则须停止营业，并进行治疗。起初这种检验工作还只是流于形式，1939 年娼妓检疗所成立后开始正式进行。

当然，以上都是针对登记过的公娼而言的，当时南京各地的暗娼更是大量存在。总的说来，日伪政府公然开放娼禁，使南京的娼妓业大肆发展起来，这固然在一定程度上实现了所谓“繁荣市面”的目的，但对社会风气的败坏却是极为严重的。可以说，沦陷时期的秦淮河，又一次呈现了作为烟花之地的畸形繁华。

---

① 孙锡臣：《呈请开设妓院，恳准许可营业事》（1938 年 6 月），南京市档案馆馆藏档案 1002—10—14。

② 《督办南京市政公署回函》（1938 年 8 月 18 日），南京市档案馆馆藏档案 1002—10—14。

第三节　八方荟萃，百门佳品
——民俗文化

旧时夫子庙的风味小吃种类繁多，别具特色。它们都构成了秦淮旧影的重要意象。

秦淮地区的奇玩街是南京最早的古玩商店聚集之区，数十家商店鳞次栉比，古玩商品琳琅满目。1924 年兵灾之后，古玩市场移至贡院西街一带。这里曾聚集了数十家很有影响的古玩商店，迪华斋、沈润生、松宝斋等都颇有名气。

民国时期秦淮河畔茶社林立，仅流经夫子庙段的就足有二三十家之多。它们既是秦淮自然景观中的一道靓丽风景，也是秦淮民俗文化的一个重要组成部分。

一、小吃

中国的饮食文化源远流长，各种独具特色的风味饮食，共同构成了丰富多彩的地域饮食文化。作为民俗文化荟萃之区的秦淮河，其风味小吃种类之多样、特色之鲜明，也是值得称述的。

（一）糕点

秦淮地区的糕点向来以工艺精细、造型美观、选料考究、风味独特而著称。尤其是晚清至民国时期，秦淮胜地的各种糕点几乎无所不备。当时的秦淮糕点帮式多样，大致以苏式、扬式和本地帮为主。此外，还有清真帮、京式、宁式、广式、西式等其他种类。

苏式糕点品种繁多，其中以蒸烧蛋糕和猪油年糕最为著名。这种糕点的制作技艺以苏州为代表，多用果仁、猪板油丁等为馅料，并辅以桂花、玫瑰等天然香料调品，具有甜、软、肥、糯、松、酥、香、脆的风味特点。

由于苏式糕点汲取了扬式糕点的精华，代表了江南地区的糕点制作技艺，故又称“南式”糕点。扬式糕点则以工艺精细著称，其糕、馒头、寿桃等俱极有名，向来负有“维扬细点”的美誉。往日夫子庙经营苏式糕点的有小苏州、稻香村等著名店家，扬式糕点则主要在秦淮沿岸的茶馆酒家经营。

京式糕点又名“北式”糕点，其制作技艺以北京为代表。明清时期，宫廷御膳房里聚集了很多民间的糕点能手，他们能做出各种精美的糕点以满足最高统治者的需要。后来这些糕点品种陆续流向民间，形成了绚丽多彩的京式糕点制作体系。这类糕点外形精细美观，表面多有龙飞凤舞、飞禽走兽等文印，具有浓郁的民族特色；馅料多用枣泥、青梅、葡萄干、豆沙、白糖等，口味较为清甜。1927 年后，京式糕点大量传入秦淮地区，成为秦淮糕点的重要组成种类。

宁式糕点指浙江宁波一带的传统名点。其选料以该地区盛产的优质大米为主，加工精细，造型别致。其制作技术可分为两部分：一是专做油包、福包、金团、荷叶卷、蜂糕等蒸制的“水作”产品；二是专做饼、糕、糖、酥等油货、糕片、糖货、酥皮等类型的产品。

广式糕点以广州地区为代表，用料重糖重油，馅料多用榄仁、椰丝和莲蓉，具有独特的南国风味。该类糕点外形圆整美观，花色品种齐全，且甜香肥润，可以说同时含有京式和西式糕点的某些特点。广式糕点有酥皮、桃酥、松糕、油炸、月饼、松酥、擘酥、蛋糕八大类，其中椰蓉酥、椰蓉月饼、海参酥、莲蓉甘露酥等是富有地方特色的风味糕点。民国时期，这类糕点在秦淮河畔的西式餐厅、酒吧和糕点茶食店中较为兴盛。

（二）糖货

旧时秦淮河的糖货极为兴盛，称之为集我国传统糖货之大全，似乎也不为过。当年秦淮地区的特色糖货摊主要有两种，即十景糖货与唱卖的梨膏糖。

十景糖货是旧时夫子庙地区一种常见的卖糖形式。摊主推着糖车，可以到处流动。车上并排放置着十多方扁平的玻璃框盒，每框内放置一种糖。常见的种类有菱形花生酥糖、花生糖、浇切片、寸金糖、董糖、芝麻糖、橡皮糖、脆松糖、麦芽糖、小孩酥糖以及各色粽子糖等。其中花生糖、浇切片、寸金糖、董糖四种极富喜庆色彩，被称为传统新春佳节的“四色糖”。每到夜幕降临时，十景糖货的摊主点上长颈乙炔灯，照耀着夜色下的游人选购糖货，其场景极具一番珍忆的韵味。

旧时夫子庙的梨膏糖也很有名。梨膏糖以雪梨（或白鸭梨）和中草药为主要原料，添加冰糖、橘红粉等熬制而成，可以治疗咳嗽等多种症状。当然，比起梨膏糖的形制特点和药用价值，摊主“三分卖糖，七分卖唱”的叫卖方式更能让人产生记忆。梨膏糖的摊主一般是两人，其中一人边拉小手风琴边唱梨膏小调：“一包冰屑吊梨膏，二用药味重香料，三（山）楂麦芽能消食，四君子打小囡痨，五和肉桂都用到，六用人参三七草，七星炉内生炭火，八卦炉中吊梨膏，九制玫瑰均成品，十全大补共煎熬。”显而易见，这种经营方式不仅让梨膏糖名气日增，也使得叫卖梨膏糖成为那时秦淮地区一道不可缺失的风景。

叫卖梨膏糖

（三）炒货

夫子庙的炒货也是秦淮地区独具特色的传统茶食小品。旧时经营炒货的不仅有炒货摊，还有炒货店，二者不仅竞相媲美，在价格上也互有竞争。一般炒货摊的炒货物美价廉，方便游客选购。当时来夫子庙游玩的，不管是只看风景的游人，还是喝茶品茗的茶客，或是进秦淮剧院娱乐的观众，大多会买些炒货边赏边吃。此外，这些炒货也是旧时南京人传统佳节和喜庆嫁娶的必备品。

当时的茶食炒货种类繁多，如瓜子类的就有黑瓜子、白瓜子、葵瓜子之别，黑瓜子又有酱油、奶油、玫瑰、甘草、话梅、薄荷等多种口味；花生米也有五香、椒盐、奶油、糖衣、玫瑰之别；豆类品种则更加多样，江南熏豆、五香豆、茴香豆、桂皮豆、芽蚕豆、爆蚕豆、蝙蝠豆、多味豆等一应俱全。此外，糖炒栗子、椒盐榛子、奶油松子、香榧子、爆白果、炒杏仁等各色炒货也都很有名气，它们无一不体现了秦淮地区的茶食特色。

南京瓜子是旧时夫子庙地区四季常供的特色炒货，它选用诸如山东济魁子、江西丰城子等著名黑瓜子，然后加盐炒干，直到粒粒中间朝外膨胀，放到桌上能够旋转。若想达到较理想的效果，炒时需靠有经验的老师傅来掌控火候和调味。南京瓜子曾被上海一家资深的“好吃来”炒货厂作为品牌，并进一步提高了制作技术。随着“好吃来”瓜子的大受欢迎，南京瓜子的美名也远播四方。

糖炒栗子是中秋节前后夫子庙各色炒货中的一颗明星。每到这一时期，南北各方肥厚甘美的板栗纷纷进入南京。店家、摊贩除了供售少部分生板栗外，大多是现炒现卖。这种熟板栗是用加饴糖和茶油的熟砂反复炒制而成的，“糖炒板栗”之名也由此而来。在炒制过程中火候要适中，这样才能使

糖炒栗子

炒熟的果实皮色光亮润泽，入嘴香酥甜糯。当年夫子庙的炒栗摊多选用颗粒饱满、大小均匀的北方良乡栗子，也有用宜兴板栗的，其糖炒效果往往让人称道。

五香豆也是秦淮地区一种很常见的普通茶食。南京的五香豆尽管不如上海城隍庙的五香桂皮豆那么声名在外，但也是值得一提的。19 世纪 40 年代，五香豆在秦淮沿岸的街边摊市随处可见，当时有两兄弟沿街叫卖让老南京们印象尤为深刻："五香豆，真正香，老头儿吃了老妈妈香，大姑娘吃了二姑娘香，大哥哥吃了二哥哥香，城里头吃了城外香……"这种吆喝声一路传来，抑扬顿挫，着实欢谑引人。故而兄弟俩一停下担子，附近老少就围了过来。两兄弟见此情景，就更扯高了嗓门——"要吃的快来买，明天我就要到上海。"又引起了旁人的一阵欢笑。人们虽然吃了很多次，但碰到时又会产生再"香一香"的念头。兄弟俩的五香豆和吆喝声，给当时的人们带来了无数的欢乐，已成为城南人的一种记忆。

（四）鸭馔

鸭馔也是秦淮地区风味饮食中的佼佼者，《冶城话旧》云："南京以善制鸭著，盐水鸭、板鸭、酱鸭，名目繁多。沙湾濮恒兴，武定桥刘天兴，皆各鸭子铺，然予犹取宴乐兴，买一鸭可以成全席。"诸鸭馔中，以南京板鸭和盐水鸭最为著名。

盐水鸭

板鸭是以鸭子为原料的腌腊食品，因其肉质细嫩紧密，像一块板似的，故名板鸭。南京板鸭久负盛名，明清时期南京就流传着"古书院，琉璃塔，玄色缎子，咸板鸭"的民谣，可见那时南京板鸭就已成为南京地区标志性的特色食品。它还是“江苏三宝”之一，所谓“咸板鸭，镇江醋，苏绣功夫天下著”。

南京板鸭用盐卤腌制风干而成，有腊板鸭和春板鸭之分。腊板鸭的产季在小雪至冬至之间，春板鸭则在立春到清明之际，质量通常以前者为佳。南京板鸭体肥皮白，香味浓郁，肉质酥烂细腻，故有“干、板、酥、烂、香”的美誉，堪称色香味俱全。它是金陵人极为爱吃的菜肴，被赞为“六朝风味，百门佳品”。因清代南京还要将质量上乘的新板鸭进贡给皇室，故南京板鸭又有“贡鸭”之称。此外，朝廷官员在互访时也以板鸭为礼品互赠，故又获得了“官礼板鸭”之名。

南京的盐水鸭更是闻名遐迩，已成为中国著名的地理标志产品。与传统的腌腊制品不同，它通过低温熟煮保持了鸭肉的多汁性，因而鲜嫩异常，咸鲜可口。南京盐水鸭也是历史上唯一一种低温畜禽产品，一年四季均可制作，尤以农历八九月稻谷飘香、桂花盛开时制作者为上品。《白门食谱》记载：“金陵八月时期，盐水鸭最著名，人人以为肉内有桂花香也。”① 故南京盐水鸭又俗称“桂花鸭”。

国民政府定都南京后，金陵鸭馔业得到了空前发展。不仅各大小菜馆烹制鸭馔，还形成了规模颇巨的鸭铺行业。据有关统计，民国南京最高时有鸭铺一百五十六家，年销量高达五十一万只。当时还出现了以濮恒兴、刘天兴、马恒兴、韩复兴等为代表的盐水鸭八大家。其中位于秦淮地区的韩复兴等店名沿用至今，正传承着当年金陵秦淮的鸭馔辉煌。

除了以上所说，秦淮小吃中的各色元宵、端午粽子、各式月饼、湖产风味、咸味饮食等也颇负盛名。今天，永和园的黄桥烧饼和开洋干丝，蒋有记的牛肉汤和牛肉锅贴，六凤居的豆腐脑和葱油饼，奇芳阁的鸭油

---

① [民国]张通之：《白门食谱·七家湾西小巷内王厨盐水鸭》，南京：南京出版社 2009 年版，第 134 页。

酥烧饼和什锦菜包，奇芳阁的麻油素干丝和鸡丝浇面，莲湖糕团店的桂花夹心小元宵和五色小糕，瞻园面馆的熏鱼银丝面和薄皮包饺，魁光阁的五香豆和五香蛋已经形成了新时代的“秦淮八绝”。它们作为当代秦淮风味小吃的优秀代表，正欢迎着全世界游客的到来。

秦淮王顺兴

二、古玩

古玩旧称古董零杂，亦称骨董，是指前代遗留下来的珍奇器物，以供后人收藏、鉴赏、品玩等。古玩商店经营的古玩种类十分广泛，瓷器、金银器、铜器、玉器、漆器、珠宝、古钱币、书画、印章、石刻、文房四宝等无所不包。可以说，但凡有一定年代和品相而具有一定收藏价值的器物，都在古玩商店的经营之列。夫子庙地区就有这样一个商店鳞次栉比、商品琳琅满目的古玩市场。

秦淮古玩城

与贡院毗邻的奇玩街（今建康路）是南京最早的古玩商店

集中区。顾名思义，这里是珍奇古玩的荟萃之区，街道也因此而得名。民国初期，这里聚集了数十家古玩商店，位于贡院西街与建康路西口的奇玩阁，是最早开在这里的古玩商店，也是当时最大的一家。该店堂面宽大，古玩商品种类繁多，令人目不暇接。加之该店老板善于经营，信誉广泛，因而生意非常兴隆。但在1924年江浙战争行将结束之际，江苏都督齐燮元麾下第六师的溃兵却趁着夜色在城南一带的商号和居民家中疯狂抢掠，并在抢劫之后又放火将大功坊一带焚烧殆尽。在这场浩劫中，奇玩阁被洗劫一空，整条奇玩街也呈现出一片断壁残垣。

此后，秦淮古玩市场逐渐移至贡院西街一带。这里也开始聚集了较有影响力的古玩商店，如迪华斋、沈润生、松宝斋、粹谷斋、乐古斋、鉴古斋、洪宝斋、明宝斋、陈正记、博雅轩、萃古山房、聚文堂、经古舍、西园书画店、汪万顺书画店等。这些商店都颇具规模，有些还专门经营特定种类的古玩，如萃古山房、聚文堂专门经营古书，经古舍专门经营碑帖字画等。当年夫子庙的古玩货源十分充足，主要来自扬州、合肥等地和本地黑市。所谓本地黑市，是指旧时南京的一种专在夜里进行的交易，天亮即散去。这种交易也是古董商店取得货源的重要方式。古玩商中有专跑黑市的人，他们在黑市中低价收购古董，经过一番整理即可获得较高的利润。有时遇到不识货的卖主，古董商凭借一两件稀世珍宝即可发迹。

和任何地方的古玩市场一样，夫子庙地区也有大批以次充好、以假乱真的古玩商品。当时的古玩商都具备这种本领，行话称之为“西贝”。西和贝系一“贾”字，与“假”同音。他们经常用这话来蒙蔽顾客，所以社会上称这类人为“古董鬼子”。这种手段对于一般顾客还是有效的，但若真的遇到古玩行家就无济于事了。所谓“识古不穷”，说的也就是这个道理。至于古玩的自身价值，其年代的长短则是一个很重要的衡量标准，如在清代，古玩市场以宋代器物为优；至清末民初，明代的器物尤为可贵；此后，洪宪年间的瓷器也成为稀世之宝了。另一方面，器物本身的质地、做工、品相等方面也是决定其价值的重要因素，这就需要具体而论了。

一般来说，古玩不仅需要丰厚的资金购藏，还需要有相当的学识和志趣把玩。所以除了一些土财主购进古玩装点门面外，通常真正的古玩家多是富有财力的文化人。民国时期，林森、宗白华、胡小石等就是这类频繁穿梭于夫子庙古玩市场的古玩爱好者。

林森当年是国民政府主席，爱好古玩成癖。政府公务之余，经常轻车简从，徘徊在夫子庙的古玩商店里。尤其是每次发薪后，他必去那里选购，只要看中的，哪怕需重金也在所不惜。迪华斋是他经常光顾的古玩店，有一次他在该店以三百元的高价购下了一把雕刻精细、古色斑斑的香妃竹扇，闻者为之咋舌。但他的鉴赏经验颇为丰富，赝品很难逃过他的眼睛，想必不会买错。

宗白华是有名的哲学家、诗人和美学家。他从德国留学归来后，任教于东南大学（今南京大学）。授课之余，他常和胡小石一起来到夫子庙游玩，古玩店是他们经常流连之处。他曾在一家古玩店贱价购进了一尊镌刻精美的石佛头，朋友们闻讯后纷纷前来观看，当时传为美谈。有意思的是，抗战爆发，宗氏随校仓促迁往重庆，临走前将佛头埋在院中。抗战结束后，他返回旧时的寓所，屋中书籍字画已荡然无存，只有这尊佛头还在，宗氏也

宗白华

由此获得了“佛头宗”的美誉。与宗氏相似，胡小石也经常在闲暇之时徜徉于夫子庙古玩市场，遇到自己喜欢的也毫不吝惜。久而久之，所藏日趋丰富。可惜抗战期间其寓所中弹，胡氏精藏之物亦多损毁。

今天夫子庙地区不仅有东市、西市等古玩字画和工艺品商店，瞻园路上还建起了两座大型民国式高楼，分别名为“南京古玩城”“秦淮古玩城”。此外，瞻园路北侧也有数十家老店铺，十分恢宏靓丽。夫子庙长久以来形成的古玩荟萃传统，不仅被很好地继承了下来，而且还会继续发扬光大。

三、茶社

自古以来，我国就形成了喝茶品茗的传统，其源远流长、博大精深的茶文化堪称中华文化遗产宝库中的一颗璀璨明珠。与之相应的是，秦淮河一带的茶社也是非常普遍的。民国时期，这里的茶社鳞次栉比，仅流经夫子庙段的就足有二三十家之多。可以说，它们也是秦淮景观的一个靓丽的组成部分。

堂倌是民国茶社中的一景，他们的冲茶技艺都堪称一绝。当时一个常见的场景是：堂倌右手执太平府大铜壶一把，在离桌面三尺左右的高处对准茶盅倾注沸水。只见壶嘴猛一向下，再向上一翘，茶盅里的水就正好九成满。更令人惊叹的是，在这过程中竟没有一滴洒落出来。其动作之迅速、精准，使初见者不得不由衷地惊叹。堂倌一般都很有能耐，他们不仅在服务上热情、周道、细致，还具备眼快、手快、口快的“三快”功夫，故能在繁忙的工作中应对自如。对于一些老茶客，堂倌更熟知每个人的口味喜好。通常不等茶客开口，他们已经在客人的茶壶或茶盅里搁下其想要的茶叶，而绝不会有半点儿差错。时至今日，一些老南京谈起当年的茶社来，仍然津津乐道，心驰神往。

民国时期，在夫子庙一带的众多茶社中，义顺、奎光阁、新奇芳阁、六朝居四家最为有名。它们各有特色，都堪称当时秦淮茶社中的佼佼者。

茶房

义顺茶社位于文德桥北，紧傍泮池大照壁。这家茶社尽管规模不大，但方桌条凳，砖铺地面，十分整洁干净，茶客多是来自夫子庙周边地区的下层市民，也有少数跻身中产阶级的小业主。清晨开门营业，早半天各行业的手艺人聚会于此等待雇主，房屋买卖租赁的中间人"房牙子"也来这里议事交易；下半天则是养鸟、玩鸟的"流哥儿"们的天下。他们边欣赏百鸟争鸣，边喝茶品茗，调侃谈笑，漫无边际。这既是他们的生活常态，也是他们生活的乐趣所在。

义顺茶社以卖清茶为主，兼供鸭油烧饼、干丝两种点心。干丝是由豆腐店特制的干子切成的，要将其切得长短一致、细如姜丝，全在刀工上，堂倌们能从刀法上鉴别出同伙跑堂的资历。可以说干丝是当时茶馆所经营的必备点心，当年几乎没有专卖清茶不卖干丝的茶社。还在清代时，即有"茶社客堪邀，加料干丝堆细缕"的诗句。值得一提的是，最初干丝并不由茶社老板经营，而是堂倌们的"私货"，只是后来老板见经营干丝收入颇丰，便也开始参与进来。义顺茶社经营的干丝虽不是最有名的，但也物美价廉，茶客入座后还是愿意花上五文钱买上一碟。吃完干丝，接着品尝几块鸭油烧饼，就着一壶茶，早餐问题就解决了。这时手艺人也找到了雇主，分头随之而去；"房牙子"们则继续品茶，相互打探消息，兜揽生意。晚间时分，茶社还有歌女们的京剧清唱节目。

奎光阁茶社在文德桥东，紧傍秦淮河。这家茶社的后院有亭榭，其宝蓝色的顶盖形如酒坛。在晨曦和夕阳的照耀下，光彩熠熠，极为夺目。奎光阁之名，乃取“奎星高照，光宗耀祖”之义。故而科举废除前，这家茶社的主要客人是赴宁赶考的秀才们。每逢大比之年，从各个州县前来的士子们专上奎光阁品茗，以图吉利。科举废除后，奎光阁的茶客发生了很大变化，一大批商家和经纪人成了奎光阁的常客。每天清晨，他们从四面八方汇聚到此洽谈生意。很多笔交易，就在这看似悠闲的品茗过程中达成了。奎光阁下午还安排有书场，晚上或书场或清唱，因之茶社经常在店门外悬挂“某日某时请某某先生说评书”或“某日某时请某某女先生弹唱古今全传”的醒目牌子。届时艺人登台献艺，茶客环座而听，自是一番欢快的景象。

新奇芳阁茶社位于贡院街南面，其前身可追溯到清末的奇芳阁。辛亥革命期间，由于股东失和，茶社被迫拆伙歇业。1916 年，原股东之一的刘海如在夫子庙附近觅得一块地皮，独资开办了这家茶社。为有别于原来的名称，遂起名为“新奇芳阁”。新奇芳阁比原来的规模要大，两层楼可同时容纳三四百人同时品茶。且两面临街，窗户宽敞明亮，陈设雅致非常，在当时南京的各色茶社中，其环境条件堪称首屈一指。

新奇芳阁的茶客不像一般茶社那样庞杂，有很大一批是社会名流，如画家傅抱石、陈之佛，学者胡小石、黄季刚，作家张恨水，报业名人张友鸾等，他们都不时前来品茗会友。此外，相当一部分工商业巨头和政府高级官员也是该茶社的常客。至于从外地来游夫子庙的军政要员和社会贤达，也几乎没有不到新奇芳阁的。茶社中还有一批每日必到的老茶客，他们多是家境颇优、处于颐养天年阶段的老人。相对于其他茶客，这批老人似乎更有从容品茗的兴趣和闲心。他们通常自备宜兴紫砂壶，常年寄放在茶楼里，还备有一小袋松子，届时边用松子摩擦茶壶，边品茶清谈。久而久之，松子油渗入茶壁，壶中的茶水便微含松子之香，其

奇芳阁今景

味亦独特悠长。

总的说来，新奇芳阁如此吸引茶客，这既得益于其环境的清幽和陈设的雅致，也有赖于其风味小吃的品种繁多和极具诱惑力。就拿每家茶社必备的干丝来说，新奇芳阁的最为有名。这家的堂倌可以把干丝切得细如姜丝而又均匀不碎。其他诸如麻油菜包、酥油小烧饼、鸡丝面、春卷等小吃也很有名气。

六朝居茶社位于贡院明远楼正前方。与新奇芳阁一样，这家茶社也是一座两层楼建筑。其形制飞檐画栋，更兼雕花窗格，古色古香，尽得优雅深邃之妙。茶社店堂中悬挂着不少名人字画，其中一副对联——“近夫子之居，食不厌精，脍不厌细；傍秦淮左岸，与花长好，与月长圆。”极为贴合该茶社的地理位置和经营特色。该茶社的茶桌一律为八仙桌；茶椅通常为靠椅，夏天则换成藤椅。每到夏日时节，推开雕花木窗，对着秦淮河水，可慢斟细品，其微风习习，不仅纳凉去暑，品茗有味，就连秦淮风光也可尽收眼底。想来个中惬意，亲临者也未必能三言两语道出。

除上述四家茶社外，夫子庙一带还有十多家较为有名的清唱茶社，得月楼、天香阁、市隐园、群乐茶社等都是当中较为典型的代表。秦淮河畔是南京茶社分布最密集、声名最卓著的地域，夫子庙一带又是其中的佼佼者。因此，谈起民国时期南京的茶社和茶文化，就不能不提起秦淮河这个重要的地域空间；而谈起民国时期秦淮河畔的特色文化景观，也同样不能忽视夫子庙的茶社和茶文化。

第八章　传承变革，继往开来
——新中国成立以后

秦淮河的历史文化底蕴十分深厚，历朝文化古迹堪称星罗棋布。它们犹如一颗颗璀璨的明珠，散落在秦淮河两岸，只是由于时代久远，有些已经遗迹难寻。新中国成立后，尤其是近二三十年来，人民政府继往开来，对秦淮河进行了大力的整治和开发工作，很多沿岸的文化古迹已经或即将得以重修或复建。

秦淮河畔现存的文化古迹类型十分丰富。在文化名桥方面，淮清桥、文德桥、朱雀桥、长干桥、七桥瓮等都是其中声名尤著者，至今散发着秦淮河独特的魅力和风韵；在金陵名园方面，秦淮河沿岸曾是南京古典园林的荟萃之区，修复后的瞻园、东园、愚园等仍记录和展示着南京园林的辉煌；寺院庙宇方面，大报恩寺内的琉璃宝塔曾享誉世界，被称为中世纪的世界七大奇观之一，瓦官寺内的瓦官阁亦为天下名阁，饮誉大江南北，鸡鸣寺素有“南朝第一寺”的美誉，承载了南京太多的佛教文化；名人故居方面，明清以来沈万三、汤和、李渔、秦大士等人的故居依旧坐落在秦淮河畔，他们的遗迹名称有些至今沿用，已经成为秦淮河不可或缺的文化符号；历史遗迹方面，夫子庙是当今秦淮风光带上的中心建筑，凤凰台等古迹至今吸引着游人抒发六朝幽思。

古往今来，秦淮明月依旧，河水历经沧桑。历史上秦淮河道的建设经历了六朝、南唐、明代三个重要时期。新中国成立后，围绕这条河流的整治和建设工作一直未曾间断，现在终于露出了她的碧波芳容，恢复了以往的功能活力。旅游开发方面，以内秦淮为轴线，以夫子庙为中心的集文化、商业、服务、旅游等多种功能于一体的秦淮风景区，正以最热烈的姿态，欢迎着全世界游客的到来。

第一节　几许繁华流不尽
——名胜古迹

孙吴、东晋、宋、齐、梁、陈、南唐、明、太平天国、中华民国相继在南京建都。伴随着南京古城深厚的历史底蕴，古老的秦淮河地区更是遍布了大量的文化古迹。从文化名桥到古典园林，从招提宝刹到名人故居，从文物名迹到特色建筑，堪称不胜枚举。近几十年来，人民政府对这些历史文物古迹进行了大量的修复工作，秦淮河又展现出了昔日的风韵和魅力。

一、名桥

漫步于秦淮河畔，你会发现一座座古桥鳞次栉比，令人目不暇接。仅在内秦淮这条“十里珠帘”上，竟然镶嵌着十五座古桥明珠，文正桥、平江桥、文德桥、武定桥、朱雀桥……每座桥都是人们耳熟能详的。秦淮河其他河段上的古桥名津，更是难以计数。它们或为拱桥，或为曲桥，或为斜桥，或为直桥，应有尽有，随处可见。

（一）淮清桥

淮清桥位于建康路东段，原是南京著名古河道青溪上最大的桥梁，古称青溪大桥。又因位于青溪与秦淮河的汇流处，故得名淮青桥，后称淮清桥。

淮清桥始建于东晋，是后人识别“青溪九曲，仅存其一”的重要地标。那时淮清桥一带是江南名门望族的聚居之地，诸葛恪、郗鉴、檀道济、江淹、江总等著名历史人物曾先后定居于此，形成了“南朝鼎足，多夹青溪”的盛况。清人王友亮就曾为此咏叹：“东风香送木兰桡，直接秦淮旧板桥。几许繁华流不尽，青溪一曲见南朝。”从他的诗中仍依稀可以领略到六朝淮清桥一带的繁华景象。然而六朝如梦，至南朝陈后主时期，隋军将领韩擒虎攻破建康宫，陈朝随之灭亡，陈后主的爱妃张丽华也被带到淮清桥附近杀害。六朝的烟月繁华，也如同这美人的凋零一般，一去不复返了。

至唐代时，淮清桥附近的青溪宫畔还有王昌龄的故居。王昌龄（698—756年）是盛唐时期的著名诗人，尤长于七绝，被誉为“七绝圣手”，当时又有“诗家夫子王江宁”的美誉。像“秦时明月汉时关，万里长征人未还。但使龙城飞将在，不教胡马度阴山”等著名边塞诗就出自他的手笔。王氏去世后，他在青溪宫畔的故居引起了历代文人的探访。诗人常建寻访王氏故居时写有《宿王昌龄隐居》诗：“青溪深不测，隐处惟孤云。松际露微日，清光犹为君。茅草宿花影，药院滋苔纹。余亦谢时去，西山鸾鹤群。”常建与王昌龄生前为挚友，此诗正流露了他对故去好友的真挚怀念之情。清人陈文述在探访王昌龄故居时，亦感叹说：“一样才人工乐府，当时只有李青莲。”① 将王昌龄与李白相提并论，可见对王氏的推崇。

中晚唐时期，刘禹锡和韦庄曾游历至此，淮清桥畔古亭里的对联——“淮水东边旧时月，金陵渡口去来潮。”就是他们留下的名句。明王朝

① [清]陈文述：《秣陵集》卷五《青溪访王龙标故居》，南京：南京出版社2009年版，第185页。

建立后，鉴于当时滋生的不良社会风气，朱元璋在淮清桥东北又建了一座“逍遥楼”，将市井中博弈、养鸟等游手好闲之人都拘押其中，使之一直“逍遥”下去，直到饿死为止。朱元璋的严厉措施，使当时的社会风气一度有了改观。

清嘉庆年间，经过历代整修的淮清古桥终究倾圮，后重建成映波恰似满月的石拱桥。解放后，又对桥面和桥栏进行了较大幅度的整修，并在原桥旁拓建加宽成四车道。现在的淮清桥既保留了以往的古朴风韵，又显示着昂扬的新时代风采。

（二）文德桥

文德桥位于夫子庙泮池西南侧，连接贡院街和库钞街，是“十里珠帘”上的一座著名桥梁。“文德”一词出现甚早，《诗经·大雅·江汉》中即有“矢其文德，洽此四国”的诗句。不过诗中的“文德”，是相对于“武功”而言的，指的是“宽松怀柔的政策”[①]。此处“文德”则是广义的，取儒家思想“文德以昭天下”之意。

关于文德桥的始建年代，一般认为是在明代万历年间，这应该是可信的。因为稽诸史籍，在此之前并未有这座桥梁，如成书于嘉靖年间的《金陵世纪》说：“跨秦淮之桥五：镇淮桥、饮虹桥、武定桥、上浮桥、下浮桥。”[②]可见嘉靖时还没有文德桥，该桥确为其后所建。文德桥初建时为木桥，万历后期即告倾圮，当地富户钱宏业曾改建成石桥。此后文德桥数次改易，呈现了几度兴衰。

明清时期，文德桥附近遍布河房水阁，雕梁画栋。周围春灯画舫毕集，箫鼓声声可闻，最能集十里秦淮景色繁华之胜。每逢端午佳节，这里是龙舟竞渡的集结点，引得无数南京人前来观看，可谓万头攒动，锣鼓喧

---

① 程俊英、蒋见元：《诗经注析》，北京：中华书局1991年版，第915页。

② ［明］陈沂：《金陵世纪》卷三《纪津梁》，南京：南京出版社2009年版，第63页。

天。而每到夏日夜晚，初月穿云，画舫凌波，万家灯火倒映在秦淮河中，与岸旁杨柳共享那一轮秦淮明月。在这唯美的夜色中，人们观桥看水，纳凉赏月，自是一处诗意朦胧的世界。此外，文德桥所处的方位十分特殊，每逢农历十月十五日午夜，天上圆月一轮，站在文德桥头俯视，在两侧的秦淮河水中分别可以看到半个月亮，这就是著名的“文德分月”奇观。当年吴敬梓寓居秦淮水亭时，曾在这天夜里漫步文德桥，见此半边月奇观，写下了“天涯羁旅客，此夜共婵娟。底事秦淮水，不为人月圆”的名句。

除了诸多传统印象外，文德桥还曾见证了孙中山先生的伟人风采。1912 年正值南北和谈之际，政治局势瞬息万变，孙先生来到夫子庙文德桥畔进行匿名演讲。他向民众讲述时局，阐述革命的道理，并悉心倾听民众的意见和要求。后来人们知道这就是时任中华民国临时大总统时，顿时报以热烈的掌声，向这位伟大的民族先驱致以崇高的敬意。

古老的文德桥也曾因年岁既久，桥身负荷太重，发生过几次让人痛心的惨剧。如光绪三十年（1904 年），当时正值端午龙舟竞渡，人们正在桥上争相观看，欢声震耳。此时栏杆忽然断裂，桥身坍塌，造成数百人落水，百余人溺亡。这是文德桥上发生的最大一次惨剧，歇后语“文德桥的栏杆——靠不住”便由此而来。如今的文德桥已经被改造为现代华美桥梁，既显得大气磅礴，也经久耐用，使曾经在这里上演的一幕幕惨剧永远成为历史。每逢节假日，这里还有一排排大红灯笼装饰着桥栏，成为秦淮河夫子庙风光带的一大亮点。

（三）朱雀桥

“朱雀桥边野草花，乌衣巷口夕阳斜。”随着刘禹锡金陵怀古名句的广为流传，朱雀桥和乌衣巷即闻名于世。这也激发了历代文人的幽思，他们不断地来到秦淮河畔怀古凭吊。然而年代既久，当年的朱雀桥已旧迹难寻，清人陈文述曾赋诗慨叹：“野草溪花媚晚凉，残基犹说晋咸康。

镇淮桥北无遗址，何处当时廿四航。”[①]

朱雀桥初名“朱雀航”，是秦淮河上的一座著名浮航（浮桥）。六朝时秦淮河水面宽阔，是建康城南面的一座天然屏障，当时共设有二十四座浮航。《舆地志》记载：“六朝自石头东至运渎、青溪、淮水，上皆设浮桥，有事则撤为备。”这种浮桥的特点是连舟为桥，断舟为流，因此可以预防军事紧急情况。朱雀航便是这二十四座浮航中规模最大也最重要的一座。关于朱雀航遗址，一般认为设在古长乐渡，在今天的镇淮桥和武定桥之间。今天的朱雀桥，就是在古长乐渡原址上建立的。它保存了当年朱雀航的一些风貌，依稀还在叙说着历史的沧桑。

（四）长干桥

长干桥位于中华门南面，是横跨在外秦淮河上的一座著名桥梁。它南临古长干里、雨花台，北倚南门、镇淮桥，历史上是水陆码头交汇之处，地理位置十分优越。

长干桥始建于五代时期。作为城南护城河上的一座桥梁，长干桥是南唐宫御街直到城外古长干里的必经之道。南宋咸淳年间，马光祖重修此桥，更名长安桥。明初复建，又更名聚宝桥。至清代时，“康熙、乾隆叠修”[②]，亦成为南京的历史记忆。

古长干里之所以声名远播，还因为它是金陵的人文荟萃之地。许多著名文人都曾踏足于此，写下了千古传唱的名篇佳作。李白曾在这里写下了著名的《长干行》，其中“郎骑竹马来，绕床弄青梅。同居长干里，两小无嫌猜”的名句，形成了“青梅竹马”“两小无猜”两个成语，成为对人生童真纯情的经典演绎。另外，唐代诗人崔颢的《长干曲》也同样脍炙人口：“君家何处住？妾住在横塘。停船暂借问，或恐是同乡。”

---

① ［清］陈文述：《秣陵集》卷二《朱雀桥》，南京：南京出版社2009年版，第99页。

② ［民国］夏仁虎：《秦淮志》卷三《津梁志》，南京：南京出版社2006年版，第22页。

“家临九江水，来去九江侧。同是长干人，自小不相识。”描写了长干桥附近的船民生活，语言朴实，感情真挚，富有生活气息，难怪千百年来一直传唱不衰。

坐落于城南中华门外的长干桥，犹如南京古城的门牙，在军事上具有重要的战略意义。它曾屡遭战火，见证了南京古城的种种劫难。太平天国时期，太平军与清军曾在此展开激战，致使长干古桥损毁严重。1937年南京保卫战时，迫于当时的战争形势，南京守备司令唐生智下令炸毁长干桥中间大拱，后来日伪只得在此搭建木桥维持交通。如今的长干桥早已焕然一新，就像一条巨龙横卧在外秦淮上，展示着新时代的蓬勃朝气。

（五）七桥瓮

七桥瓮坐落于光华门外，是明清时期南京古城东南郊的一座重要桥梁。明朝初年，该桥因靠近南京外城的上坊门被称为上坊桥，今天还可以看到桥身中间最大的石拱上面刻着“上坊桥”的字样。清代时因桥拱俗称桥瓮，而该桥又有七拱，故改称七桥瓮。

七桥瓮

七桥瓮是目前唯一一座用“瓮”命名的古桥，它以独特的建构和优美的形态，在中国古代拱桥建筑艺术史上占有重要的地位。七桥瓮是七孔不等跨的半圆形石拱桥，七个桥瓮排列整齐，中间桥瓮最大，其余两两相对。桥长近一百米，净宽十三米，中间最高处二十五米，是南京地区最大的石拱桥。该桥桥身以花岗岩和灰岩掺合糯米汁、石灰浆和桐油砌成，因此坚固异常。另外还建有六座成梭船形的分水桥墩，以减少水流阻力，七桥瓮就是这样一座兼具实用性和艺术性的杰出桥梁。

七桥瓮最为引人注目的是分水石上的“螭首”和桥瓮上方两翼的“趴蝮”，它们都是人们寄望于抵御和征服自然灾害的“镇水兽”。桥墩两端巨石上镌刻的六只螭首龙身塑像，分水兽头向外突出三米左右，兽头高高昂起，神态各异。它们在洪水水位以上，无畏地迎接着河水的冲击，时刻警醒着过往舟船的行驶安全。位于桥瓮上方两翼的十六只“趴蝮”（龙生九子之一），面目狰狞，都呈现着龙狮像形态。其眉目雕刻夸张精美，是我国古代石拱桥装饰艺术中的佳作。

明清时期，七桥瓮位于秦淮河与运粮河的交汇处，是城东南的重要交通枢纽。明朝统治者将御林军神机营布设于此，使之成为拱卫都城的东南门户和防卫要冲。太平天国时期，清军两度在该地设置江南大营，围困天京。太平军也在七桥瓮附近构筑军事堡垒，与清军展开激烈的争夺，最终将清军赶出江南大营，使天京转危为安。1911年辛亥革命时，在光复南京的战斗中，江浙联军又在此与清军激战，桥身至今还残留着当年的枪弹痕迹。

有着将近六百年历史的七桥瓮，历经战火摧残和洪水冲击，至今依然端立无恙，景色蔚然。而深厚的历史积淀和独特的艺术造型，则早已使之成为秦淮风光带上的动人一景。

二、名园

和苏州园林一样，历史上南京的园林也素负盛名，体现了江南园林艺术的辉煌成就，是我国古典园林的重要组成部分。特别是秦淮河一带，明清时期曾集中了瞻园等著名园林，堪称南京地区古典园林的荟萃之区。

（一）瞻园

古典园林是中国古代建筑艺术中的杰出代表，大致可分为帝王宫苑、第宅园林、寺庙园林和风景名胜四大类型。而作为江南四大名园之一的南京瞻园，从最初的私家宅园发展为官署花园，又从官署花园发展成开放式名胜园林，传承五百多年，先后体现了中国古典园林的多种属性，展现了江南园林秀美雅致的建筑特点和深厚非凡的文化底蕴。

瞻园坐落在瞻园路北，中华路东，取“瞻望玉堂，如在天上”之意，素有“金陵第一园”之称。它始建于明初，最初是徐达府邸的“西圃”。徐达是明朝开国第一功臣，官至太傅、中书左丞相等职，封魏国公，死后被追赠为中山王。但明初提倡质朴简约，禁止功臣广治豪华府第，当时的瞻园尚有很多空地，远未达到其后世规模。至正德、嘉靖年间，朝廷禁令逐渐松弛，造园之风始兴。正德年间，徐达的后人徐天赐开始在此扩建美化，此为瞻园之始。嘉靖初年，徐达七世孙徐鹏举叠山凿池，起废兴园，“征石于洞庭、武康、玉山；征材于蜀；征卉木于吴会”[①]。到万历年间，九世孙徐维志更是搜求奇石，增建亭榭，遂使瞻园成为江南的一座著名私家园林。

明清易代后，瞻园成为清朝江南省布政使衙署。顺治十八年（1661年），江南省划地分治，右布政使迁至苏州，左布政使仍驻瞻园。康熙六年（1667年），左、右布政使分别易名为安徽、江苏布政使。至乾隆二十五年（1760年），安徽布政使移至安庆，在瞻园另设江宁布政使。

---

① [明]王世贞：《弇州续稿》卷六四《游金陵诸园记》，《四库全书》第1282册，上海：上海古籍出版社1987年版，第838页。

瞻园风光（黄健摄）

由于江苏巡抚、江苏布政使均驻苏州，江宁布政使由此成为南京地区仅次于两江总督署的第二大官衙。经过清初几朝的长期经营，作为官府花园的瞻园得到了极大发展。乾隆二十二年（1757年），乾隆皇帝第二次南巡，即被园中的景致所吸引，多次驻足其间，并御笔亲书“瞻园”匾额。瞻园从此名声大噪，进入鼎盛时期。太平天国建都南京后，瞻园曾先后为杨秀清王府和夏官副丞相赖汉英的衙署。太平天国失败后，这里曾遭到严重破坏。

由于年代既久，瞻园几经盛衰，当年园中的具体建筑格局已不甚其详，后人也只能从相关的史籍记载和绘画作品中寻求一二。明人王世贞在《游金陵诸园记》中曾有过细致描述：“盖出中门之外，西穿二门，复得南向一门而入，有堂翼然，又复为堂，堂后复为门，而圃见。右折而上，逶迤曲折，叠磴危峦，古木奇卉，使人足无余力，而目恒有余观。下亦有曲池幽沼，微以艰水，故不能胜石耳。……至后一堂极宏丽，前叠石为山，高可以俯群岭，顶有亭尤丽。”可见瞻园的规模之大，景致设置的巧妙。明清时期，瞻园有十八景之称，曾名噪一时。不过现在可考的，仅剩石坡、梅花坞、平台、抱石轩、老树斋、北楼、翼然亭、钓台、板桥、秭生亭、竹深处、木香廊十二景了。

在造园艺术上，瞻园以山石取胜，采用山为主、水为辅的山水布局。建筑布局疏朗自然，与山水、花木浑然一体，体现了江南园林的典型特色。新中国成立后，瞻园中辟有太平天国历史博物馆。1960 年，刘敦桢先生主持了瞻园的整修工作，不仅恢复了很多旧观，也融入了一些新的艺术创造，使瞻园的面貌焕然一新。此后，瞻园又屡有整建，与其“金陵第一园”的美誉更为相称。

（二）东园

“三山半落青天外，二水中分白鹭洲。”诗仙李白的这一千古名句，使白鹭洲名声大噪，享誉古今。今天南京城区的东南隅，就坐落着一座白鹭洲公园。它原为长江中的一长形沙洲，把江水一分为二。每到秋天洲上芦花开时，常有白鹭群集，故名白鹭洲。今天的白鹭洲公园，由于其前身的部分景致与古白鹭洲颇为相似，因此亦得此美名。此园的前身即明代南京著名的私家园林——东园。

与瞻园一样，东园也是明初功臣徐达的私家花园，因此又有徐太傅园、徐中山园之称。对于东园的建造始末，《正德江宁县志》记载：“徐太傅园，在县正东新坊北。太傅讳达，开国元勋，赠中山王，谥武宁。永乐年间，仁孝圣后赐其家为蔬圃。正德三年，东园公子天赐，遂拓其西偏为堂，曰‘必远’。又购四方奇石，于堂后叠山凿渠，引水间山曲中。乃建亭阁，环杂山上，下通以竹径。其幽邃，为金陵池馆胜处。”仁孝皇后是明成祖朱棣的皇后，乃是徐达的长女。永乐初年，她把位于中山王府东面的一片土地赐给徐家，作为王府的“蔬圃”，即菜园。至正德三年（1508 年），徐达五世孙徐天赐在此大兴土木，将其建成南京地区的一座名园，并取名东园。徐天赐人称东园公子，是该园建造史上的一个重要人物。

关于鼎盛时期的东园景致，王世贞曾描述说：“桥尽有亭翼然，甚整洁，宛宛水中央，正与一鉴堂面。其背，一水之外，皆平畴老树，树尽而万雉层出。右水尽，得石砌危楼，缥缈翚飞云霄，盖缵勋所新构也。画船载酒，繇左为溪，达于横塘则穷。园之横袤几半里，时时得佳木。”①可见当时东园广袤，景致也十分丰富——小桥水亭，载酒画船，曲池明镜，老树佳木，平畴低旷，石砌危楼……各色景致皆错落有致，相映成趣。及至清代，徐氏所属园林已大多易主或圮废。嘉庆、道光年间，尽管时人还艳称“当春光浓冶，鼠姑盛开，足揽东园之胜”②，但与其鼎盛时期已不可同日而语。

民国时期，东园故址湖中有洲，其间多植芦苇，白鹭也翔集于此，与古白鹭洲景致十分相似。再加上在修葺故园时，在墙内发现一块镌刻有李白《登金陵凤凰台》的石碑。因而当时就有人撰写了一副对联：“此

浣花桥

① [明]王世贞：《弇州续稿》卷六四《游金陵诸园记》，收入《四库全书》第1282册，上海：上海古籍出版社1987年版，第835页。

② [清]甘熙：《白下琐言》卷一，南京：南京出版社2007年版，第2页。

地为中山故苑，其名出太白遗诗。”简练地概括了该园由古而今、由东园而白鹭洲的变迁历程。

时至今日，白鹭洲公园经过多次整修，已颇有当年东园的遗风余韵。这座园林以大水面为中心，以溪水将全园分为五个景区，其中尤以白鹭岛和东园故址两景区最为精致。在秦淮风光带上，白鹭洲公园也如同一颗璀璨明珠，吸引着无数游人到此览胜。

白鹭洲公园

（三）愚园

愚园坐落在中华门西侧，它东临鸣羊街，西至杏花村，南接万竹园，北倚花露岗。这是洋务官员胡恩燮于清末光绪年间在此构筑的一座著名私家园林，故又俗称“胡家花园”。

这里原是徐达后人第六代魏国公徐俌的别业，时称“魏公西园”。传至其少子徐天赐时整修，园中景致大为改观。此后，徐天赐又将此园的一部分传给了官任锦衣卫指挥使的三子徐继勋，遂名“徐锦衣西园”。当时园内有一株高达三丈的古松柏，相传为北宋仁宗皇帝亲手所植。松柏树下，还有三块分别名为“紫烟”“鸡冠”“钻石”的古峰石，明人

愚　园

朱之蕃曾题之为“六朝松石”，堪称该园的镇园之宝。明清鼎革后该园逐渐荒败，镇园之宝也未能保存下来，纂修于嘉庆年间的《重刊江宁府志》记载：“松枯死，而石于乾隆年间为有势者取去矣。”太平天国时期，该园几经战火，当年盛景更是渺无踪迹。清末胡光国所辑《白下愚园集》曾形容当时的景象说：“榛芜蔽塞，瓦砾纵横，兵燹以来，杳无人迹。”直到胡恩燮购下故址后，该园才又开始焕发出新的生机。

同治十三年（1874年），仕途正得意的候补知府胡恩燮忽闻母病，遂萌生退意，以养病和奉母等理由辞官回归故里。同年，他买下破败不堪的西园故址，开始借鉴苏州名园狮子林进行重新规划。胡氏曾任职于苏州织造，深谙江南园林艺术。时人邓嘉所辑《愚园记·序》即称赞其“胸有丘壑。楼阁台榭，高下曲折，运以新意；一花一石，在手自经营。有幽蒨明瑟之致，使人日游其中，如身在书图而迷”。经过胡氏的精心设计与惨淡经营，两年后愚园终于展露在世人面前。关于愚园的名称由来，亦颇有深意和智慧。从胡氏的人生抉择来讲，在世人眼里他当时正仕途得意，却选择辞官归隐，可谓“愚”矣，胡氏则正好借此将其人生智慧寓意其中；从愚园的营造艺术上讲，胡氏也颇为自得，认为“大智若愚，大巧若拙”，实乃其中应有之义。

愚园虽然是借鉴苏州狮子林建造的，有“金陵狮子林”的美誉，但却并不是简单照搬狮子林景观，而是融入了胡氏高超的造园技艺，因地制宜造就出的一座名园。胡氏巧妙地运用借景手法，使愚园宛若天成。在园外，借助附近凤台山等景致，使愚园的空间得到了很大程度的延伸；在园内，树荫、花草、水声、鸟语等自然生态相映成趣，使园林与自然景色融为一体。此外，胡氏还特别擅长因势造景，“就其地之夸者为池也，高者为亭，平旷者为台榭，又叠石为峰峦洞壑之状，环以花药竹树”，不仅节省了大量的建造成本，也降低了人工雕饰的成分，使愚园的自然情趣更为浓厚。

在大约二十亩的愚园中，共建有清远堂、春晖堂、水石居、青山伴读之楼（藏书楼）、分荫轩、觅句廊、课耕草堂等三十六景。据胡光国辑《白下愚园集》记载：“园广几二十亩，由曲径迤逦而入轩，然踞其中者，春晖堂也。叠石于庭，鼎峙而壁立，环峰为洞，杳深而缭曲，虽咫尺之地而具千岩万壑之状。其南有台兀然拱立于池上者，清远堂也。白莲翠盖一望无际，折而西随地之曲折，檐牙高耸者，藏书楼也。又折向上巍然突起者，昔之花盝冈也。遥望中山一角朝烟暮霭，变幻百出。因势高下，为轩、为廊、为亭榭。环植梅、杏、桃、柳、松、桂之属以千计。隔水东望，修竹蔽空，如绿云一片，则课耕草堂在焉，此愚园之大概也。”对愚园的这种建筑艺术，古典建筑大师童寯先生曾高度评价说：“清光绪初年，胡煦斋（即胡恩燮）就地之高下，置亭馆数十所。园在凤凰台花盝冈东南。南有大池，周以竹树；北部叠石为山，嵌空玲珑，回环曲折，颇见经营之妙。”[①]

---

① 童寯：《江南园林志·现况》，北京：中国工业出版社 1963 年版，第 36 页。

愚园在建成之初即名声大噪，当时游宦金陵的社会名流都慕名前来造访。李鸿章、沈葆桢、刘铭传、彭玉麟、薛时雨、俞樾、陈三立等，都曾是愚园主人的座上客。他们或为愚园品题撰联，或雅集于此相互酬唱,诚可谓集一代人物之盛。其中有一联云:“大江东去,浪淘尽千古英雄，问槛外青山，山外白云，何处是唐陵汉寝；小院春来，帘卷起一庭风月，看溪边绿树，树边江雨，此中有舜日尧天。”便气势不凡，意境高远，称得上一代佳作，也为愚园增添了几许人文色彩。

可惜的是，辛亥革命爆发后，愚园毁于战火。1915年，胡光国重整家园，增建了怀白楼等三十四处胜迹。因此，连带先前的三十六景，愚园有前后七十景之说。其后，该园又年久失修，渐至颓败。目前复建愚园的工作已经完成，人们又可以一睹当年“金陵狮子园”的风采了。

三、名寺

自六朝以来，佛教在江南地区得到了广泛的传播。古都建康招提栉比，宝塔骈罗，佛教尤为兴盛。秦淮河南岸的古长干里更是南京地区佛教的中心，南京第一座寺院——建初寺就坐落在这里。该寺也是明代永乐年间所建大报恩寺的前身，大报恩寺琉璃宝塔是中世纪“世界七大奇观”之一，被称为“中国之大古董，永乐之大瓷器”，是当时南京地区最具特色的标志性建筑物。此外，还有瓦官寺、鸡鸣寺等，也都名闻遐迩。

（一）大报恩寺

大报恩寺始建于明代永乐年间，当时与灵谷寺、天界寺合称为“金陵三大寺”，并位居三大寺之首。尤其是该寺中的琉璃宝塔，更是明代初年至清前中期南京最具特色的标志性建筑物，有“天下第一塔”之称。

明代南京已是“万国灌输，五方辐辏”的国际性大都市，坐落在这里的“天下第一塔”，更是当时中外人士游览金陵的必到之处。清代康熙、乾隆南巡时，均曾登临此塔。如康熙曾作诗感叹曰：“涌地千寻起，摩霄九级悬。琉璃垂法相，翡翠结香烟。缔造人工巧，流传时代迁。旷然弥远望，万象拱诸天。”既体现了康熙作为一代帝王的非凡才气，又突出了琉璃宝塔的非同凡响。西方传教士和商人则更是啧啧称奇，认为此塔完全可以和罗马大斗兽场、土耳其索菲亚大清真寺、英国沙利斯布里石环、意大利比萨斜塔、埃及亚历山大陵墓和我国的万里长城相媲美，并将大报恩寺塔称为中世纪世界七大奇观之一。

让人十分痛心的是，太平天国时期这座举世无双的琉璃宝塔毁于战火。从 1431 年竣工，到 1856 年毁灭，大报恩寺塔在秦淮河南岸共屹立了四百二十五年。这种世界上独一无二的存在，让人至今仍兴趣盎然地追寻着它的过去。可喜的是，现今大报恩寺塔的复建工作已经完成，它那壮丽的姿态又重新展现在世人面前。

（二）瓦官寺

东晋南朝时期，社会各阶层笃信佛教，大量寺院在江南地区相继建立。“南朝四百八十寺，多少楼台烟雨中”，就是对这一盛况的经典描述。从东晋南朝直到明清时期，瓦官寺几度兴衰，但一直名声不减，影响十分深远。

瓦官寺位于内、外秦淮河之间，集庆路南的花露岗旁。它始建于东晋兴宁二年（364 年），到南朝时更以其“三绝”而闻名遐迩。陈光大元年（567 年）至太建七年（575 年），天台宗创始人智者大师还曾在这里创法讲经，为天台宗的创立做了重要的理论基础工作。另外，瓦官阁也是使瓦官寺蜚声四海的重要因素。当年瓦官阁巍峨雄奇，是冠绝一时的名阁，文人墨客常来此登临吟咏。瓦官阁一名青莲阁，就是因为青莲居士李白曾登临此阁，并留下过《登瓦官阁》《横江词》等壮丽诗篇。

如今在原址上复建后的瓦官寺已经对外开放。寺庙一共三进，最后一进还专门开设了智者大师纪念堂。近些年来，就连日本、韩国的有关人士也经常来瓦官寺寻根礼祖。可以说，尽管今天的瓦官寺已不再有当年的盛大气象，但声名犹在，影响犹在。

（三）鸡鸣寺

鸡鸣寺，亦称古鸡鸣寺，位于鸡笼山东麓山阜上，与玄武湖隔城墙相望。鸡鸣寺历史悠久，早在南朝时期就是重要的佛教中心，有“南朝第一寺”的美誉。

鸡鸣寺（黄健摄）

明清时期，屡经扩建后的鸡鸣寺规模宏大，香火异常旺盛。进香河的得名，就与鸡鸣寺香火道场的特质颇有关联。可惜后来毁于太平天国战火，同治年间重修后规模已大不如前，但香火依旧长盛不衰。1958年，人民政府对寺院进行调整时，鸡鸣寺被改为尼众道场。1985年，修复后的鸡鸣寺重新对外开放。寺内现有大雄宝殿、观音楼、韦驮殿、志公墓、藏经楼、念佛堂和药师佛塔等主要建筑。其中新建的药师佛塔高约44.8米，为七级八面佛塔，南面正门上额“药师佛塔”四个大字，即为中国佛教协会前会长赵朴初的手迹。

修复后的鸡鸣寺平稳地完成了由香火道场到尼众修习道场的转变。2003年，中国佛学院栖霞山分院尼众部在鸡鸣寺开办，这也是江苏省第一所尼众佛学院。两年后，改名为江苏尼众佛学院，还开设了四年制的本科生班和三年制的研究生班。此外，自鸡鸣寺重新对外开放以来，常有港台和海外的佛教使团来此参观访问，鸡鸣寺的相关人员也常应邀参加各种佛教活动。可以说，今天的鸡鸣寺承载了南京太多的佛教文化。

四、名居

历史上，秦淮河宜人的景色和深厚的底蕴不仅吸引着无数的游人来此游历吟咏，也使得大量的名人直接选择到此定居。从六朝至明清，从世家大族到文人寓客，历来秦淮河沿岸都不缺乏名人故居的存在。他们与秦淮河畔的种种故事，又给秦淮河增添了许多魅力。

（一）沈万三故居

沈万三是南京历史上家喻户晓的人物，乃至在全国都拥有极高的知名度。今南京城南马道街即坐落着这位传奇人物的故居。

沈万三又名沈秀，相传他是元末明初的江南首富。明初称大富为万户，他在家又排行第三，所以时人呼之为沈万三。他的财富确实数量惊人——“沈万三秀者，故集庆富家也，资巨万万，田产遍吴下。”① 集庆是元代行政区划，即今南京市。沈万三的生平事迹，一直别具传奇色彩。

明初朱元璋定都南京后，开始大力修筑南京城，沈万三也被诏令助修三分之一的南京城墙，相传从洪武门（相当于今天安门）到水西门的城垣即为沈氏所筑。如《明史》记载：“吴兴富民沈秀者，助筑都城三之一，又请犒军。帝怒曰：‘匹夫犒天子军，乱民也，宜诛。’后谏曰：‘妾闻法者，诛不法也，非以诛不祥。民富敌国，民自不祥。不祥之民，天将灾之，陛下何诛焉。’乃释秀，戍云南。”②

当然，传说并不可信。哪怕《明史》所载，也不无采摘野史之嫌。另有史籍记载：“沈富，字仲荣，行三。故吴人呼沈万三秀，元末江南第一富家。富卒，二子茂、旺。我太祖定鼎金陵，召廷见，令其岁献白金千锭、黄金百斤。甲马钱谷，多取资于茂。”③ 由此可见，明朝初年

① ［明］董穀：《碧里杂存》卷上《沈万三秀》，《丛书集成初编》，上海：上海书店 1985 年版，第 10—11 页。

② ［清］张廷玉等：《明史》卷一一三《后妃传·高皇后马氏》，北京：中华书局 1974 年版，第 3506 页。

③ ［明］黄暐：《蓬窗类记》卷一《赋役纪》，《丛书集成续编》，上海：上海书店 1994 年版，第 143 页。

沈万三的后人确与最高统治阶层有过接触。更有学者考证，沈氏“生在元代也死在元代。史籍中有关沈万三在明初的一切‘事迹’都是讹传”[①]。

不管沈万三所处时代如何，其江南巨富的身份是毫无疑义的。今天的沈万三故居就是参照沈氏经商致富的各种传说和坎坷经历，以及沈家生活起居的场景予以复建的。它俨然就是一座沈氏的个人博物馆，展示了他一生的传奇。

（二）汤和故居

在今北起武定桥、南至镇淮桥的秦淮河西侧，坐落着一条信府河街道，它与大油坊巷隔河并行。信府河曾是明初开国功臣汤和的故居，该地名至今得以沿袭，就是源于人们对这位开国功臣的纪念。

明朝初年，汤和被封为信国公，因而这里就是信府所在地。又因该府宅系河房式建筑，故此河亦得名信府河。河房是秦淮河畔的一种特色建筑，其特点是前门临街，后窗面水，大多为二进或三进，临水的一进向河面挑出，下埋木桩石墩或石构件，上建轩、阁、亭、台等建筑。关于这种建筑，明人吴应箕曾这样描述说：“南京河房，夹秦淮河而居，绿窗朱户，两岸交辉，而倚槛窥帘者，亦自相辉映。夏月淮水盈漫，画船箫鼓之游，至于达夜，实天下之丽观也。”[②]可见作为一种“天下之丽观”，河房曾给秦淮河景致增添了何等的光辉。明人张岱亦云：“秦淮河河房，便寓、便交际、便淫冶，房值甚贵而寓之者无虚日。画船箫鼓，去去来来，周折其间。河房之外，家有露台，朱栏绮疏，竹帘纱幔。”[③]张氏的描述，使当年秦淮河房的盛况跃然纸上。作为当年信国公汤和的住宅，信府河自然也是秦淮一带的翘楚。

---

① 顾诚：《沈万三及其家族事迹考》，《历史研究》1999年第1期。

② [明]吴应箕：《留都见闻录》卷下《河房》，南京：南京出版社2009年版，第25页。

③ [明]张岱：《陶庵梦忆》卷四《秦淮河房》，上海：上海古籍出版社1982年版，第30—31页。

秦淮河房

清朝末年，信府河街巷内还有汤和祠及真武庙以供祭祀。时至今日，这条明清式老街依稀尚存。每漫步至此，都不由让人想起汤和这个历史人物。

（三）李渔故居

芥子园原址在赤石矶西侧，与周处读书台相邻。它是明末清初大才子李渔在南京营造的一座著名私家园墅。该园小巧玲珑，结构精致，在中国园林建筑史上占有一席之地。李氏在此生活近二十年，这二十年也是他一生文学创作和文化活动的鼎盛期，芥子园也因之更加声名卓著。

李渔（1611—1680年），字笠鸿，号笠翁，祖籍浙江兰溪。他少有才名，可惜一直仕途不顺。后来家道中落，先后在金华、南京、杭州等地居住。他是我国历史上少有的通才式人物，不仅以戏曲家、戏曲理论家闻名于世，还是有名的园林艺术家、小说家、画家、出版家和艺术活动家。在戏曲方面，著有《比目鱼》《风筝误》《凤求凰》等知名剧本；理论方面，著有《闲情偶寄》，是一部堪称生活艺术大全的巨著；园林艺术方面，营建了层园、芥子园、半亩园等知名园林；小说方面，

《芥子园石谱》

写有《十二楼》《连城璧》《肉蒲团》等；绘画方面，编纂过《芥子园画传（谱）》，更是一部美术史上流传广泛、影响深远的画谱。此外，李氏还有大量的诗词存世。

李渔多才多艺，但仕途坎坷，他曾自嘲在政治方面百无一能，却对其园林建筑造诣颇为肯定，所谓“庙堂智虑，百无一能；泉石经纶，则绰有余裕”[①]。芥子园是李氏迁居南京后营建的，也是他在园林建筑上的代表作。此园因占地不足三亩，面积非常之小，故取名芥子园。李渔自言：“此予金陵别业也。地止一丘，故名‘芥子’，状其微也。往来诸公，见其稍具丘壑，谓取‘芥子纳须弥’之义，其然岂其然乎？”[②]“须弥”是佛教传说中的宝山，“芥子纳须弥”的意思就是此园虽小，但可以纳宝山于其中，无美不备。

①［清］李渔：《笠翁一家言文集》卷三《与龚芝麓大宗伯》，《李渔全集》第一卷，杭州：浙江古籍出版社1991年版，第162页。

②［清］李渔：《笠翁一家言文集》卷四《芥子园杂联》，《李渔全集》第一卷，杭州：浙江古籍出版社1991年版，第241页。

时人对芥子园的这种评价并不过分。在设计上，李氏依山设景，因地制宜，集室屋、山水、竹木、花草、禽鸟等景致于一园，并大量采用开窗借景之法，妙手点缀，使之各得其所，相映成趣。在小小的芥子园内，竟容纳了浮白轩、来山阁、栖云谷、月榭、歌台等诸多景观。哪怕在某一具体景观内，也是匠心独运，气象万千，如“浮白轩中，后有小山一座，高不逾丈，宽止及寻，而其中则有丹崖碧水，茂林修竹，鸣禽响瀑，茅屋板桥，凡山居所有之物，无一不备”[①]。

园中居室景点几乎都有楹联，如山水联曰“仿佛舟行三峡里，俨然身在万山中”。可见哪怕在这斗室亩园，经过李氏的精妙设计，竟也蕴藏着博大雄浑的意境。又如书室联曰“雨观瀑布晴观月，朝听禽鸟夜听歌”，园中景致还可以随着天气、时辰的变化呈现出不同的自然美。可以说，李氏工巧的设计，使园中的一草一木、一石一水都发挥了上佳的美学效果，使芥子园成为一个富有诗情画意的人间仙境。也正是徜徉在这种怡人的环境中，李氏进入了文学创作的黄金时期。

由于其优雅的环境和诗意的氛围，芥子园还成为李氏与当时文人聚会的重要场所。他们在此饮酒赋诗，交流技艺，当时号称“江左三大家”的吴伟业、钱谦益、龚鼎孳，“燕台七子”中的丁澎、宋荔裳、施闰章、严灏亭，以及“海内八大家”中的王士祯等人都与李氏有着密切交往。芥子园堪称集一时江南斯文之盛，其中发生的文人轶事也成为文学史上的佳话。此外，李氏还在这里经营着书铺，刊刻了诸多精美的书籍，以致很多海内名士都希望得到这种刊本，托人到金陵购买。芥子园印行的书籍至今已成古籍善本，为海内外的图书馆所珍藏。

康熙十六年（1677 年），李渔告别了生活几近二十年的芥子园，回到杭州西湖。后来该园逐渐圮废，但其影响却并未因此减弱。如今芥子

① [清]李渔：《闲情偶寄》卷四《居室部·取景在借》，《李渔全集》第三卷，第 171 页。

园虽早已不复存在，但李渔和他的园墅故居，在中国文学艺术史上却永远有一席之地。

（四）秦大十故居

在夫子庙风光带上，漫步于武定桥东侧的长乐路，一座门额上镶着“秦状元府”金字的清代建筑格外显眼，这就是乾隆年间状元秦大士的故居。

秦大士（1715—1777 年），字鲁一，号涧泉，晚年号秋田老人。父亲秦有伦曾为应天府江宁县书吏，对子女要求严格。秦大士在兄弟七人中排行老二，自幼刻苦读书，十三四岁时其书法水平便已远近闻名。此后他不负众望，于乾隆十三年（1748 年）在江南贡院考中举人；乾隆十七年更以文采出众，举殿试一甲第一名，成为大清开国以来的第四十三位状元。

步入仕途后的秦大士，先是被授予翰林院修撰、侍讲学士，后来又历任顺天乡试同考官、咸安宫官学、景山官学总裁等职，在培养和选拔人才方面做出了不少贡献。乾隆二十八年（1763 年），秦氏辞官回乡。其长子秦承恩时任陕西巡抚，为他在秦淮河旁购得了现在的故居。这里原为明末崇祯朝大学士何如宠的府邸，呈江南徽派建筑风格。秦氏又在这里兴建了一个花园，取“瞻望玉堂，如在天上”之意，题名“瞻园”（非徐达之西园）。秦氏经常在这座园子里与家人子弟吟咏诵读，颇得晚年之乐。

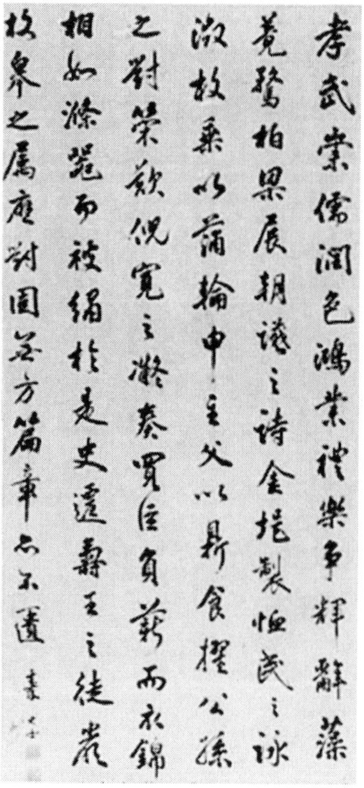

秦大士书法

秦氏才华横溢，在很多方面都有很高的造诣，尤其诗、书、画曾被时人谓之“三绝”。清人李放纂辑的《皇清书史》记载：“秦公精篆隶行草之学，未贵时卖以自给，求者踵至。客有知公贫以厚币请者，公微察其有德色，遽还之。客谢罪至再，终不许。”可见，秦氏不仅在书法方面造诣颇深，而且还很有文人气节。“尤擅行楷，出入欧、柳，精美绝伦。”[①] 包世臣《艺舟双楫》卷五亦将秦大士的行书归为“佳品下”之列。原先秦大士故居内所嵌十二块碑刻，镌有他的隶、篆、正、草四体书法诗词，尚可一窥其书艺风貌。

秦氏在诗词方面也有名作传世：“金粉飘零野草新，女墙日夜枕寒津。兴亡莫漫悲前事，淮水而今尚姓秦。”这首《游秦淮》脍炙人口，充满了桑梓情丝。特别是“淮水而今尚姓秦”，更饱含着厚重的历史感，道出了世事沧桑，是吟咏秦淮诗词中难得的佳句，也暗含了秦氏对自己姓氏的自信与自豪。毕竟对秦大士本人来说，就曾多次经历了关于姓氏的尴尬。

秦大士是南宋奸臣秦桧的后人。由于秦桧屈膝求和、谋害忠良，因而被民间恨之入骨。秦氏后人也对此讳莫如深。相传秦大士和大才子袁枚同游杭州西湖。在岳飞墓前，秦氏见到秦桧夫妇的铁铸跪像深遭世人唾弃，内心受到了强烈震撼，于是感慨：“人从宋后羞名桧，我到坟前愧姓秦。”这个故事一直被传为文苑佳话。其所作之联，对仗工整，切人切事，亦为西湖岳飞庙增添了一副名联佳句。

秦大士退居金陵后，在这里又生活了十四年，直至乾隆四十二年（1777 年）去世。而今秦淮河夫子庙风光带上还建有秦大士故居，以纪念这位在南京历史上颇有影响力的状元。

五、名迹

作为十朝古都，南京的名胜古迹星罗棋布。在秦淮河沿岸，这种历

---

① ［清］李放纂辑：《皇清书史》卷九，收入周骏富辑：《清代传记丛刊·艺林类》，明文书局印行本，第 289 页。

史名迹的集中程度尤为突出，夫子庙就是其中的一颗耀眼明珠。作为祭奉孔子的场所，夫子庙又与学宫、贡院相邻，见证了我国古代教育和科举的辉煌历史。布局上曾为“庙市合一”重要组成部分的夫子庙，今天更是秦淮风光带上的中心建筑。此外，凤凰台也是南京最负盛名的六朝古迹之一。

（一）夫子庙

南京夫子庙坐落于秦淮河北岸的贡院街，是闻名遐迩的历史古迹，也是当代秦淮河风光带最中心的地标建筑。夫子庙是祭奉孔子的地方，一般称为孔庙。孔子曾被后世追封为文宣王，因此又称为文宣王庙，简称文庙。值得注意的是，全国其他各地祭奉孔子的地方都称孔庙，只有南京称为夫子庙。

南京夫子庙历史悠久，最早可以追溯到六朝时期。东晋太元十一年（386 年），“立宣尼庙，在故丹杨郡城前隔路东南”①。其地在青溪侧大仁寺前，长乐桥东一里。今日位于秦淮河北岸的夫子庙则始建于北宋景祐元年（1034 年），当时是建康府学所在地。其基本布局为前庙（孔庙）后宫（学宫）。后来夫子庙历经沧桑，几度兴废。明清时期，夫子庙一带已逐步扩大为由夫子庙、学宫和贡院组成的规模庞大的建筑群。明代初期，夫子庙是国子学所在地；后降为应天府学，并将上元、江宁两县学并入，国子监迁至城北鸡鸣山下另建。清代将府学迁至城北国子监旧址，以其地为上元、江宁两县县学。

在建筑布局上，位于秦淮河畔的夫子庙就以该河为泮池，这种借古城河道为泮池的情形在全国孔庙中是很少见的。夫子庙以秦淮河南岸的石砖墙为照壁，它全长一百一十米，也是全国照壁之最。其长度和秦淮河全长一百一十千米在数字上也极为巧合，别具传奇色彩。夫子庙以大

---

①［唐］许嵩撰，张忱石点校：《建康实录》卷九《晋中下·烈宗孝武皇帝》，北京：中华书局 1986 年版，第 283 页。

成殿为中心，南北成一轴线，左右建筑对称分布。中轴线上建有棂星门、大成门、大成殿、明德堂、尊经阁等建筑；淮水北岸庙前东有魁星阁，西有聚星亭，象征文风昌盛。

大成殿是夫子庙的主体建筑，其名取“孔子之谓集大成”[①]之意。进入大成门内，中间一条笔直的石砌甬道通向大成殿前的丹墀。这里是一座南北长 14 米、东西宽 22 米、高 1.4 米的露台，四周都围以石栏，是祭祀和歌舞之处。露台中央矗立着一座高大的孔子晚年青铜像，高 4 米有余，为全国孔子塑像之最。甬道两旁，分别竖立着四座高 1.8 米的孔子弟子的汉白玉雕像。左侧为仲由（子路）、宰予（子我）、端木赐（子贡）、冉耕（伯牛）；右侧为言偃（子游）、冉雍（仲弓）、冉求（子有）、闵损（子骞），他们都是被列入孔门“四科十哲”中才能卓著的人物，在此尊敬地拱卫着自己的老师。大成殿脊顶上，还装饰有“二龙戏珠”的立雕。众所周知，在我国古代龙是天子的象征，只有皇家殿宇才能用龙作为装饰物。而在等级森严的传统社会，孔子则成了唯一的例外，由此亦可见其地位之高。

大成殿内，正中悬挂着一幅精美的巨幅孔子全身画像，高 6.5 米，宽 3.15 米，同样是全国孔子画像之最。画像两侧的柱子上悬挂着一副对联：“气备四时，与天地鬼神日月合其德；教垂万世，继尧舜禹汤文武作之师。”这副对联气势宏大，概括出了孔子作为万世师表的煌煌文教功德。在画像两旁，还树立着四座汉白玉雕像：复圣公颜回、宗圣公曾参、述圣公孔汲、亚圣公孟轲。这四位孔门弟子或传人，在继承孔子学问方面较之上述八位更进一步，可谓登堂入室矣，由此被安排到了大成殿里面。此外，在大成殿四壁上还镶有三十八幅反映孔子生平的《孔子圣迹图》壁画。这些画采用玉石、鸡血冻、寿山石、翡翠以及黄金珠宝等珍贵材

① [清]焦循撰，沈文倬点校：《孟子正义》卷二〇《万章下》，北京：中华书局 1987 年版，第 672 页。

料浮雕镶嵌，表现了孔子至圣先师、万世师表的形象。

夫子庙所处的秦淮河畔，自古就有“十里珠帘”之称，其历史上的繁华堪称无与伦比。坐落于此的夫子庙，也就形成了一种“庙市合一”的格局，其市井繁华不言而喻。此外，明清时期全国最大的贡院又与夫子庙毗邻，在这里学宫教育和科举考试相互映衬，相得益彰。每逢大比之年，大批的考生云集南京，促使着秦淮河呈现出空前的繁荣局面。再者，南京作为“江南佳丽地，金陵帝王州”，历史底蕴十分深厚，夫子庙一带又是其中的翘楚，吸引了历代的文人墨客来此寻访和吟咏，这些都让夫子庙更加名播四海。

1937 年日军侵华期间，夫子庙遭到了严重破坏。至 20 世纪 80 年代，夫子庙得以在原址上复建。今天夫子庙已经成为秦淮河风光带上最耀眼的明珠，不仅留住了老南京的许多历史记忆，也作为南京的古老名片继续吸引着各地人们到此游历和探访。

（二）凤凰台

李白的《登金陵凤凰台》使凤凰台名声大震，从此成为南京最著名的古迹之一。唐代以后的文人墨客更是把凤凰台作为对六朝兴亡的慨叹或反思的素材，如南宋诗人杨万里的《登凤凰台》、明代诗人徐淮的《送万敏中之金陵》等。因本书前章已多有引述，这里仅转抄近代诗僧苏曼殊的《吴门·六》如下：

水驿山城尽可哀，梦中衰草凤凰台。
春色总怜歌舞地，万花缭乱为谁开？

显而易见，凤凰台的名胜并不在于自身建筑，而是李白和众多文人的题咏，亦即对六朝兴亡的感慨。秦淮河南侧看似荒凉的凤凰台，其实却结满了文学艺术和人文关怀的硕果。

第二节　虎踞龙盘今胜昔
——秦淮风光

历史上秦淮河多有变迁。新中国成立后，秦淮河水系的治理工作从未间断。20 世纪 80 年代以前，治理工作虽然取得了一些重要成果，但未能很好地考虑河流自然生态的保护，使秦淮河一度毫无景观可言。此后，在更为科学的大力整治下，秦淮河终究露出了碧波芳容，恢复了以往的功能与活力。

经过整治后的秦淮河，又具备了作为旅游资源的重要价值。以内秦淮为轴线，以夫子庙为中心的集文化、商业、服务、旅游等多种功能的秦淮风景区，又以崭新的姿态展现在世人面前。整个外秦淮河也获得了国家级水利风景区称号，两岸形成了中华门旅游商业区段、西水关公园广场区段、石头城人文自然区段、三汊河江河口区段等风貌区段。

一、河道建设

秦淮河的建设和开发一直是南京这座古城的一件大事，历史上大体经历了六朝、南唐、明代三个重要时期。新中国成立后，有关秦淮河的治理和建设工作更是大力加强，尤其是 1984 年以来，在“整治秦淮、建设秦淮、美化秦淮、爱护秦淮”的活动中，恢复、建设秦淮风光带的浩大工程被列入了国家“七五”计划重点旅游开发项目，至今已取得了很大成果。

新中国成立后，秦淮河水系的治理工作一直未曾间断，先后实施了河道裁弯取直、拓宽疏浚、堤防加固、合并联圩、闸站枢纽、分洪道等一系列工程，取得了一些重要的成果。1969 年建成的武定门水利枢纽，不仅承担了城南地区的城市排水功能，还向上游区域内的大量农田补充了灌溉用水；1979 年开通的秦淮新河分洪道，其分洪量占流域洪水总量比例约 60%，较好地分担了南京城内的泄洪压力；1985 年在秦淮新河口建立的水利枢纽，不仅向秦淮河上游区域内的农田补充了灌溉用水，还承担了下游地区的排涝功能。然而治理中也暴露出了很多问题。例如施工前未能采取有效的保护措施，沿岸众多的历史文物古迹就此湮灭；人工砌筑的堤防切断了河水与陆域的生态联系，沿岸污水排放量大，致使河水长期黑臭，沿岸居民的生活环境恶劣。此外，防洪工程建设未考虑民众的亲水需要，防洪墙割断了陆域与河道水岸区的联系，沿岸道路交通状况较差。

针对上述治理的不足，从 20 世纪 80 年代起，南京市政府投入巨资，对内秦淮河水系和河道进行了清淤驳岸、污水截流、管径改造和引水冲洗等工程。污水截流工程自 1986 年开始，一期工程从文正桥到镇淮桥，污水流入大中桥污水泵站，输送到江心洲污水处理厂处理后排入长江。二期工程由南京市排水市政顶管施工，污水流入西水关泵站，也输入到江心洲处理。2001 年和 2007 年，还两度对秦淮河进行清淤工作。此后，南京市政府又不定期引长江水冲洗河道。另外，对沿河两岸居民住宅也进行了拆迁改造，在两岸种植了一定宽度的绿化带，并减少生活污水的直接排放。

为了实现“流动的河、美丽的河、繁华的河”的整治目标，从 2003 年开始实施了对外秦淮河运粮河口至三汊河入江口河段的环境综合整治工程。其主要内容包括防洪工程的建造与改善、岸线堤防改造、水环境改善，以及兼顾河道其他功能等。这次对外秦淮河的综合整治工程一直到 2006 年才最终完工，取得了很好的效果。通过水资源的联合调度运用，外秦淮河水质有了很明显的改善。而且防洪工程除了保证自身的防洪功能外，也与人们的亲水需求、河道的自然生态、城市的滨水景观有了较好的结合。目前整个外秦淮河两岸已经形成了四个主要风貌段：中华门旅游商业区段、西水关公园广场区段、石头城人文自然区段、三汊河江河口区段。这次针对外秦淮河的综合治理工程，受到了南京市民和国内外游客的广泛好评。可以说，它恢复了外秦淮河的功能和活力，也在很大程度上为秦淮河发挥南京母亲河的功能和活力做出了重要贡献。

唐代诗人刘禹锡《金陵怀古》曾言："兴废由人事，山川空地形。"的确，天下的兴亡最终还是取决于人事。历史上的秦淮河几度兴废，历经沧桑。新中国成立后，终于在政府和人民的不断努力下，使之又呈现出她的碧波芳容，并更加具有气势恢宏的新时代风采。

二、旅游开发

历史上秦淮河以其独特的自然景观、突出的市井繁华和深厚的文化底蕴等因素，素有"六朝金粉""十里珠帘"等美誉，自古就是人们所向往的旅游胜地。

20 世纪 70 年代末，秦淮河水质一度败坏，水域附近环境恶劣，更无景观可言。然而，经过近些年的不断规划和治理，尤其是恢复、建设秦淮风光带的浩大工程被列入国家"七五"计划重点旅游开发项目后，秦淮风景区的建设节奏大大加快，逐渐露出了她的碧波芳容。最终，以内秦淮为轴线，以夫子庙为中心的具有明清特色的集文化、商业、服务、旅游等多种功能的秦淮风景区，又以崭新的姿态展现在世人面前。1990 年，秦淮风光带入选中国旅游胜地四十佳之列，2000 年被评为国家首批 4A 级景区，2010 年秦淮河夫子庙风光带景区更成为我国第一个开放式 5A 级国家旅游景区，2021 年 10 月又入选首批国家级夜间文化和旅游消费集聚区。

（一）外秦淮景区

整治开发后的外秦淮河不仅延续着深厚浓郁的历史文脉，还呈现出了"流动、美丽、繁华"的现代都市风光之美，于 2008 年获得了国家级水利风景区称号。外秦淮景区位于老城的外围，既是新老城区的过渡带，又位于城市核心功能区，不但拥有完善的城市公共服务设施，还能为城市提供必要的绿色开敞空间，成为新老城区之间平衡和谐的连接纽带，使人同时体会到南京老城的历史底蕴和新区的魅力风采。在外秦淮景区风光带上，自西北向东南依次坐落着五大风貌区：三汊河入江口风貌区、石头城风貌区、西水关风貌区、中华门城堡风貌区、运粮河水口风貌区。五大风貌区的建设，将秦淮河上的众多景观连成了一片。

三汊河入江口风貌区全长 1.7 千米，它以江河交汇、滨江景观与滨河景观为主要特色，是外秦淮河风光带的标志性景观。这里视野开阔，可以远观江心洲、长江大桥、江北地区等。三汊河入江口公园等景点是这里的第一景观。

在该风貌区段内，三汊河口闸尤为引人注目。它是国内首座“双孔护镜门”拦河闸，其形状犹如人们佩戴的遮阳护镜，拱形闸门整体呈扇形上下开启，造型十分绚丽壮观。闸门开启时，在灯光的掩映下宛如两道美丽的彩虹，形成了“双虹争辉”的奇特景观；闸门关闭时，闸门顶

三汊河口闸

部形成弧形游廊，中上部留有一排小闸孔过水，河水流泻在空中形成瀑布，可供游人驻足游览。可以说，三汊河口闸完美地集实用性和观赏性于一身，是秦淮河风光带乃至长江下游沿岸地区的一道靓丽风景。

石头城风貌区全长 3.5 千米，这里是南京古城遗址所在地，历史遗迹十分丰富，有石头城遗址公园等景点。此外，该风貌区作为老城与新城区共享的城市公共空间，整体安排了亲水空间、多层岸线和游船码头，核心区设置了滨水餐饮娱乐区，形成了具有深厚历史文化内涵的城市滨水地区，既突出体现了南京山水城林交融的城市格局，又为地区发展注入了全新的活力。

石头城公园位于清凉山一带，是以明城墙为轴线，将石头城的悠久历史和自然景观、古代战场遗存和现代国防教育有机结合规划而成的。战国中期，楚威王在石头山上筑金陵邑。东汉末年，孙权又在此处筑城，故称石头城。石头城的城基是因自然山岩凿成的，在清凉门至草场门之间的城墙下，有一块长约六米、宽约三米的突出椭圆形石壁，因年久风化，砾石剥落，远看隐约可见眼耳口鼻，酷似一张狰狞的鬼脸，故石头

鬼脸照镜

城又得名“鬼脸城”。此外，在“鬼脸”下还有一口水塘，两岸绿树环绕，塘水清澈平静，这就形成了著名的“鬼脸照镜”奇观。

今天的石头城公园以“石城怀旧”为主题，全面地展现了金陵的山水城林特色。园内划分为石城霁雪、山居秋暝和国防春晓三大景区，共二十一个景点。其中石城霁雪位于公园西侧，沿古城墙呈带状分布，是著名的“金陵四十八景”之一，堪称石头城公园的精华所在。山居秋暝则位于公园东侧的山林地带，这里植被浓密，景色清幽，尤其是秋日新雨之后，流连其中，更使人忘返。值得一提的是，位于石头城公园东侧且仅一路之隔的还有清凉山公园，这里“驻马坡”“南唐古井”“清凉寺”“崇正书院”“扫叶楼”等人文古迹也随处可见。与石头城的雄浑壮阔相较，清凉山显得格外宁静深沉。外秦淮沿岸的这些景观，都是南京不可或缺的重要名片。

西水关风貌区全长3.1千米，以东西走向的汉中门大街、水西门大街、集庆门大街为轴线，连通了莫愁湖公园、南湖公园、西水关遗址、明城墙等景观。

外秦淮河城墙（黄健摄）

莫愁湖位于外秦淮河西侧，在六朝时称横塘，是一座有着悠久历史的江南古典名园，有“江南第一湖”“金陵第一名胜”等美誉。在近几十年中的改造中，莫愁湖公园还扩建了游览园地，增建了很多公共设施，使园中的楼亭轩榭，错落有致；海棠垂柳，映衬宜人。今天的莫愁湖公园主要有胜棋楼、华严庵、郁金堂、苏合香、通水院、待渡亭、抱月楼等著名景观。园中还遍布了大量的海棠树，每年春暖花开之际，各色海棠争奇斗艳，光彩夺目。海棠花会也在这种绚丽的景色中如期举行，届时还可观赏到中华绝技展、云锦展、书市等展览的精彩纷呈。

莫愁湖公园

南湖公园位于莫愁湖的南面，二者隔街相望。该公园是南京第一座开放式活水公园，于 2007 年底向游人全面开放，是人们休闲娱乐的极好去处。公园共分设市民广场、文化广场、极限广场和东花园四大功能区。市民广场建有一座二十四米高的雕塑，是整个公园里的标志性建筑。该雕塑还可提供区域性照明，附近设有近千个观众座席，是群众演出的绝佳场所。此外，市民广场附近还建有商业区，为市民游客提供休闲服务。

文化广场则覆盖了大片草坪，东、西分别与阅读花园、文化中心相接，是人们学习和活动的场所。极限广场包括 BMX 极限运动广场、儿童免费游乐区、棋牌区等，是运动和娱乐的好去处。东花园由凉亭和蝴蝶花园、绿花园、阅读花园等组成。

中华门城堡风貌区全长 3.7 千米，以中华门城堡为中心，是明城墙风光带“一堡两翼”格局的核心部分。在本风貌区中，城墙与外秦淮河形成一体，核心部分是中华门城堡到雨花台的城市轴线景观。同时，著名的古长干里地区就在这一风貌区内，有大报恩寺寺塔、近代洋务运动遗址等，是著名的历史文化游览区。

中华门位于内、外秦淮之间，北连镇淮桥，南接长干桥，是明初所筑南京城墙正南边的一座内城门，当时称为聚宝门。它东西宽 118.5 米，南北长 128 米，共设有三道瓮城，由四道券门贯通，是中国现存规模最大的城门，也是世界上保存最完好、结构最复杂的堡垒瓮城。在日军侵华期间，惨烈的中华门保卫战就发生在这一带。雄伟的中华门城堡历经沧桑，今天仍较为完好地屹立在世人面前，不断地吸引着全世界游客前

老门东

来游览。

雨花石

雨花台位于中华门南约一公里处，是一座顶部呈平台状的秀丽山岗。历史上因这里曾遍布五彩斑斓的石子，恰似落花如雨一般，故得名雨花台。雨花台一带一直是江南地区登高览胜的绝佳之地，李白、王安石、朱元璋、乾隆、鲁迅等均曾登临此地，给雨花台增添了厚重的历史人文底蕴。至新民主主义革命时期，雨花台成为革命志士殉难的场所，在这里死难的共产党人和革命群众达十余万人。自20世纪90年代开始，雨花台地区进行了大规模的景区景点建设，乾隆御碑、二忠祠、木末亭、怡苑等景点都得到了修复或新建。今天的雨花台由中心纪念区、名胜古迹区、雨花石文化区、雨花茶文化区、游乐活动区和生态密林区六部分组成，形成了以自然风景为依托，以红色旅游为主体的著名纪念性风景名胜区。

运粮河水口风貌区从河湾村到清水塘，全长约5.9千米，主要展示自然生态环境，突出人居与自然的和谐。曲折蜿蜒的河道、著名的七桥瓮等景点都在该风貌区内，这里塑造了大型的滨河开放空间，通过陆路开阔的绿色空间与蜿蜒曲折的水系相呼应，风貌区自然、清新的特质更加突出。

在北迄三汊河、南至雨花门的这条外秦淮河观光水路上，游客乘坐太阳能“水上巴士”，即可将沿途名胜古迹尽收眼底，实在是游览金陵盛景的一种便捷方式。

（二）内秦淮景区

秦淮河夫子庙风光带“庙市合一”，堪称南京最具地方文化特色的旅游景区。素有“六朝金粉”之称的内秦淮河，其沿岸众多的文化景点就像密集镶嵌在这“十里珠帘”上的一颗颗璀璨明珠，闪烁着耀眼的光芒。诸如孔庙、江南贡院、得月台、乌衣巷、桃叶渡、秦淮水亭等大量文化古迹坐落在两岸，与之相关的历史典故和诗词歌赋更是数不胜数，这些文化古迹都将或已经得到修复和重建。此外，沿河两岸的大量明清式建筑，河中来回穿梭的灯船画舫，都能让人感受到江南水乡的华丽温润之美。

除上述文化景点外，还形成了按5A级开放式景区标准设计的夫子庙美食休闲街、老街、时尚品牌服饰街和古玩字画街四个街区。

夫子庙美食街东起东部食府，西至库钞街口。这里聚集了数十家餐饮美食店，餐厅、酒楼、小吃店、茶社可谓比比皆是，且各具特色。仅就小吃而言，在夫子庙中心地带就有二百多种。如晚晴楼，不仅环境庄

晚晴楼

重典雅，装潢错落有致，所专营的晚晴“八绝”集众家秦淮风味小吃之长而自成体系。素有“秦淮第一楼”美誉的永和园，供应正宗的“秦淮八绝”和独家的秦淮船宴，被誉为“南京秦淮文化之地标”。百年老店六凤居，素以葱油饼和豆腐脑见长；尤其是豆腐脑，辅以虾米、香油、辣油等十余种佐料，口味异常香浓醇鲜。奇芳阁则是一间闻名遐迩的清真老店，所供应的鸭油酥烧饼、素什锦菜包、麻油素干丝等让人叫绝。

夫子庙老街主要在金陵西路、江南贡院至贡院西街一带，陈列和出售各种秦淮特色商品。在秦淮河畔，剪纸、苏绣、绢花、绒花、彩塑、瓷刻、砖雕、家具木雕、内画等民间工艺异彩纷呈，所制作的工艺品一直受到游人的赞赏和喜爱。砖雕是指在青砖上雕出山水、花卉、人物等图案，既是古建筑雕刻中一种很重要的艺术形式，也是一种颇具特色的雕塑工艺品。内画是用特制的小勾毛笔在很小口的瓶内画反画，能栩栩如生地呈现出飞禽走兽、山水草木、神话传说等画面，堪称集民族艺术之精华，让人拍案叫绝。

在夫子庙规模宏大的古建筑群体中，繁盛的商业街铺鳞次栉比，共达百余家之多。所展示的秦淮特色商品，从豪华铺陈中的珠光宝气、书香墨宝，到寻常摆设里的手工艺品、日用杂货，可谓应有尽有，让人眼花缭乱。如姑苏艺苑，经营南京云锦、苏绣、紫砂等；石雅堂经营矿物晶体、生物化石、自然奇石等；翠玉林经营牛角玉雕、珍珠玛瑙、缅甸翡翠等；随缘阁经营南京金箔画、项链首饰、紫砂茶具等；熔德昌经营石雕翡翠、青铜器、时尚工艺品等；佛教易经铜器行经营铜佛像、香炉、凸凹八卦镜、麒麟、貔貅等；金陵竹画店经营名家字画、红木家具和树片烙铁画……

“虎踞龙盘今胜昔。”如今的秦淮河已经成为展示南京独特历史风貌、深厚文化底蕴和鲜明个性魅力的绝佳窗口。每年都有无数海内外游客慕名来到这里，领略她那迷人的风采，感慨她那历史的沧桑。

后 记

本书由晋文（南京师范大学随园学者、历史系教授）拟定写作大纲，初稿主要由刘鹏（南京师范大学历史学博士、扬州大学社会发展学院讲师）、过超（南京师范大学历史系在职博士生、南京师范大学历史文博学院讲师）撰写。其中，刘鹏作为晋文的助手，为本书撰写的具体事务做了大量工作，初稿的撰写亦占到全书的二分之一以上；过超则拍摄了大部分未署名照片。最后，由晋文对全书修改定稿。但限于学识和时间，其中肯定还存在不足和问题，企盼读者能多多指正。

本书为集体研究成果。如果有值得称道之处，应归功于全体作者；而所有错误和问题，则应由晋文负责。

在修改定稿和出版过程中，本书得到了江苏省一级学科重点学科南京师范大学中国史项目的资助，南京出版传媒集团首席专家（编辑）卢海鸣先生给予大力支持，责任编辑谢微女士亦提出了一些宝贵的修改意见，谨一并表示感谢！

晋 文